elefante

CÁTEDRA JOSUÉ DE CASTRO DE SISTEMAS ALIMENTARES SAUDÁVEIS E SUSTENTÁVEIS

elefante

EDIÇÃO
Tadeu Breda

EDIÇÃO CÁTEDRA JOSUÉ DE CASTRO
Arthur Walber Viana
Marina Yamaoka
Otávio D'Andréa

EDIÇÃO ZABELÊ COMUNICAÇÃO
Gabriel Rizzo Hoewell
Monica Rodrigues

PREPARAÇÃO
Fábio Fujita

REVISÃO
Laura Massunari
Bruno Barros
Alyne Azuma

CAPA
Catarina Bessel

DIREÇÃO DE ARTE
Bianca Oliveira

DIAGRAMAÇÃO
Victor Prado

ASSISTÊNCIA DE ARTE
Maria Spector

Tereza Campello
Ana Paula Bortoletto
(org.)

DA FOME À FOME

diálogos com Josué de Castro

11 **Apresentação**
Tereza Campello

Parte I
JOSUÉ DE CASTRO E A GEOGRAFIA DA FOME

Introdução
27 **Carta ao pai**
Anna Maria de Castro

39 **Sete chaves para pensar o atual cenário da fome no Brasil: a contribuição de Josué de Castro**
Renato Carvalheira do Nascimento

55 **Josué de Castro, *Geografia da fome* e desafios do presente**
Tania Bacelar

63 **O militante Josué de Castro**
José Graziano da Silva

Linha do tempo
77 **Combate à fome: 75 anos de políticas públicas**
Cátedra Josué de Castro

Parte II

GEOGRAFIA DA FOME E INSEGURANÇA ALIMENTAR

Introdução

97 **Da fome à fome: a volta da insegurança alimentar**
Cátedra Josué de Castro

107 **Evolução dos padrões alimentares na população brasileira e implicações do consumo de alimentos ultraprocessados na saúde e no meio ambiente**
Renata Bertazzi Levy
Maria Laura da Costa Louzada
Patrícia Jaime
Carlos Monteiro

123 **Desafios políticos da retomada da fome e da insegurança alimentar no Brasil**
Rosana Salles-Costa

135 **Tendências temporais de indicadores do estado nutricional no Brasil**
Inês Rugani Ribeiro de Castro

147 **"O maior espetáculo do pobre da atualidade é comer"**
Douglas Belchior
Adriana Moreira

Parte III

GEOGRAFIA DAS DESIGUALDADES SOCIOECONÔMICAS E DETERMINANTES DA POBREZA E DA FOME

Introdução
155 **Filhas da mesma agonia: fome, pobreza e desigualdade**
Cátedra Josué de Castro

165 **Alimento: memória e ancestralidade**
Domênica Rodrigues

175 **Fome e desigualdades no Brasil: de Josué às disputas contemporâneas**
Renato Maluf

181 **Fome, uma decisão política e corporativa**
Ladislau Dowbor

195 **Cozinhas Solidárias: o combate à fome nos territórios e nas ocupações do MTST**
Ana Paula Ribeiro

Parte IV

GEOGRAFIA DA PRODUÇÃO DE ALIMENTOS

Introdução
203 **Pão ou commodity: geografia da produção de alimentos**
Cátedra Josué de Castro

217 **De onde vem e para onde vai: o caso do setor agropecuário brasileiro**
Ana Letícia Sbitkowski Chamma
Gerd Sparovek

229 **Os efeitos territoriais da produção de commodities agropecuárias no Brasil**
Arilson Favareto

247 **Dilemas do abastecimento e da distribuição de alimentos no Brasil**
Walter Belik

259 **Agricultura familiar, povos e comunidades tradicionais: disputa por terra e território e afirmação de identidades**
Maria Emília Lisboa Pacheco

Parte V

GEOGRAFIA DA CRISE SOCIOAMBIENTAL E ALIMENTAR

Introdução

275 **Que braseiro, que fornalha: a crise socioambiental e alimentar**
Cátedra Josué de Castro

287 **Ampliar a diversidade biológica é o maior desafio para o sistema alimentar global**
Ricardo Abramovay

299 **A crise socioambiental na Amazônia: causas e consequências para a segurança alimentar**
Ane Alencar

309 **Colonialidade alimentar**
Elaine Azevedo

317 **Expansão da área agropecuária, distanciamento da segurança alimentar: uma análise sobre a ocupação do solo brasileiro**
Tasso Azevedo

323 **Racismo ambiental é um decreto que revela a geografia da fome nos territórios quilombolas**
Selma dos Santos Dealdina

330 Sobre a Cátedra Josué de Castro

333 Sobre as organizadoras

Apresentação

Tereza Campello

Este livro foi tecido a muitas mãos, com muitos fios, e está aberto para que novos pontos e novas linhas venham a se entrelaçar. Conto aqui um pouco dessa tessitura. Ele surge em meio a um processo intenso de debates promovidos pela Cátedra Josué de Castro de Sistemas Alimentares Saudáveis e Sustentáveis, sediada na Faculdade de Saúde Pública da Universidade de São Paulo (USP), na perspectiva de atualizar e aprofundar o complexo problema da fome no Brasil de hoje.

Em dezembro de 2021, a Cátedra Josué de Castro e entidades parceiras realizaram o seminário "Geografia da fome, 75 anos depois: novos e velhos dilemas". Esse evento fez parte de um ciclo de discussões e sistematização de análises e dados que contou com a contribuição de dezenas de ativistas sociais, representantes da sociedade civil organizada, pesquisadores e especialistas de várias áreas do conhecimento: medicina, economia, sociologia, nutrição, agronomia, antropologia, entre outras.

Motivados pela necessidade de atualizar o debate sobre a multicausalidade e a multidimensionalidade da fome, e para homenagear os 75 anos da obra *Geografia da fome: o dilema brasileiro: pão ou aço*, buscamos inspiração no legado de seu autor, o cientista pernambucano Josué de Castro, e em seu método de análise para compreender o fenômeno da fome como manifestação reincidente do Brasil atual. O trabalho histórico de Josué de Castro nos guiou na estruturação do seminário e ao longo de todo o processo de organização do conhecimento produzido que viria a seguir.

Tendo em vista o método de Josué de Castro, a fome nos serviu como fio condutor para uma reflexão sobre os nexos entre economia, produção e consumo de alimentos e suas consequências sobre a situação de insegurança alimentar dos brasileiros, as mudanças no padrão e na cultura alimentar, e impactos deletérios do atual e predominante modelo de produção e consumo de alimentos sobre a saúde e o meio ambiente.

É paradoxal que, hoje, três recordes diferentes sejam recorrentes nas manchetes brasileiras: fome, desmatamento e produção de grãos. O país foi marcado por um aumento assustador da fome — 58,7% das pessoas enfrentam algum grau de insegurança alimentar[1] —, enquanto a expectativa é de que a safra de grãos alcance 259 milhões de toneladas em 2022. Tal crescimento da produção de commodities como soja e milho é acompanhado pelo avanço expressivo do desmatamento na Amazônia — o primeiro trimestre de 2022 apresentou os maiores níveis dos últimos seis anos. Essa combinação de fatores produz novas geografias que merecem ser analisadas detidamente: geografia da desigualdade, da pobreza, da produção de alimentos, da crise socioambiental e alimentar, entre tantas outras.

Assim nasceram os eixos temáticos, o texto-base que orientou as agendas do seminário e resultará em uma publicação da Faculdade de Saúde Pública (no prelo), e um site com conteúdo multimídia exclusivo, desenvolvido em linguagem acessível especialmente para os propósitos desse debate (ele pode ser acessado em geografiadafome.fsp.usp.br), além deste livro.

1 Dados coletados em dezembro de 2021 pela Rede Brasileira de Pesquisa em Soberania e Segurança Alimentar e Nutricional (Rede Penssan).

As notícias diárias sobre o aumento da fome no país, com pessoas buscando comida em caminhões de lixo, filas para receber ossos em açougues e as cenas alarmantes de famílias famintas, marcaram o cenário de 2021. Incomodava-nos o nível superficial e fragmentado com que o tema vinha sendo tratado, principalmente pelos meios de comunicação. A espetacularização da fome era envolta em argumentos que oscilavam em duas direções: ora tratavam o problema como parte da paisagem social brasileira — "sempre foi assim" —, ora responsabilizavam a pandemia de covid-19 pelo caos econômico, pela perda de renda da população e pela interrupção das cadeias de produção e distribuição de alimentos.

As duas narrativas reinstalam os velhos argumentos combatidos por Josué de Castro, para quem era inaceitável tratar a fome como fenômeno natural ou inevitável. Em suas análises, Josué acertou ao afirmar que a fome não resultava da seca ou da índole do povo pobre, como repetiam as elites dos séculos XIX e XX, da mesma forma que hoje não resulta exclusivamente da pandemia. Usar o coronavírus para explicar o flagelo da fome que se espraiou pelo território nacional é tentar, mais uma vez, esconder o caráter estrutural e a sua natureza política e econômica baseada em um modelo excludente.

É fato que o acirramento do quadro de fome e de insegurança alimentar no Brasil está entre as mais graves heranças da pandemia. Mas não esqueçamos que a covid-19 alcançou o Brasil em abril de 2020, e dados da Pesquisa de Orçamentos Familiares (POF) 2017-2018, realizada pelo Instituto Brasileiro de Geografia e Estatística (IBGE), já indicavam a volta da fome. Dois anos antes da pandemia, era possível notar que o país, que havia saído do Mapa da Fome das Nações Unidas em 2014, caminhava na contramão nessa agenda.

O contexto que antecede a pandemia é decisivo para compreender os fatores que permitiram que a fome e a insegurança alimentar atingissem um patamar tão elevado. A desestruturação da rede de proteção social, em especial das políticas públicas com impacto em segurança alimentar e nutricional, impediu que o Brasil pudesse atuar de forma a mitigar os efeitos sociais e econômicos da pandemia sobre as famílias. O desmonte de mecanismos de participação e controle social, como o Conselho Nacional de Segurança Alimentar e Nutricional (Consea), também desorganizou nacionalmente a coordenação das políticas voltadas para o combate à fome.

O resultado desse período, que vai de 2016 a 2020, pode ser aferido pelo I Inquérito Nacional sobre Insegurança Alimentar no Contexto da Pandemia da Covid-19 no Brasil, conduzido pela Rede Brasileira de Pesquisa em Soberania e Segurança Alimentar e Nutricional (Rede Penssan). Esse foi um dos documentos que embasaram parte importante dos textos apresentados neste livro. O inquérito, que foi a campo em dezembro de 2020, capturou números alarmantes sobre o tamanho da fome no Brasil: 116,8 milhões de brasileiros não tinham acesso pleno e permanente a alimentos. Destes, 43,4 milhões (20,5% da população) não contavam com alimentos em quantidade suficiente (insegurança alimentar moderada ou grave) e 19,1 milhões (9% da população) passavam fome (insegurança alimentar grave). Dados atualizados, divulgados pela Rede Penssan em junho de 2022, enquanto finalizávamos a edição deste livro, mostram a piora do quadro que já era grave: atualmente, são 125,2 milhões — mais da metade da população brasileira — convivendo com a insegurança alimentar, dos quais 33 milhões em grau grave, ou seja: sem ter o que comer.

A avaliação do processo que determina esse quadro é ainda mais surpreendente se considerarmos que ele envolve um período inédito — de 2003 a 2014 — de sistemática redução da pobreza e da insegurança alimentar. Os relatórios da Pesquisa Nacional por Amostra de Domicílios (PNAD), que apurou a Escala Brasileira de Insegurança Alimentar (Ebia), realizada em 2004, 2009 e 2013, apontam uma redução consistente da insegurança alimentar e da fome. Ambas encolheram ao menor patamar histórico, feito reconhecido pela Organização das Nações Unidas para a Alimentação e a Agricultura (FAO) ao considerar, em 2014, que o Brasil havia saído do Mapa da Fome.

Em menos de duas décadas, o país traça uma curva rumo à superação da fome para, logo em seguida, interromper abruptamente um conjunto de fatores que determinaram esse progresso. Essa inflexão nos leva de volta a um quadro ainda mais intenso de má nutrição e fome. Refletir sobre essa trajetória vertiginosa é uma das missões que nos atribuímos coletivamente ao produzir este livro.

Para isso, tomamos partido do aprendizado que atravessou os 75 anos da primeira edição de *Geografia da fome* para ler a nova realidade. Um texto em particular nos apoiou nesse aspecto: o artigo produzido, sob nossa encomenda, pelo sociólogo Renato Carvalheira do Nascimento. Especialista na obra *Geografia da fome*, ele sistematizou os principais elementos históricos, a metodologia e o ferramental de conhecimento utilizados por Josué de Castro para conceituar e desnaturalizar o problema da fome, apontando as suas várias facetas e, por consequência, as dimensões nas quais é preciso atuar para sua solução. Esse artigo seminal está presente na primeira parte desta publicação.

Aprendemos com Josué de Castro que seria necessário evocar o conhecimento de várias fontes e disciplinas para compreender e enfrentar a fome na atualidade, e que a fome e a pobreza precisam ser lidas como problemas políticos, não somente socioeconômicos, e não podem ser analisadas de forma isolada ou tidas como naturais. Além disso, o fio histórico seria fundamental para elucidar novos e velhos dilemas. O que aconteceu no Brasil em sete décadas?

Nos 75 anos que nos separam do lançamento de *Geografia da fome*, o Brasil passou por profundas transformações. Deixou de ser o país subdesenvolvido de um povo pobre, desnutrido e majoritariamente rural, um país pobre em produção de alimentos, pobre em tecnologia, sintetizado no dilema do "pão ou aço" registrado por Josué em 1946. Tornou-se um país urbano e um dos maiores produtores de commodities alimentícias do mundo, detentor de alta tecnologia para produção de alimentos em clima tropical. Mas continuou marcado por profundas desigualdades estruturais, evidentes nas questões fundiária, racial, de gênero e de distribuição de renda, pela pobreza e pela má nutrição de parte de seu povo.

Ao longo do seminário e da organização dos artigos deste livro, nosso desafio foi responder a três perguntas principais: (i) O que mudou nesses 75 anos e quais são os novos determinantes da fome e suas consequências sobre a saúde, o meio ambiente e o clima? (ii) O que não mudou e nos deixou presos às raízes das desigualdades e das amarras históricas que já determinavam a fome enfrentada no Brasil vivido por Josué de Castro? (iii) O que mudou para manter tudo como estava, ou seja, quais foram os processos de mudanças nos sistemas alimentares no Brasil liderados por nossas elites que visavam preservar e reproduzir seus privilégios?

A partir desse conjunto de questões fundamentais, desenhamos os eixos do debate. Os leitores vão encontrar um misto de contribuições que advieram da participação de especialistas, ativistas e representantes de movimentos sociais durante e após o seminário. Todos os palestrantes foram convidados a revisitar suas falas e a transformá-las em artigos, que estão reunidos aqui. Desta forma, os textos mantiveram o tom coloquial dos debates realizados durante os dias do seminário; em alguns casos, também foi preservado o estilo de depoimento, de acordo com a vivência dos autores. Conseguimos garantir, tanto nas mesas do seminário quanto neste livro, uma forte presença de pesquisadores e especialistas, assim como de representação social, saberes e diversidade de experiências.

Somamos ao livro conteúdos que consideramos valiosos do ponto de vista histórico e de interesse aplicado aos curiosos e interessados pelo tema. Eles introduzem cada um dos eixos, contextualizando o debate e enriquecendo-o ao colocá-lo em diálogo com momentos da cultura brasileira. Também aqui nos inspiramos em Josué de Castro, que fazia farto uso de fotografias, poesia e cultura popular para entender e descrever o fenômeno da fome. Não é à toa que Chico Science, conterrâneo de Josué, escreve, em 1994, os famosos versos que fazem referência ao autor de *Geografia da fome* ao mesmo tempo que o homenageiam: "Ô Josué, eu nunca vi tamanha desgraça/ Quanto mais miséria tem, mais urubu ameaça".

O livro está organizado em cinco partes. Tentamos romper com a abordagem fragmentada do tema da fome que, justamente, julgávamos inadequada. No entanto, foi desafiador abandonar a lógica dos "silos", entrelaçar as diferentes dimensões da fome, suas causalidades, e analisá-la de forma integrada e coesa. Por isso, apesar dos diferentes eixos, é necessário entender que eles conversam entre si e estão intencionalmente interconectados.

Na Parte I, dedicamo-nos a contextualizar *Geografia da fome* na perspectiva do debate contemporâneo sobre o tema. Os leitores encontrarão nessa parte o artigo da economista Tania Bacelar, convidada especial na abertura do seminário, que traz uma análise sobre como a abordagem geográfica compreende bem as diferenças regionais brasileiras, considerando um exame multidisciplinar que busca dar conta da complexidade e dos elementos estruturantes e geradores da fome.

O artigo do ex-ministro extraordinário de Segurança Alimentar e Combate à Fome e ex-diretor-geral da FAO, José Graziano da Silva, recupera o papel estratégico de Josué de Castro na cena internacional e nos alerta para a importância de avançar no combate à fome em todo o planeta. Também nessa parte se encontra o já citado artigo de Renato Carvalheira do Nascimento e uma linha do tempo que resgata, desde 1946, as principais políticas públicas, legislações e marcos institucionais que percorrem a trajetória da alimentação, da nutrição, da produção, do acesso e do consumo de alimentos no Brasil. A linha do tempo das políticas públicas foi construída a partir de apresentações e contribuições da nossa querida Anna Peliano, falecida em agosto de 2021, que deixa enorme contribuição para os programas de combate à fome.

A Parte II, "Geografia da fome e insegurança alimentar", se inspira em elementos das contribuições do médico Josué de Castro para compreender o Brasil de hoje. Busca, assim, traçar uma abordagem transversal sobre como se expressa a má nutrição em todas as suas formas e como elas se refletem em dimensões intersecionais como gênero, raça, idade, território. Quem são as pessoas em situação de insegurança alimentar atualmente? O que mudou no estado nutricional e nos padrões alimentares da população brasileira nas últimas décadas? Como o Brasil saiu e voltou tão rápido ao Mapa da Fome? Essas são algumas das questões-chave abordadas nos artigos de Maria Laura Louzada, Renata Levy, Patrícia Jaime e Carlos Monteiro (Nupens-USP), Rosana Salles-Costa (UFRJ), Inês Rugani (Uerj), Douglas Belchior (Coalizão Negra por Direitos) e Adriana Moreira (FE-USP e Coalizão Negra por Direitos).

Na Parte III, "Geografia das desigualdades socioeconômicas e determinantes multidimensionais da pobreza e da fome", examinamos as transformações sociais e econômicas, bem como os impactos nas condições de vida da população brasileira nas últimas décadas, buscando compreender como as desigualdades se somam, se retroalimentam e se reproduzem historicamente, por meio de contribuições de Domênica Rodrigues (ABA), Renato Maluf (UFRJ e Rede Penssan), Ladislau Dowbor (PUC-SP) e Ana Paula Ribeiro (MTST).

Na Parte IV, "Geografia da produção de alimentos", trazemos os textos de Ana Chamma (GPP-Esalq e Imaflora) e Gerd Sparovek (Esalq), Arilson Favareto (UFABC e Cebrap), Walter Belik (Unicamp e Instituto Fome-Zero) e Maria Emília Pacheco (FASE). Aqui, o aparente paradoxo de o Brasil ser um dos maiores produtores e exportadores de alimentos do mundo enquanto sua população convive com a fome é tema central. Por meio de um olhar histórico sobre a produção agrícola do país, os autores também exploram as transformações e as implicações do modelo de desenvolvimento agroindustrial nas principais crises ambientais globais — mudanças climáticas, perda da biodiversidade, disponibilidade hídrica — e na persistência da pobreza.

Na Parte V, "Geografia da crise socioambiental e alimentar", registramos os artigos de Ricardo Abramovay (IEE-USP), Ane Alencar (Ipam), Elaine de Azevedo (Ufes e ComidaETC), Tasso Azevedo (MapBiomas) e Selma Dealdina (Conaq), que discutem como o vigente, desigual e excludente sistema de produção e consumo de alimentos é responsável pela convivência e pelo acirramento de três pandemias: da fome, da obesidade e das mudanças climáticas (uma sindemia). A mudança no uso da terra e a agropecuária são os setores que mais respondem pelas emissões de gases de efeito estufa no Brasil, nos alçando ao ranking dos países que mais contribuem para a crise climática. Mas, diferentemente de outras realidades, o Brasil tem a oportunidade de reduzir seus impactos por meio do controle do desmatamento e da transformação de seus sistemas alimentares.

Sempre correndo o risco da simplificação, acredito que da leitura do conjunto de artigos emergem alguns grandes ensinamentos, que aponto sem a pretensão de que sejam um consenso:

- em concordância uníssona com Josué de Castro, a fome é política. O Brasil tem potencial para alimentar todo o seu povo e ainda exportar. É um país com acúmulo de riquezas, entre os maiores PIBs do planeta, rico em tecnologias e com produção de alimentos em quantidade suficiente para atender às necessidades básicas da população. A existência da fome não se justifica, e conviver com a volta de tal situação é inaceitável do ponto de vista socioeconômico e ético;
- as desigualdades de gênero, raça e idade, organizadas a partir das desigualdades de classe/renda e regionais, estão intercruzadas, se mantêm e se retroalimentam, mesmo com as mudanças vistas nos últimos 75 anos. Observamos profundas transformações, inclusive a redução da prevalência de desnutrição. Mas as assimetrias de acesso — seja econômico, seja físico — a alimentos saudáveis, aliadas à transição alimentar e ao aumento do consumo de produtos ultraprocessados, perpetuam as desigualdades que continuam presentes na realidade brasileira;
- a expansão da produção de alimentos e a modernização da agricultura se deram com a manutenção e o aprofundamento dos padrões de concentração fundiária, à custa da perda da biodiversidade, sem compromisso

com o acesso à alimentação saudável, e gerando doenças e a crise climática;

- a construção de sistemas alimentares saudáveis e sustentáveis não surgirá naturalmente das forças de mercado. Diante do aprofundamento das crises ligadas ao aumento da fome, da obesidade, de todas as formas de má nutrição e das mudanças climáticas, cresce a importância do papel do Estado como ator fundamental e regulador para a execução das políticas tanto na garantia do direito humano à alimentação quanto na superação do atual modelo hegemônico, que não preserva nem a saúde, nem o meio ambiente. Também fica clara a importância de mecanismos de participação e controle social por parte da sociedade civil para que a população possa fiscalizar, monitorar e controlar as ações da administração pública;
- o combate à pobreza e à fome e a promoção da garantia do direito humano à alimentação e à nutrição se constroem com políticas públicas estruturadas e estruturantes, de forma contínua, não com ações emergenciais, pontuais ou forças-tarefas, muito menos com filantropia. O esforço e a solidariedade entre os iguais, que durante a crise pandêmica mobilizaram comunidades e setores da sociedade civil, devem ser reconhecidos, inclusive, como denúncia da omissão do setor público.

Como diz um provérbio africano: "Se quiser ir rápido, vá sozinho. Se quiser ir longe, vá em grupo". A nossa opção é ir longe coletivamente. Assim, eu gostaria de dizer que é muito bom estar acompanhada no trabalho desenvolvido pela Cátedra Josué de Castro. E agradeço a todos que toparam percorrer esse caminho juntos.

Começo dizendo muito obrigado ao grupo da Cátedra, que, direta e indiretamente, se envolveu em todo o processo, desde a primeira ideia de revisitar *Geografia da fome*. Agradeço especialmente à socióloga Anna Maria de Castro, filha de Josué de Castro. Querida e atenta às nossas demandas e necessidades de compreensão sobre o legado do pai, ela escreveu uma carta emocionante homenageando-o, a qual temos a honra de publicar neste livro. Agradeço ao professor Carlos Monteiro e à professora Patrícia Jaime, coordenador e vice-coordenadora acadêmicos da Cátedra Josué de Castro, pela liderança e pelos permanentes diálogo e incentivo aos nossos projetos; em seus nomes, estendemos os agradecimentos a todos os membros da Faculdade de Saúde Pública da USP.

Aqui, é fundamental destacar a parceria de Ana Paula Bortoletto, que, ao meu lado, ajudou a construir todo esse processo, e reconhecer o trabalho e a dedicação de Marina Yamaoka e Arthur Walber, da equipe da Cátedra, sem os quais não existiriam nem o seminário, nem o livro. A Monica Rodrigues, Gabriel Hoewell e à equipe da Zabelê Comunicação, um agradecimento especial pelo engajamento e pelo suporte. Ao Instituto Ibirapitanga, ao Instituto Clima & Sociedade e à Fundação Heinrich Böll, financiadores deste projeto, o nosso agradecimento pelo compromisso com a produção de conhecimento para combater a fome no Brasil.

A Cátedra Josué de Castro agradece a todos os parceiros que estão juntos nesse desafio, em especial o Núcleo de Pesquisa e Análises sobre Meio Ambiente, Desenvolvimento e Sustentabilidade do Centro Brasileiro de Análise e Planejamento (Cebrap Sustentabilidade), o Instituto Brasileiro de Defesa do Consumidor (Idec), o Instituto de Manejo e Certificação Florestal e Agrícola (Imaflora), o Instituto Fome-Zero, o Núcleo de Pesquisas Epidemiológicas em Nutrição e Saúde (Nupens-USP), o

Grupo de Políticas Públicas da Escola Superior de Agricultura Luiz de Queiroz (Esalq-USP) e a Rede Penssan.

Cada um de nós se envolveu na missão de revisitar *Geografia da fome* 75 anos depois, buscando entender o passado e o presente por meio desse flagelo que infelizmente marcou e voltou a marcar a vida de milhões de brasileiros. Desde o princípio, nosso horizonte foi o da ação. Procuramos compreender os dilemas do Brasil de hoje para ter bases sólidas que promovam transformações nos sistemas alimentares de modo a garantir o direito humano à alimentação e construir um modelo sustentável do ponto de vista da justiça social e do planeta.

Olhando adiante, reconhecemos nossos limites e nossas dúvidas quanto às melhores respostas. Como próximos passos, a Cátedra Josué de Castro pretende seguir construindo com o coletivo de organizações, pesquisadores e demais atores já mobilizados para avançar nessa agenda para o futuro. Nosso trabalho continua. Tendo esse acúmulo e esse patrimônio construídos a muitas mãos, avançaremos para oferecer propostas de colaboração para uma nova geografia: a de um Brasil sem fome, sem miséria e sem desigualdades.

Parte I

JOSUÉ
DE CASTRO
E A GEOGRAFIA
DA FOME

Anna Maria de Castro,

filha de Josué de Castro, é professora titular aposentada da Universidade Federal do Rio de Janeiro (UFRJ) e livre-docente em sociologia aplicada. Algumas de suas obras são *Introdução ao pensamento sociológico*, *Nutrição e desenvolvimento: análise de uma política* e *Fome, um tema proibido*. É pesquisadora convidada da Cátedra Josué de Castro de Sistemas Alimentares Saudáveis e Sustentáveis.

Introdução

Carta ao pai

Agradeço aos organizadores desta homenagem a meu pai, Josué de Castro, por relembrarem os 75 anos de seu mais importante livro. Um agradecimento muito especial à professora Tereza Campello pelo convite para participar deste seminário, bem como pela iniciativa de instituir a Cátedra Josué de Castro no âmbito da USP, uma das mais importantes universidades do Brasil. A ela também minha gratidão por ter concordado em ler a carta que, com imensa alegria, escrevi para este encontro.

Optei, após longa hesitação, por construir um texto que pudesse retratar o homem Josué em suas relações com Anna Maria, sua filha. Sempre tive, ao longo da vida, por conta de minha formação acadêmica, dificuldade de distinguir meu querido pai do cientista que ele era. Avaliei que esta seria uma oportunidade única para tal abordagem.

Nasci em Roma, onde meu pai, atendendo a um convite, realizava, como médico, conferências sobre nutrição e obesidade. Glauce, minha mãe, embora grávida, acompanhava o marido, comportamento que se manteve por toda a vida, inclusive no prolongado exílio. Essa dedicação marcou a trajetória pessoal de Josué.

Havia um vínculo invisível entre mim e meu pai que nos colocou lado a lado durante toda a vida. Entretanto, o desejo que tive de fazer um depoimento na condição de filha aflorou quando fui convidada para prefaciar o livro de Jean Ziegler, *A fome no mundo explicada a meu filho*, em que o autor fala, na condição de pai, sobre as agruras da fome. Na oportunidade, escrevi: "Quem afora um pai poderia conversar com toda franqueza e honestidade com o filho sobre tabus como sexo e fome? Quem, senão um pai, poderia, sinceramente e sem temor, cuidar de temas de impacto que as sociedades têm se recusado a enfrentar com denodo e a buscar soluções satisfatórias?".

Vivi pessoalmente essa experiência, cresci ouvindo meu pai falar de fome desde a mais tenra idade, a princípio como mera e atenta ouvinte, depois como jovem interessada e, por fim, também como cientista social fascinada pelo tema e pelas ideias. Adolescente, pude conhecer a Europa com Josué e Glauce quando ele recebeu o Prêmio Internacional da Paz, em Helsinque. Fui apresentada a líderes mundiais e intelectuais com quem pude conversar e que passei a admirar, como o poeta chileno Pablo Neruda. A viagem se estendeu por outros países: Polônia, União Soviética, Itália, onde fomos recebidos em audiência pelo papa Pio XII, e finalmente França, onde, mais tarde, eu completaria meu doutorado.

De volta ao Brasil, Josué diminuía sua atividade como médico e professor e cumpria seu papel como político. Eleito deputado federal pelo PTB de Pernambuco, teve uma profícua passagem pela Câmara, onde pôde pautar, em alguns momentos, temas de importância para a população desvalida. A casa legislativa, nos idos de 1990, fez editar um livro sobre a atividade de Josué como deputado. Ele integrou a Frente Parlamentar Nacionalista, que se reuniu várias vezes em nosso apartamento em Copacabana, o que me permitiu conhecer destacados políticos da época. Quando da inauguração de Brasília, participei com Josué das festividades e conheci o presidente João Goulart. Ainda assim, meu pai não se considerava um bom político.

Glauce com os filhos Anna Maria e Josué Fernando.
Fonte: Menezes (2004)

Glauce, Josué e Anna Maria.
Fonte: Menezes (2004)

CÂMARA DOS DEPUTADOS

CARTEIRA N.º 82

A presente carteira de identidade pertence ao deputado

JOSUÉ APOLÔNIO DE CASTRO (Pernambuco)

Côr branca Cabelos pretos

Barba - Bigodes -

Olhos pretos Altura 1 m 76 Rio, 8/2 de 1955

ASSINATURA DO PORTADOR

DIRETOR GERAL DA SECRETARIA

Carteira de identidade de Josué enquanto deputado.
Fonte: Menezes (2004)

Posse de Josué na presidência do
Conselho Executivo da FAO-ONU em 1952.
Fonte: Menezes (2004)

Nessa ocasião, eu frequentava o curso de ciências sociais da Faculdade de Filosofia da Universidade Federal do Rio de Janeiro, na qual Josué era professor titular de geografia humana, atividade interrompida uma vez que, eleito presidente do Conselho Administrativo da FAO-ONU, foi obrigado a constantes deslocamentos para vários países. A seu convite, pude participar de inúmeras conferências na Itália.

Corria a década de 1960, e minha relação com meu pai se acentuava. Nesse período, eu me formei, casei e engravidei de meu primeiro filho. Josué aceitou convite do presidente João Goulart para tornar-se embaixador do Brasil junto aos órgãos das Nações Unidas em Genebra. Vivia momento de satisfação pessoal pela oportunidade de servir o país como seu representante. Entretanto, momentos difíceis se seguiriam.

Tive um parto complicado, e Josué precisou rapidamente se deslocar de Genebra para me assistir como pai e como médico; sem sua competência médica, eu não teria sobrevivido. Atacada por enfermidade de difícil diagnóstico à época, fui salva por uma solução por ele encontrada. Na busca por continuar meu tratamento na Europa, ele resolveu me levar para Genebra, sua nova residência. Aceitei o convite contanto que pudesse levar meu filho recém-nascido. Assim, em agosto de 1962, embarcamos todos, Josué, Glauce, Sonia, minha irmã mais nova, eu e o bebê, em um Constellation da Panair do Brasil, que percorreu toda a pista do Aeroporto Internacional do Galeão e lançou-se nas águas escuras da Baía de Guanabara. Foram momentos angustiantes para quem estava dentro do avião e para os parentes que viram, do aeroporto, a decolagem que não aconteceu. Descobri que Josué não sabia nadar; perdi o filho, e ele, o neto.

Lentamente nos recuperamos e partimos de navio a Genebra. Voltei a morar com meus pais e, durante um ano, procurei reunir forças para retornar ao Brasil. De volta, contrariando os médicos e meu pai, resolvi ter outro filho. Marcio nasceu em 21 de fevereiro de 1964. Josué veio conhecer o neto e logo voltou ao trabalho. Em pouco mais de quarenta dias, editou-se o Ato Institucional nº 1, que suprimiu os direitos constitucionais de inúmeros brasileiros, entre eles Josué de Castro.

Inaugurou-se um novo momento de preocupações e expectativas. Fixar residência em Paris foi uma opção possível por causa dos amigos que lá moravam e pelos convites de trabalho nas universidades. Nosso contato passou a ser escasso, e a proibição de entrar no país me obrigou a viajar ao Chile e ao Peru para encontrá-lo. As cartas foram uma via de comunicação, pois as ligações telefônicas eram caras e possivelmente censuradas. Sua resposta a uma carta que enviei em setembro de 1964, por ocasião de seu aniversário, até hoje toca meu coração:

> Minha filha,
>
> Li as duas cartas que você mandou. Gostei muito do tom das mesmas. Tom de revolta, certamente, mas de uma revolta consciente de tudo que se está passando. [...] Gostei muito de sua disposição de participar do processo, de pagar sua cota pela emancipação do povo. Na verdade, considero minha vida atribulada como um fato positivo, não cheia de glórias, como você diz. Não as alcancei. Mas alcancei o respeito do mundo e a consagração de algumas de minhas ideias a serviço da humanidade. Tenho trabalhado muito. O CID [Centro Internacional para o Desenvolvimento] toma forma e consistência. Em decorrência de meu encontro com Robert Oppenheimer, nos Estados Unidos, surgiu a ideia de criarmos uma universidade voltada para o desenvolvimento.

Assim foi a vida de Josué, sempre voltado para uma nova iniciativa ou pesquisa em favor da humanidade.

Josué com o físico Robert Oppenheimer em 1964.
Fonte: Menezes (2004)

Juscelino Kubitschek e Josué de Castro.
Fonte: Menezes (2004)

Em 1973, aos 65 anos de idade, Josué de Castro morre prematuramente em Paris, sem ter podido voltar ao Brasil. Após o falecimento de meu pai, assumi, comigo mesma, o compromisso de não medir esforços para manter íntegro o seu legado científico. O longo período de exílio, além da censura, fez desaparecer seus livros, entrevistas e textos de conferências. Foi difícil sustentar a manutenção de suas ideias, apesar da contínua presença da fome e da miséria em nosso país e mesmo no mundo.

Não rejeitei convite de nenhuma região do Brasil. Estive presente em câmaras legislativas, universidades e centros culturais. Creio ter sido relativamente bem-sucedida por causa do grande número de amigos e admiradores de suas obras. No âmbito das universidades, foram desenvolvidas dissertações de mestrado e teses de doutorado. Eu mesma realizei, para concurso de livre-docência em sociologia, a tese *Nutrição e desenvolvimento: análise de uma política*, trabalho sobre iniciativas de Josué nos anos 1950 e 1960 que foram importantes para o combate à fome e à pobreza: a merenda escolar, o Serviço de Alimentação da Previdência Social (Saps), os restaurantes populares e o salário mínimo.

Em 2003, a Universidade Federal do Rio de Janeiro, sua casa de trabalho, concedeu-lhe o título de doutor honoris causa *post mortem*. Nos governos do presidente Lula e da presidenta Dilma, foram prestadas várias homenagens a Josué, patrono do Consea e cientista sempre lembrado nas jornadas sobre segurança alimentar, que terminaram dando ensejo à importante Lei Orgânica de Segurança Alimentar e Nutricional (Losan). Em 2003, ele foi personagem do Projeto Memória, iniciativa decisiva da Fundação Banco do Brasil para incrementar o reconhecimento de sua obra.

Finalmente, estimaria compartilhar um breve apanhado de seus mais importantes pensamentos. Os grandes descobrimentos do século XX foram a fome e a bomba atômica, e a tomada de consciência dessas duas realidades que pesam sobre a humanidade transformaria o pensamento político mundial. A bomba atômica, instrumento radical de suicídio coletivo, tornou a guerra impossível: deve-se falar em paz. A fome englobou dois significados bem distintos: um de natureza fisiológica e outro de natureza social, responsável pela tensão no mundo — tensão que reina entre os povos pobres e famintos que vivem em sociedades de economias dependentes e os povos ricos e alimentados que habitam os países industrializados. É a tensão entre aqueles que não comem e aqueles que não dormem com medo dos que têm fome.

Referência

MENEZES, Francisco Reginaldo de Sá. *Josué de Castro: por um mundo sem fome.* São Paulo: Mercado Cultural, 2004.

Renato Carvalheira do Nascimento

é sociólogo, mestre em sociologia pela Universidade de Brasília (UnB), com dissertação sobre Josué de Castro, e doutor pelo Programa de Pós-Graduação de Ciências Sociais em Desenvolvimento, Agricultura e Sociedade (CPDA) da Universidade Federal Rural do Rio de Janeiro (UFRRJ). Foi relator do Brasil para o Direito Humano à Alimentação Adequada na FAO Regional América Latina em 2009. Atualmente, é analista em C&T da Coordenação de Aperfeiçoamento de Pessoal de Nível Superior (Capes) e membro da coordenação executiva da Rede Brasileira de Pesquisa em Soberania e Segurança Alimentar e Nutricional (Rede Penssan).

Sete chaves para pensar o atual cenário da fome no Brasil: a contribuição de Josué de Castro

O teórico pernambucano Josué de Castro se inscreve no rol de intelectuais que apresentaram formas originais de compreender a realidade brasileira. Com ele, veio abaixo a imagem de um Brasil generoso, de natureza colossal e exuberante, no qual supostamente não haveria escassez de alimentos. Por meio de sua extensa e profunda obra, Josué de Castro descortinou um Brasil que, de norte a sul, de forma direta ou indireta, estava marcado pelo problema da fome — não tanto devido às condições naturais, mas, sobretudo, por causa do próprio homem e da estrutura socioeconômica implantada no país.

Os milhões de brasileiros que passam fome[2] hoje sinalizam que a obra de Josué de Castro resiste à prova do tempo e precisa ser revisitada. Com o atual cenário marcado por um modelo de desenvolvimento agroexportador, com forte e crescente presença de produtos alimentícios ultraprocessados

2 Uma pesquisa da Rede Penssan (2022) revela que a fome, a forma mais grave da insegurança alimentar, era de 15,5% entre o fim de 2021 e o início de 2022, quando foram coletados os dados. Isso representa 33,1 milhões de brasileiros. 58,7% dos lares entrevistados tinham seus moradores e moradoras em situação de insegurança alimentar (leve, moderada ou grave), o que representa 125,2 milhões de pessoas que passaram pela incerteza quanto à obtenção de alimentos no futuro próximo, limitação na qualidade de sua dieta e/ou restrição de quantidade de alimentos.

e profundas mudanças climáticas, uma nova geografia da fome vem se materializando.

Este texto se propõe a recolher os principais pontos da obra de Josué de Castro que estimulam o atual debate sobre a fome no Brasil. São sete ideias-forças que sustentam a construção de uma narrativa sobre esse fenômeno e contribuem para se pensar as profundas transformações — e consequências — dos sistemas alimentares no Brasil entre 1946, quando *Geografia da fome* foi lançado, e os dias de hoje.

1 A fome é multidisciplinar, com complexas dimensões

O conceito de fome construído por Josué de Castro é multifacetado, pois sua formação também o é. Diplomado como médico, ele nunca parou de estudar: interessou-se por vários temas e se envolveu com diferentes campos do conhecimento, como medicina, nutrição, geografia, antropologia, psicologia, sociologia, educação, filosofia, artes, economia política, ecologia, história e relações internacionais. Da interação entre tantas áreas de estudo, o intelectual pernambucano foi capaz de reunir múltiplos focos e olhares sobre o fenômeno da fome — o grande tema de sua trajetória, uma verdadeira missão a cumprir em vida.

Se nas primeiras publicações, nos anos 1920, suas preocupações eram mais ligadas à área médico-nutricional, a partir dos anos 1940 as questões de cunho social, político e econômico passam a ser cada vez mais incorporadas em sua obra (Magalhães, 1997). A abordagem do teórico parte dessa ampla formação, e é justamente nesse contexto que *Geografia da fome*, um livro-síntese, nasce em 1946.

Representando uma abordagem metodológica inovadora, sua obra retirou o tema da fome do enfoque parcial e miniaturizado em que se encontrava e o expandiu em diferentes ângulos, detectando-o e articulando-o com a realidade do Brasil como país subdesenvolvido. Josué de Castro concebeu a questão da alimentação como um complexo de manifestações simultaneamente biológicas e sociais, e ensinou: a fome é complexa, e complexos serão seu entendimento e sua solução. Para compreender esse fenômeno

> são precisos, de um lado, estudos aprofundados da fisiologia da nutrição, dos caracteres físicos e morais do povo dessa região, de sua evolução demográfica, de sua capacidade e resistência orgânica e, de outro lado, estudos das condições físicas do meio, das suas condições econômicas, da organização social e dos gêneros de vida dos seus habitantes. Abarca, assim, o estudo da alimentação, capítulos de biologia, de antropologia, física e cultural, de etnografia, de patologia, de sociologia, de economia política e mesmo de história. (Castro, 1937, p. 22-3)

2 A fome como fenômeno social total

A noção de fome proposta por Josué de Castro pode ser explicada pelo conceito de fato social total ou fenômeno social total, inicialmente formulada pelo antropólogo francês Marcel Mauss no célebre *Ensaio sobre a dádiva: forma e razão da troca nas sociedades arcaicas*, publicado em 1923. Trata-se de um conceito central nas ciências sociais. No fato social total, exprimem-se, de uma só vez, as mais diversas instituições:

religiosas, jurídicas, morais (políticas e familiares) e econômicas (Mauss, 2003, p. 187).

O conceito estabelece dois princípios essenciais. O primeiro propõe que um fenômeno social é sempre complexo e apresenta várias dimensões; além disso, esses princípios podem ser visualizados e entendidos a partir de diferentes ângulos, que, por sua vez, têm a finalidade de acentuar uma ou várias das dimensões existentes. É uma atividade com implicações em toda a sociedade, como uma totalidade. A partir dele, é possível interpretar vários aspectos de uma sociedade ao se estabelecer conexões com outros fenômenos sociais, econômicos ou culturais. O segundo princípio é que todo comportamento se volta para a sociedade ou para o grupo e só pode ser considerado, em primeiro lugar, fenômeno social nesse contexto. Assim, esse comportamento só pode ser entendido e estudado a partir das relações que estabelece com a sociedade. Casos individuais não são o foco dos fenômenos sociais.

Era exatamente o que pensava Josué de Castro sobre o fenômeno da fome, quando aparece diretamente relacionado ao contexto de uma nação terceiro-mundista, de um capitalismo atrasado e periférico, ligado à formação de um país escravocrata e agroexportador como o Brasil.

Nos primeiros escritos, o jovem médico lança mão de temas ausentes na discussão clínica da nutrição, como raça, evolução social e identidade nacional. A fome, enquanto fenômeno social total, perpassa, inclusive, nossa identidade como nação. Nesse sentido, a raça não era explicação para os males do Brasil, e sim a fome, que grassa principalmente entre a classe trabalhadora e mais pobre do país:

> Se a maioria dos mulatos se compõe de seres estiolados, com déficit mental e incapacidade física, não é por efeito duma tara racial, é por causa do estômago vazio. Não é mal de raça, é

> mal de fome. É a alimentação insuficiente que não lhe permite um desenvolvimento completo e um funcionamento normal. [...] Daí a importância do estudo científico da alimentação e o interesse dos verdadeiros sociólogos em conhecer os hábitos alimentares de cada povo, para melhor esclarecimento de sua formação e evolução econômico-sociais. (Castro, 1968a, p. 67-8)

Gradualmente, o conceito dessa calamidade social passa por um processo de conexão entre o sistema natural e o sistema social. Em especial a partir da obra *Geografia da fome*, o fenômeno ganha contornos não só médico-nutricionais, mas sociais, políticos, econômicos e históricos.

3 A geografia como método

A nova abordagem metodológica de Josué de Castro é esboçada, a princípio, em *Alimentação brasileira à luz da geografia humana* (1937) e depois concretizada em *Geografia da fome*. Baseava-se na necessidade de se conhecer quantas e quais eram as pessoas que passavam fome nas diferentes partes do Brasil, bem como de determinar suas causas e consequências.

Para isso, o autor utilizou-se do geoprocessamento e da multidisciplinaridade como dois elementos basilares de sua metodologia. O primeiro consistia no mapeamento das calamidades sociais de um ponto de vista processual, isto é, um fenômeno que tem uma ou várias causas, um desenvolvimento e um ou mais resultados. Já o uso da multidisciplinaridade teria fins de explicar seu principal objeto de estudo, a fome, por meio da combinação e da relação dos diferentes conhecimentos científicos, como já apontado.

O método do geoprocessamento se diferenciou um pouco do que era empregado nas décadas de 1930 e 1940, concebido somente em termos econômico-estatísticos, utilizando-se muito da média para analisar uma sociedade: média do PIB *per capita*, média de idade da população e outras médias que figuravam nos argumentos a favor da teoria do progresso a todo custo. Para Josué de Castro, esse instrumento estatístico mascarava uma realidade heterogênea, desigual e injusta como a brasileira, o que obviamente não explicava, por si só, a natureza dos fenômenos sociais.

Para sua melhor compreensão, de acordo com o intelectual pernambucano, a fome precisava ser analisada por meio do estudo de sua distribuição em diferentes regiões do Brasil e do mundo, compondo um mosaico que revelasse suas diferentes expressões. Para tanto, o teórico lança mão do uso moderno da geografia:

> Só a Geografia, que considera a terra como um todo e que ensina a saber ver os fenômenos que se passam em sua superfície, a observá-los, agrupá-los e classificá-los, tendo em vista a sua localização, extensão, coordenação e causalidade, pode orientar o espírito humano na análise do vasto problema da alimentação. (Castro, 1937, p. 25-6)

É a partir do método geográfico, particularmente dos mapeamentos das calamidades sociais, que Josué de Castro pôde entender melhor a fome, manifestada e evidenciada de maneiras diferentes em cada região, mas com algumas características comuns a todas elas. Esse perfil geográfico e populacional dos esfomeados, traçado inicialmente pelo teórico, é extremamente atual.

Mapa da fome de Josué de Castro

***Geografia da fome* (1946)**

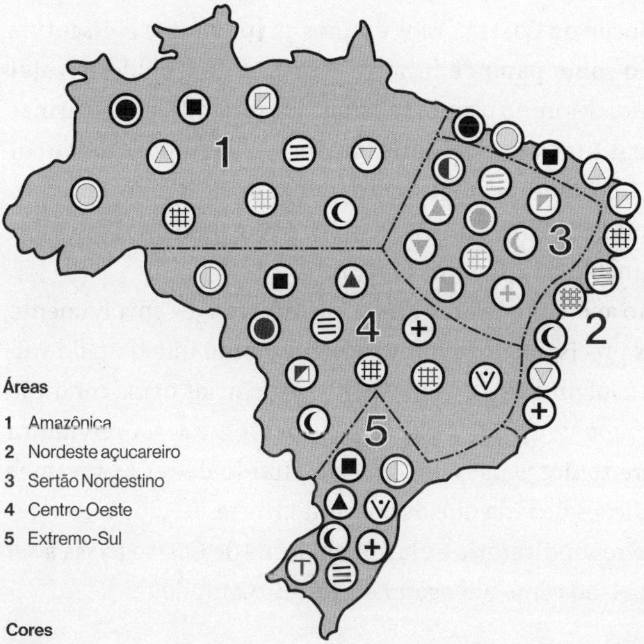

Áreas

1 Amazônica
2 Nordeste açucareiro
3 Sertão Nordestino
4 Centro-Oeste
5 Extremo-Sul

Cores

- Formas frustas
- Formas típicas casos esporádicos
- Formas típicas crises epidêmicas
- Formas típicas endêmicas

Símbolos

- ● Carências proteicas
- ■ Carências de cálcio sem manifestações de raquitismo
- ▲ Carências de ferro – anemias alimentares
- ◪ Carências de cloreto de sódio
- ◐ Carências de iodo – bócio cretínico
- ≡ Carências de vitamina A – hemeralopia, xerose, xeroftalmia e queratomalacia
- # Carências de vitamina B1
- V̇ Carências de vitamina B2 – arriboflavinose
- ☾ Carências de ácido nicotínico – pelagra
- + Carências de vitamina C – escorbuto
- T Carências de vitamina D – raquitismo

4 A questão do subdesenvolvimento

Em Josué de Castro, após os anos 1940, a fome é discutida tendo como pano de fundo a temática do (sub)desenvolvimento. Segundo o autor, a fome, em suas diferentes formas — quantitativa e qualitativamente —, é sempre produto direto do subdesenvolvimento, que, por si, não seria um fatalismo, mas um acidente histórico provocado por força das circunstâncias (Castro, 1996, p. 39).

Ao apontar a relação direta entre fome e desenvolvimento, mais precisamente a fome como resultado imediato do subdesenvolvimento, e as graves consequências dessa condição para a população dos países mais pobres, o autor reivindica o direito dos países do Terceiro Mundo de ter as mesmas condições de vida que os países do Norte. Devido a essa posição reivindicatória e alarmista, Josué de Castro passa a ser conhecido como advogado do Terceiro Mundo.

> O que caracteriza por excelência o subdesenvolvimento é o desnível, é a disparidade entre os níveis de produção, de renda e de capacidade de consumo entre diferentes camadas sociais e entre diferentes regiões que compõem o espaço sociogeográfico da nação. (Castro, 1968b, p. 66)

Para Josué de Castro, promover o desenvolvimento econômico e social significava atenuar esses desníveis. Sua luta era por uma nova concepção de desenvolvimento que levasse em conta os fatores humanos e que tornasse a alimentação uma prioridade (Taranto, 1993). O atraso do setor rural, percebido por Josué de Castro como uma das principais causas do subdesenvolvimento no Brasil, era fruto, em grande medida, do "arcaísmo das estruturas agrárias" existentes desde os tempos da Colônia. Para superar esse problema, era necessária uma mudança radical a partir da implementação de uma verdadeira reforma agrária.

Não à toa, Josué de Castro se elege deputado federal em 1954 apoiado pelo líder camponês Francisco Julião, com a bandeira da reforma agrária e da valorização da agricultura que ele chamava de sustentação, compreendida hoje como agricultura familiar (Schappo, 2008).

5 A ecologia como novo parâmetro civilizatório

A questão ambiental e ecológica em Josué de Castro está diretamente relacionada com a multidisciplinaridade de seu método e com o conceito de fenômeno social total já mencionados. O conceito de meio ambiente não é tomado isoladamente, como ele indica no artigo "Subdesenvolvimento: causa primeira de poluição", de 1973:

> Uma análise correta do meio deve abarcar o impacto total do homem e de sua cultura sobre os elementos restantes do contorno, e o impacto dos fatores ambientais sobre a vida do grupo humano considerado como uma totalidade. Desse ponto de vista, o meio abrange aspectos biológicos, fisiológicos, econômicos e culturais, todos combinados na mesma trama de uma dinâmica ecológica em transformação permanente. (*apud* Castro, 1996, p. 110)

O pernambucano alertava para a crise ecológica já nos anos 1970. Afirmava ser inviável a manutenção do então modelo de crescimento e propunha uma solução que considerasse a realidade dos países subdesenvolvidos e os fatores que determinavam o crescimento, como as estruturas econômicas, sociais e políticas, sem omitir o homem e sua cultura (Castro, 1996).

A crítica de Josué de Castro inscreve-se na solução teórica oferecida pelo economista polonês Ignacy Sachs, o ecodesenvolvimento, que desloca o problema do aspecto puramente quantitativo — crescer ou não — para o exame da qualidade do crescimento. Como afirma o teórico da fome:

> Crescer é uma coisa, desenvolver, outra. Crescer é, em linhas gerais, fácil. Desenvolver equilibradamente, difícil. Tão difícil que nenhum país do mundo conseguiu ainda. Dessa perspectiva, o mundo todo continua mais ou menos subdesenvolvido. (*apud* Castro, 1996, p. 111)

De acordo com Sachs, a atualidade de *Geografia da fome* repousa na dupla sensibilidade social e ecológica, sendo o conceito de ecodesenvolvimento — a tentativa de definir estratégias de desenvolvimento socialmente úteis, ecologicamente sustentáveis e economicamente viáveis — fruto direto da preocupação de Josué de Castro (Minayo, 1985). Cabe afirmar, portanto, que Josué de Castro é um dos precursores do conceito de desenvolvimento sustentável. Para ele, a questão ambiental representava um novo marco civilizatório.

6 Ciência engajada, ciência comprometida

Josué de Castro concebe a ciência de maneira anticlássica e antiacadêmica. É o que se depreende da introdução ao livro *Sete palmos de terra e um caixão*, de 1965. Ao falar sobre o estudo, ele faz uma ressalva que nos ajuda a explicar essa concepção:

> Não é este um ensaio de Sociologia clássica. De uma Sociologia acadêmica [...]. O nosso estudo sociológico é o oposto deste gênero de ensaio. É um estudo de Sociologia participante ou comprometida. De uma Sociologia que não teme interferir no processo da mudança social com os seus achados e, por isso mesmo, não tem o menor interesse em encobrir os traços de uma realidade social, cuja revelação possa acarretar prejuízos a determinados grupos ou classes dominantes. (Castro, 1969, p. 15)

7 A representação social da população em situação de fome

Quando se aproximou da antropologia, na década de 1930, Josué de Castro percebeu a importância do fator cultural para o entendimento da sociedade brasileira. No que se refere à questão alimentar, o sociólogo da fome passa a olhar não só para a estrutura socioeconômica do país, como também identifica e caracteriza as receitas, os modos de comer, os horários das alimentações e uma série de hábitos e costumes que o ajudam a analisar a fome em cada região brasileira:

> Não temos a pretensão de investigar a fundo, numa sondagem definitiva, a influência de todos os fatores dessa categoria — raça, clima, meio biótico etc. — que constituem a base orgânica da estrutura social dos nossos grupos humanos. Estudando, porém, os recursos e os hábitos alimentares de várias regiões, teremos forçosamente que levar em consideração

> todos esses fatores ecológicos que participam ativamente na interação do elemento humano e dos quadros geográficos brasileiros. (Castro, 1992, p. 40)

Com base na interação homem/natureza, Josué de Castro deixou algumas pistas para se pensar a fome por meio da representação social da população em situação de miséria (Nascimento, 2002): o que pensam, como agem, o que sentem e quais as estratégias de sobrevivência das pessoas que passam fome? Por esse caminho, percebia o grau de adaptação e ajustamento do homem aos variados ecossistemas das regiões de fome no Brasil, como bem demonstrou em seu reconhecido ensaio "Ciclo do caranguejo", publicado em 1937.

Modernamente, os homens-caranguejo foram substituídos pelo homens-gabiru de que fala Tarciana Portella, coautora de *Homem-gabiru: catalogação de uma espécie*:

> O homem-gabiru é o homem comido pela fome. Ele pode estar na cidade, nas metrópoles, ele pode estar no sertão, ele pode estar em todo lugar. A gente fez um paralelo com o rato, porque é um bicho que se prolifera sem controle. É um bicho que dá nojo, é um bicho que se quer exterminar, que causa pânico, que causa pavor, que causa doenças, porque também essas são as sensações que os seres famintos causam nos cidadãos que comem todos os dias. (Portella, Aamot & Passavante, 1992, p. 11)

Dos homens-caranguejo aos homens-gabiru, as táticas de sobrevivência mudaram, mas a fome permanece. Segundo o recente inquérito da Rede Penssan (2022), o retrato da fome hoje é composto principalmente por gente do sexo feminino, moradora da periferia ou do meio rural, com baixa escolaridade ou analfabeta, pobre, negra, quilombola, indígena. A fome tem gênero, cor, endereço e grau de escolaridade.

A fome, portanto, tem cara: essa é a representação de que falava Josué de Castro; essas são as pessoas a quem ele dedicou a vida e as quais pôs no centro da responsabilidade social do mundo.

Esses são sete conceitos que nos auxiliam a entender o Brasil atual, que nos dão chaves de conhecimento para compreender a fome num país tão rico. A percepção de que a fome é uma criação humana contra a própria humanidade — e que, portanto, pode ser desconstruída — foi, sem dúvida, a grande contribuição de Josué de Castro para a ciência.

Referências

CASTRO, Anna Maria de (org.). *Fome, um tema proibido: últimos escritos de Josué de Castro*. 3ª ed. Recife: Instituto de Planejamento de Pernambuco/ Companhia Editora de Pernambuco, 1996.

CASTRO, Josué de. *Alimentação e raça*. Rio de Janeiro: Civilização Brasileira, 1936.

CASTRO, Josué de. *A alimentação brasileira à luz da geografia humana*. Rio de Janeiro: Globo, 1937.

CASTRO, Josué de. *Documentário do Nordeste*. 4ª ed. São Paulo: Brasiliense, 1968a.

CASTRO, Josué de. *Geopolítica da fome*. 8ª ed. São Paulo: Brasiliense, 1968b.

CASTRO, Josué de. *Sete palmos de terra e um caixão*. 3ª ed. São Paulo: Brasiliense, 1969.

CASTRO, Josué de. *Geografia da fome*. 11ª ed. Rio de Janeiro: Gryphus, 1992.

MAGALHÃES, Rosana. *Fome: uma (re)leitura de Josué de Castro*. Rio de Janeiro: Fiocruz, 1997.

MAUSS, Marcel. “Ensaio sobre a dádiva: forma e razão da troca nas sociedades arcaicas”. *In*: MAUSS, Marcel. *Sociologia e antropologia*. Trad. Paulo Neves. São Paulo: Cosac Naify, 2003.

MINAYO, Maria Cecília de Souza (org.). *Raízes da fome*. Petrópolis: Vozes/FASE, 1985.

NASCIMENTO, Renato Carvalheira do. *Josué de Castro: o sociólogo da fome*. Dissertação (Mestrado em Sociologia) — Instituto de Ciências Sociais, Universidade de Brasília, Brasília, 2002.

NASCIMENTO, Renato Carvalheira do. "A contribuição de Josué de Castro para o sistema e a política nacional de segurança Alimentar e Nutricional". *In*: SILVA, Tânia Elias Magno (org.). *Josué de Castro*. Rio de Janeiro: Fundação Miguel de Cervantes/Biblioteca Nacional, 2012.

PORTELLA, Tarciana; AAMOT, Daniel; PASSAVANTE, Zélito. *Homem-gabiru: catalogação de uma espécie*. São Paulo: Hucitec, 1992.

REDE BRASILEIRA DE PESQUISA EM SOBERANIA E SEGURANÇA ALIMENTAR (REDE PENSSAN). II Inquérito Nacional sobre Insegurança Alimentar no Contexto da Pandemia da Covid-19 no Brasil – II VigiSAN. Relatório Final. São Paulo, 2022.

SCHAPPO, Sirlandia. *Josué de Castro por uma agricultura de sustentação*. Tese (Doutorado em Sociologia) — Instituto de Filosofia e Ciências Humanas, Universidade Estadual de Campinas, Campinas, 2008.

SILVA, Tânia Elias Magno da. *Josué de Castro: para uma poética da fome*. Curitiba: CRV, 2020.

TARANTO, Giuseppe Di. *Sociedade e subdesenvolvimento na obra de Josué de Castro*. Belém: Cejup, 1993.

Tania Bacelar

é professora emérita da Universidade Federal de Pernambuco (UFPE).

Josué de Castro, *Geografia da fome* e desafios do presente

A abordagem geográfica assumida por Josué de Castro — que compreende bem as diferenças regionais brasileiras —, a análise multidisciplinar que tenta dar conta da complexidade do problema e a explicitação dos elementos estruturantes e geradores da fome se incluem entre os aspectos mais relevantes de análise em sua obra e permanecem muito atuais. Esse é o ponto de partida da reflexão que faço a seguir.

De um país agrário-exportador emerge uma potência industrial que chega a ser a oitava do mundo no fim dos anos 1970. Em paralelo, os governos militares patrocinam o avanço, pelo agronegócio, da ocupação das porções Centro-Oeste e Norte do território brasileiro. A urbanização se intensificou, impulsionada pela industrialização e pela não realização de uma reforma agrária (uma das propostas centrais de Josué de Castro), o que expulsa o homem do campo sem que ele estivesse habilitado a se inserir na vida econômica urbana, tendo de conviver com um novo bloqueio fundiário, dado o controle das terras urbanas pelas elites.

A favelização ampla e cruel é a marca de nossas cidades, e a fome ganha sua dimensão urbana (aspecto ao qual Josué não se dedicou a fundo, uma vez que, no tempo de seus estudos iniciais, a fome era, sobretudo, rural). A fome, antes predominantemente nordestina, passa a se espraiar pelo

Sudeste rico e industrial. No Nordeste, agora ela também é urbana. Não por acaso: Recife tinha quinhentos mil habitantes em 1950 e 1,1 milhão em 1970, ou seja, a população mais que dobrou em apenas duas décadas. Até hoje, cerca de metade da cidade abriga comunidades em condições de vida precárias, e é ali que a fome predomina.

A partir da crise dos anos 1980, o país perde força industrial, e o agronegócio exportador, articulado internacionalmente, ganha protagonismo — econômico e político. A redemocratização traz Herbert de Sousa, o Betinho, de volta do exílio, e a fome, por ele denunciada, reaparece no debate nacional, clamando por novas iniciativas. O Conselho Nacional de Segurança Alimentar (Consea), criado no governo Itamar Franco (1992-1995), é produto da mobilização social daqueles tempos. A Constituição de 1988 traz a opção de atenuar esse e outros flagelos sociais pelo germe de um Estado de bem-estar social, delineado para enfrentar o grave quadro social brasileiro, presente no Mapa da Fome daqueles tempos.

Logo em seguida, no entanto, no governo de Fernando Collor de Mello (1990-1992), o país engata na era da financeirização globalizada que nos comanda até hoje. A criação do Ministério do Desenvolvimento Agrário (MDA) durante o mandato de Fernando Henrique Cardoso (1995-2002) resulta, sobretudo, da pressão dos movimentos sociais rurais. Ao ganharem protagonismo, eles fizeram com que os governos tivessem de inserir na agenda o debate sobre reforma agrária, agricultura familiar e pobreza rural. As administrações petistas (2003-2016) conseguem construir políticas públicas que tiram o Brasil do Mapa da Fome. Ficam claros, então, os avanços no combate à fome e algumas de suas causas. O retrocesso, a partir de 2016, conduz o país de volta à infame lista da ONU.

A institucionalização, no âmbito federal (com reflexos em outros entes federados), de instâncias diretamente ligadas à questão da fome (ministérios, conselhos etc.) evidencia o problema e a decisão de enfrentá-lo.

Pelo lado da demanda, com as políticas sociais baseadas na reviravolta dada pela Constituição de 1988, como a Lei Orgânica da Assistência Social (Loas), na velha tradição assistencial brasileira, o governo federal — e outros entes públicos — passa a garantir renda, concedida prioritariamente às mulheres, a milhões de famílias brasileiras, com destaque, pela abrangência, para o Programa Bolsa Família e o Benefício de Prestação Continuada (BPC). Tais iniciativas convivem com a Política de Valorização do Salário Mínimo (recebido pelos beneficiários do BPC) e impactam a capacidade de melhor se alimentar, especialmente no caso das famílias das áreas urbanas.

Pelo lado da oferta, é destacada a tentativa de apoiar a agropecuária de base familiar, com destaque para:

- a política de crédito à produção e a infraestruturas, representada pelo Programa Nacional de Fortalecimento da Agricultura Familiar (Pronaf), mesmo com visão regional insuficiente — tanto que o Nordeste, líder no número de produtores, teve 48,2% dos contratos, mas só captou 13,4% dos recursos; faltou, portanto, um olhar regional mais aguçado;
- iniciativas de apoio à comercialização, com destaque para o Programa de Aquisição de Alimentos (PAA) e para o Programa Nacional de Alimentação Escolar (PNAE), que alcança crianças em idade escolar, influindo na construção de hábitos alimentares que dialogam, inclusive, com a rica diversidade regional da oferta brasileira de alimentos — assim, também influenciando a demanda.

As questões sobre *o que propor* neste novo momento estão claramente colocadas. A atualidade de uma das contribuições de Josué de Castro fica explícita em sua abordagem multidisciplinar, que envolve conhecimentos de variadas ciências, desde a biologia e a medicina até a antropologia social, a ecologia, a ciência econômica e a ciência política, entre outras. Mais atual impossível em tempos de crise ecológica e social e de profundas mudanças em curso nas estruturas econômicas mundo afora — e, portanto, no mercado de trabalho —, impulsionadas pela revolução científico-tecnológica da qual emerge o avanço da era digital.

Além disso, há lacunas essenciais ou insuficiências importantes relacionadas muito mais com as dimensões política e cultural do que com a socioeconômica e das políticas públicas. É preciso destacar a hegemonia dos interesses do agronegócio no ambiente político. A ruptura institucional ocorrida em 2016, com a deposição da presidenta Dilma Rousseff, e a "ponte para o futuro"[3] por onde poucos circulam são os elementos que explicam o atual descaso com a fome — chancelado, porém, pela eleição presidencial de 2018.

Como articular os interesses de agentes que defendam com mais motivação, no ambiente político, iniciativas que enfrentem o desafio de combater a fome em uma potência mundial de produção alimentar? Eis o desafio central. Na dimensão cultural, a força dos interesses do agronegócio e sua articulação com a grande mídia e com boa parte da academia são evidentes. A grande mídia repete à exaustão que o agro é tech, é pop, é tudo. Mas o agronegócio bloqueia o apoio necessário à produção agropecuária de base familiar.

3 Referência à "proposta de governo" apresentada pelo PMDB, atual MDB, partido do vice-presidente Michel Temer, em 29 de outubro de 2015, antes da abertura do processo de impeachment de Dilma Rousseff. [N.E.]

A dimensão cultural foi considerada por Josué de Castro, que recorreu à antropologia cultural para fundamentar sua análise do padrão alimentar vigente no Nordeste agrário de seu tempo. Dialogou, assim, com Celso Furtado, seu contemporâneo, em muitos aspectos de sua análise. Furtado, na volta do exílio, deu ênfase à dimensão cultural do desenvolvimento em seu excelente livro *Criatividade e dependência na civilização industrial*.

Entretanto, o debate sobre alimentação saudável e formação do "gosto do consumidor", que ainda tem de lidar com os preços mais baratos dos alimentos ultraprocessados, vem se mostrando claramente insuficiente, e não há iniciativas incisivas dos governos nessa direção. Até agora, o padrão de consumo e seus fundamentos não foram tratados a contento.

Em paralelo, o esforço na direção da democratização do acesso à terra foi muito tímido, para dizer o mínimo. Na verdade, a concentração aumentou, segundo o Censo Agropecuário de 2017. Nisso a denúncia de Josué de Castro se mantém atual e nos leva a considerar a recomendação feita por Celso Furtado na fase final de sua produção: não basta realizar investimentos, é preciso distribuir ativos, prioritariamente terra e conhecimento.

Por sua vez, as mudanças que ocorreram no mundo em anos recentes, aceleradas pela pandemia de covid-19, requerem atualizar os desafios que devemos enfrentar, por exemplo, na inserção da população no mercado de trabalho (fortemente impactado pela aceleração da era digital) e no ambiente dos novos padrões produtivos. Nesse contexto, priorizar investimentos em educação, ciência, tecnologia e inovação vai possibilitar mais ousadia no apoio técnico à produção agrícola de base familiar. Isso significa distribuir o ativo conhecimento, destacado por Furtado. Afinal, quem nega o papel da Empresa Brasileira de Pesquisa Agropecuária

(Embrapa) nos avanços do agronegócio? E quem nega a importância dos conhecimentos da agroecologia para os produtores familiares? A construção de estratégias de agregação de valor à produção familiar de alimentos saudáveis — como, por exemplo, a certificação orgânica — precisa ganhar força.

Na dimensão econômica, a mudança no sistema tributário brasileiro é fundamental. Ele é injusto em essência, e, não bastasse, os governos subsidiam fortemente o agronegócio na política tributária. Adubos e fertilizantes, milho em grão, farelo de soja, sementes, produtos veterinários, agrotóxicos e rações são apenas alguns dos itens que são hoje objeto de tratamento tributário especial.

A maioria das iniciativas implementadas nas décadas iniciais do século XXI pode ser repetida, mas, em geral, carece de ampliação, aperfeiçoamento e melhor articulação. Foram feitos investimentos, por exemplo, em cisternas para acesso à água e em oferta de luz elétrica para todos, mas sem articular tais investimentos a políticas de apoio à produção ou a políticas de mudanças das estruturas produtivas; ou ainda, foi concedido crédito sem assistência técnica.

Por outro lado, novas iniciativas, ou seja, novas políticas devem ser pensadas, inclusive por causa das mudanças em curso no mundo, algumas favoráveis à produção de alimentos saudáveis. A questão ecológica, por exemplo, tende a favorecer novas iniciativas voltadas à produção e ao consumo de alimentos. O Brasil, por sua evidente importância nesse cenário, sempre integra o debate internacional. Diversidade regional e qualidade nutricional da oferta de alimentos pelos agricultores e agricultoras familiares são trunfos importantes da produção familiar brasileira. É preciso valorizar mais esses atributos. As análises e propostas de Josué de Castro resistem ao tempo e continuam a iluminar o debate nacional.

José Graziano da Silva

é diretor-geral do Instituto Fome-Zero, foi diretor-geral da Organização das Nações Unidas para a Alimentação e a Agricultura (FAO) entre 2012 e 2019 e ministro extraordinário de Segurança Alimentar e Combate à Fome (2003-2004).

O militante Josué de Castro

Já seria digno de reconhecimento público ser autor de um livro que se mantém atual 75 anos depois de publicado. Mas Josué de Castro foi muito mais que um escritor: foi um verdadeiro comandante da guerra contra a fome em todas as frentes nas quais ele se fez presente, em sua cidade natal, no seu país e no mundo. Atuou como médico e geógrafo, como orador, embaixador e ativista incansável. E é essa dimensão militante de Josué de Castro que pretendo resgatar brevemente aqui.

Seu ativismo e comprometimento com a luta diária contra a fome nem sempre é retratada nos textos e seminários que abordam sua obra. Uma exceção é o livro *O combatente da fome: Josué de Castro, 1930-1973*, de Marina Gusmão de Mendonça (2021), que relata com riqueza de detalhes as tantas facetas que Josué assumiu ao longo da vida, de médico a geógrafo, de pesquisador em Recife a professor na França, e também de deputado e ativista da luta contra a fome no mundo.

Em 1929, em plena depressão mundial, Josué concluiu o curso de medicina no Rio de Janeiro e retornou para atuar numa empresa de Recife, onde nasceu. Com base nessa experiência, em 1935 ele publica o inquérito sobre as condições de vida da classe operária do Recife, revelando que a principal causa das doenças dos operários que atendia como médico era a fome, decorrente não da falta de oferta de alimentos mas dos baixos salários que não permitiam aos trabalhadores consumir o mínimo necessário à sobrevivência.

Em 1936, foi membro da Comissão de Inquérito para Estudo da Alimentação do Povo Brasileiro, criada pelo governo federal. Em seguida, presidiu o Serviço Central de Alimentação, depois transformado em Serviço de Alimentação da Previdência Social (Saps), de 1939 a 1941. A partir daí, dirigiu praticamente todos os órgãos públicos brasileiros voltados à questão alimentar, como o Serviço Técnico de Alimentação Nacional (1942), o Instituto de Tecnologia Alimentar (1944) e a Comissão Nacional de Alimentação (1945). Em 1946, publica *Geografia da fome*, sua obra mais conhecida, na qual desenha, de forma literal, o primeiro mapa da fome do Brasil. Os leitores mais curiosos poderão comparar seu mapa com os que resultam da pesquisa VigiSAN (Inquérito Nacional sobre Insegurança Alimentar no Contexto da Pandemia da Covid-19 no Brasil) para ver como o Brasil de 2020 tanto se assemelha com aquele do pós-guerra quando se trata da fome.

No segundo governo de Getúlio Vargas (1951-1954), Josué foi vice-presidente da Comissão Nacional de Política Agrária. Em 1952, apresentou um programa de dez pontos para vencer a fome que permanece atual e é reproduzido nos cursos do Instituto de Educação Josué de Castro, de formação de militantes do Movimento dos Trabalhadores Rurais Sem Terra (MST):

(1) combate ao latifúndio;
(2) combate à monocultura em largas extensões sem as correspondentes zonas de abastecimento dos grupos humanos nela empregados;
(3) aproveitamento de todas as terras cultiváveis nas cercanias das cidades;

(4) intensificação do cultivo de alimentos nas pequenas propriedades;
(5) mecanização intensiva das lavouras;
(6) financiamento bancário e garantia de um preço mínimo justo;
(7) progressiva isenção de impostos da terra destinada ao cultivo de produtos de sustentação;
(8) amparo e fomento ao cooperativismo;
(9) intensificação dos estudos técnicos em bromatologia e nutrologia;
(10) campanha de bons hábitos alimentares, higiene, amor à terra, economia agrícola e doméstica e dos fundamentos da luta contra a erosão.

Em 1955, Josué de Castro presidiu o I Congresso Camponês de Pernambuco, realizado em Recife, evento que marcou a criação das Ligas Camponesas, que seriam dirigidas por seu grande amigo na época, Francisco Julião. Entre 1954 e 1962, foi deputado federal por Pernambuco pelo Partido Trabalhista Brasileiro (PTB), inicialmente como suplente de Julião, que havia se tornado o líder das Ligas Camponesas. Como deputado, discursou várias vezes na Câmara criticando a política estadunidense para a América Latina e defendendo a Revolução Cubana (1959) e a Revolução Chinesa (1949), especialmente esta última, da qual se dizia um grande admirador por ter dado prioridade ao combate à fome. Desde o seu início, em 1961, criticou duramente o programa Aliança para o Progresso, lançado pelo presidente dos Estados Unidos John F. Kennedy, acusando-o de ser uma atividade meramente mercantil destinada a escoar excedentes de produção de cereais que se amontoavam naquele país e causavam dumping por aqui, prejudicando nossos agricultores.

Em 1947, representou o Brasil na Conferência de Alimentação e Agricultura da Organização das Nações Unidas para a Alimentação e a Agricultura (FAO) e foi indicado como membro do Comitê Consultivo Permanente de Nutrição da FAO. Nesse mesmo ano, foi nomeado representante do Brasil na FAO. Entre 1951 e 1955, assumiu a presidência do Conselho da FAO, órgão que reúne países selecionados por região do mundo para tomar as principais decisões entre as conferências gerais, realizadas a cada dois anos.

Infelizmente, esse período de sua vida é pouco conhecido, e o material guardado na FAO ainda precisa ser recuperado, pois não se encontra disponível em meio eletrônico. No discurso de novembro de 1951, quando tomou posse pela primeira vez como presidente do Conselho da FAO, Josué de Castro estava otimista de que poderia contribuir com a missão de erradicar a fome no mundo. Já no discurso de novembro de 1953, ao fim do seu primeiro mandato, queixou-se amargamente de que a falta de recursos recebidos pela organização não lhe permitiu nem mesmo manter o plano de trabalho aprovado anteriormente. Não conseguimos localizar os demais discursos referentes ao seu segundo mandato como presidente do Conselho da FAO, entre 1953 e 1955.

Mendonça (2021) relata que, em 1955, Josué deixou a presidência do Conselho da FAO, não se candidatando a um terceiro mandato. Na verdade, sua luta contra a fome, principalmente nos países subdesenvolvidos, assim como o combate ao latifúndio e a defesa da reforma agrária, faria dele uma figura incômoda não apenas para os setores ligados à agroexportação no Brasil mas também para as grandes potências que controlavam a ONU e suas agências. Em relatório a ele dirigido, um de seus assessores no organismo o aconselhou a não se recandidatar ao posto:

> Existe uma forte oposição, dentro da FAO, ao seu nome pela sua atuação (incômoda...) de suscitar problemas insolúveis e que por isso já deviam estar mortos [...]. Essa posição seria capitaneada pelos ingleses da administração; [...] O Prêmio da Paz e sua viagem a Helsinki não o tornarão, obviamente, pessoa particularmente grata aos EUA, que poderão até fechar questão contra a sua reeleição...

Ao deixar a presidência da instituição, Josué de Castro declarou, de forma um tanto amargurada:

> Longe de mim menosprezar a obra realizada pela FAO, mas desejo dizer [...] que me sinto decepcionado diante da obra que realizamos. Decepcionado pelo que fizemos porque [...] não elaboramos até hoje uma política de alimentação realista que ponha em linha de conta, ao mesmo tempo, as desesperadas necessidades do mundo e nossos objetivos. Não fomos suficientemente ousados [...] para encarar, de frente, o problema e buscar soluções. Apenas afloramos a sua superfície, sem penetrar em sua essência, sem querer, na verdade, resolvê-lo, por falta de coragem de desagradar a alguns.

Essa amargura prosseguiria ao longo do tempo, tanto que, em 1960 — portanto, cinco anos após ter deixado a presidência da FAO —, ele escreveria:

> Durante quatro anos estivemos na Presidência do Conselho Executivo da FAO e lutamos para fazer implantar nesse organismo alguns princípios de ação. [...] E [...] pudemos comprovar como era difícil vencer as resistências impostas pelos interesses particularistas dos países e grupos econômicos. [...] Isto explica o fato de que, depois de quinze anos de um intenso trabalho da FAO e de outros organismos internacionais, continue a fome a

> grassar no mundo em proporções mais ou menos idênticas ao período de antes da Segunda Guerra Mundial, quando praticamente não havia qualquer política de cooperação internacional neste campo social. É verdade que [...] a produção mundial de alimentos aumentou bastante, mas infelizmente este aumento se processou nas zonas bem desenvolvidas e não nas zonas de subdesenvolvimento. [...] Desta forma, em lugar de estreitar-se, o fosso que separa os países da fome e os países da abundância mais se alargou nos últimos anos.

Em 1957, Josué de Castro foi eleito presidente do Congresso Mundial sobre Saúde e Condições de Vida (Amiev), frente que nunca abandonou desde os seus tempos de médico no Recife, cargo no qual permaneceu até a morte. Essa estreita ligação entre saúde e alimentação é uma das marcas dos seus trabalhos. Ainda em 1957, ele publica *Geopolítica da fome*, obra na qual mostra um retrato desse problema no mundo, com base nos relatórios da FAO, e critica a falta de interesse das nações mais poderosas em resolver a questão da fome nos países mais pobres.

Merece destaque especial nesse período o *Livro negro da fome*, inicialmente pensado como um manifesto, cuja primeira edição também é de 1957. Nele, Josué de Castro enumera os princípios para um mundo sem fome, os quais utilizaria como plataforma de ideias e ações para fundar a Associação Mundial de Luta contra a Fome (Ascofam), a qual presidiria até o final da vida. Caracterizado por ele mesmo como uma denúncia, o livro aponta que "fome e subdesenvolvimento são uma coisa só, não havendo outro caminho para lutar contra a fome senão a emancipação econômica e a elevação dos níveis de produtividade das massas de famintos", que equivaliam a aproximadamente dois terços da população mundial na época, segundo dados da FAO.

Apesar do entusiasmo com a criação da Ascofam, Josué tinha consciência das limitações de sua atuação, como podemos ver pela citação reproduzida por Mendonça (2021, p. 270):

> Não estamos [...] diante de uma moléstia a ser combatida isoladamente pela ação fulminante de um remédio específico. Não existe um específico para a fome. O que existe são catalisadores capazes de apressar as reações sociais que conduzirão o organismo social à depuração desta impureza; e não se pense que julgamos possível resolver o problema da fome universal apenas com a criação de um organismo especializado que viria, num passe de mágica, apagar da fisionomia da nossa civilização este traço negro. Não somos tão ingênuos, nem tão otimistas. Sabemos que estão bem fincadas, nas estruturas econômicas do mundo, as raízes desse problema, que só poderá ser extirpado revolvendo-se, profundamente, resíduos dos tempos do feudalismo e da escravidão.

Em 1962, Josué de Castro foi nomeado embaixador-chefe da delegação do Brasil perante a ONU, em Genebra, motivo pelo qual decidiu renunciar a seu mandato de deputado federal, segundo Mendonça (2021, p. 235). Ainda no mesmo ano, continua a autora,

> fundou o Centro Internacional para o Desenvolvimento (CID), do qual se tornaria presidente, mantendo-se também à frente da Ascofam. E, em 1963, foi designado representante do Brasil no Conselho de Administração da Organização Internacional do Trabalho (OIT). Ao mesmo tempo, sua obra intelectual e a luta contra a fome no mundo foram fatores determinantes para a indicação ao Prêmio Nobel da Paz. Além do cargo na ONU e na OIT, em 1963, passou a desenvolver intenso trabalho

> na Conferência do Desarmamento, articulando um bloco, liderado pelo Brasil, que se denominou "Comitê dos Dezoito", cujo objetivo era evitar que o mundo fosse destruído por uma guerra atômica.

Ainda segundo Mendonça (2021, p. 213),

> toda essa sua atividade o levaria a ser agraciado, no final da década de 1950, com o título de Citoyen du Monde [Cidadão do mundo], o que lhe permitiu intensificar a luta pela criação de um governo mundial. Em seguida, no início de 1960, foi nomeado presidente do Comitê Governamental da Campanha de Luta contra a Fome, uma iniciativa da FAO, que passaria a desenvolver uma política diferente daquela realizada até então, tendo em vista que a admissão de novos países no organismo, em função da independência de diversas colônias africanas, mudou sua composição e, consequentemente, sua orientação política.

Em 1964, quando o Brasil sofreu um golpe militar, Josué de Castro atuava como representante do país junto à Organização das Nações Unidas, em Genebra. Foi um dos primeiros a serem cassados pelo novo regime e proibidos de voltar ao território nacional, por ser considerado um "agitador comunista". Em 1965, no exílio, publicou *Sete palmos de terra e um caixão*, com a colaboração de outro grande geógrafo brasileiro, Alberto Passos Guimarães, em que se define como um "agitador autodidata", mas não admitia que o considerassem comunista, porque não aceitava "nenhum tipo de ditadura, nem a do proletariado".

Em 1973, com apenas 65 anos, morreu exilado na França, deprimido por não poder voltar ao Brasil, segundo seus interlocutores mais próximos, dias após o assassinato de outro amigo seu, o médico Salvador Allende, presidente democraticamente eleito do Chile. No depoimento dado ao documentário de Silvio Tendler sobre Josué de Castro, Darcy Ribeiro o considera o homem "mais brilhante" que conheceu, afirmando que, na sua época, estava entre os três cidadãos indispensáveis em qualquer encontro internacional importante, ao lado do primeiro diretor-geral da FAO, John Boyd Orr, e o filósofo e prêmio Nobel de Literatura Bertrand Russell.

Difícil afirmar que a volta do Brasil ao Mapa da Fome das Nações Unidas tenha trazido alguma coisa boa além de reabrir o debate sobre suas causas. Mas a recuperação do papel militante de Josué de Castro na luta para erradicar a fome no mundo ainda está por merecer maior atenção. Ainda hoje, ele é uma das poucas unanimidades dos vários movimentos sociais brasileiros que lutam pela terra, da Confederação Nacional dos Trabalhadores na Agricultura (Contag) ao MST, passando pelo Movimento dos Pequenos Agricultores (MPA).

Manuel Correia de Andrade, grande geógrafo nordestino, destaca três dentre as ideias básicas de Josué de Castro que mantêm grande atualidade:

> (i) a necessidade da realização de uma reforma agrária, não partindo de cima, como uma dádiva das classes dominantes, mas como uma conquista das classes dominadas, formada na luta do povo [...];
> (ii) a necessidade de desenvolvimento de uma educação que não se limitasse apenas à alfabetização, mas que se fizesse acompanhar de um processo educacional que atingisse problemas básicos, como o alimentar, e fortalecesse a cidadania;
> (iii) a necessidade de se reduzirem os desníveis de desenvolvimento regional tanto no território brasileiro como entre os países, em escala internacional, a fim de que se eliminasse o subdesenvolvimento. (Andrade *et al.*, 2003, p. 81)

Eu agregaria uma quarta ideia central da obra de Josué que me parece muito atual nos nossos dias: a necessidade crescente de um governo mundial para implementar as decisões dos organismos internacionais no enfrentamento de grandes questões, como a paz e a fome, o desenvolvimento e a desigualdade — para não falar das mudanças climáticas, que, felizmente, ainda não faziam parte das preocupações centrais de sua época.

Valho-me novamente de Mendonça (2021) quando cita Josué defendendo "a necessidade de uma reforma imediata dos organismos internacionais, especialmente da ONU", que se transformara, segundo ele, num instrumento das grandes potências, conclamando a todos pela construção de uma instituição que pudesse ser responsável por um futuro governo mundial. Assim, ele considerava que "o estatuto das Nações Unidas precisa ser reformado [...] para acabar com o veto [...] e para fazer das Nações Unidas não um organismo internacional, mas supranacional, com estrutura jurídica para criação de uma legislação mundial, com uma estrutura de administração e uma Política Internacional para fazer cumprir as leis do mundo".

> O caminho real para a construção de uma paz duradoura, e não de uma paz fictícia [...], é a criação de uma Federação Mundial que, limitando a soberania nacional no campo das divergências internacionais, sem atentar os demais direitos e liberdades das nações, evite os conflitos armados. O instrumento ou a autoridade capaz de realizar este objetivo vital dos nossos dias é o Governo Mundial, integrado por todas as nações do mundo sob a forma de uma "Federação de Povos".

Finalizo com a transcrição (um pouco longa) de um artigo que escrevi para a revista do Núcleo de Estudos e Pesquisas em Alimentação (Nepa) da Universidade Estadual de Campinas (Unicamp) logo no início da pandemia de covid-19:

> Se há um ensinamento que levamos dessa pandemia, é que a globalização é muito mais que poder mandar dinheiro via celular, viajar para qualquer lugar ou comprar coisas produzidas em outras partes do mundo, especialmente na China... A pandemia também nesse aspecto apenas acelerou uma tendência que já se via entre os mais aquinhoados para se refugiar temporariamente: levantar muros, colocar grades nas janelas e trancar-se em casa dizendo que está em home office. Mas nem o isolamento social dos ricos e menos ricos foi suficiente senão para retardar o ritmo da contaminação. A grande "conectividade do vírus" mostrou que, para o bem e para o mal, fazemos todos parte de um mesmo planeta Terra, e não há (ainda?) uma Terra B onde alguns poucos possam se refugiar indefinidamente.

Em resumo, a pandemia mostrou que não há uma solução definitiva em nível local e individual se não houver uma solução global também. Em outras palavras, a pandemia expôs a fragilidade das nossas instituições e organizações internacionais que operam num sistema que depende do consenso entre todos os países; e da aceitação voluntária das suas recomendações por parte de cada um dos membros afiliados.

Vimos, em plena crise, presidentes e primeiros-ministros desafiarem as recomendações da Organização Mundial da Saúde nos temas de seu mandato e expertise. Pior ainda: vimos o governo do país mais rico da Terra cortar os poucos recursos que ajudavam a entidade a combater a pandemia nos países mais pobres... Vimos também as organizações internacionais encarregadas de combater a fome e a má nutrição no mundo, como FAO, IFAD e PMA, entregarem ao Conselho de Segurança da ONU um informe alertando para o perigo dos países em conflito enfrentarem "uma fome de proporções bíblicas", sem que o Conselho conseguisse tomar nenhuma iniciativa para restabelecer a paz nesse momento de crise mundial agudizada pela pandemia. Vale lembrar que a FAO foi a primeira organização internacional criada depois da Segunda Guerra com a esperança de que, uma vez alcançada a paz, poderíamos erradicar a fome da Terra...

Não há a menor dúvida de que esse "novo normal" pós-pandemia não pode amparar-se em instituições internacionais frágeis que dependem das contribuições voluntárias dos países-membros. A pandemia expôs a fragilidade mesmo da organização de países mais avançada que temos — a União Europeia, que se mostrou incapaz de coordenar uma reação sincronizada entre seus próprios membros.

[...] termino endossando a proposta do eminente jurista italiano e professor Luigi Ferrajoli: "Uma Constituição global mais forte que os mercados", segundo entrevista publicada no *L' Osservatore Romano* em 18 de abril de 2020: "uma Constituição da Terra deveria introduzir uma propriedade planetária dos bens comuns como a atmosfera, a água potável, os glaciares e o patrimônio florestal. Deve também prever uma tributação global capaz de financiar a Organização Mundial da Saúde, a FAO e outras autoridades de garantia".

[...] em outros tempos políticos, o Brasil já capitaneou essa ideia de estabelecer taxas muito pequenas, como a taxa Tobin, sobre as transações financeiras ou sobre as passagens aéreas, para financiar projetos de interesse global. Mas eram outros tempos, em que a esperança havia vencido democraticamente o medo na Política (com P maiúsculo) e iniciado uma década em que o Brasil foi capaz de erradicar a fome.

Referências

ANDRADE, Manuel Correia de *et al*. *Josué de Castro e o Brasil*. São Paulo: Perseu Abramo, 2003.

MENDONÇA, Marina Gusmão de. *O combatente da fome: Josué de Castro, 1930-1973*. Bauru: Praxis, 2021.

Linha do tempo

Combate à fome: 75 anos de políticas públicas

Cátedra Josué de Castro

Esta linha do tempo tem início com a publicação de *Geografia da fome*, em 1946, e percorre 75 anos, sistematizando passos da trajetória da alimentação, da nutrição e da produção, do acesso e do consumo de alimentos no Brasil. Para isso, adotou como critério uma seleção de principais marcos históricos, políticas públicas, legislações, pesquisas e estudos realizados nessas áreas. Não pretende ser exaustiva, mas busca, como ensina Josué de Castro, construir um olhar sistêmico sobre a fome e, assim, identificar avanços e retrocessos no processo de garantia do direito humano à alimentação no país. Ela pode também ser conferida em www.geografiadafome.fsp.usp.br.

1946 Lançamento do livro *Geografia da fome*, em que Josué de Castro denunciou a fome e a má nutrição — até então abordadas pela perspectiva biológica ou fisiológica — como fenômenos sociais. A obra consolidou anos de pesquisas e de atuação do médico, professor, cientista social, político e escritor.

1948 Promulgação da Declaração Universal dos Direitos Humanos, em Paris. O direito humano à alimentação adequada foi previsto no artigo 25: "Toda pessoa tem direito a um padrão de vida capaz de assegurar a si e a sua família saúde e bem-estar, inclusive alimentação [...]".

1952 A Comissão Nacional de Alimentação (CNA), instalada em 1945 com a função de definir a política nacional de alimentação, elabora um plano de trabalho denominado "A conjuntura alimentar e o problema da nutrição no Brasil", que veio conceber e estruturar um programa de merenda escolar de caráter nacional e o I Plano Nacional de Alimentação e Nutrição, promulgado em 1953.

1953 Edição da Lei 1.944, que torna obrigatória a iodação do sal de cozinha destinado a consumo alimentar nas regiões de elevada prevalência de bócio endêmico do país.

1954 Criação do Programa Nacional de Merenda Escolar, com o apoio de organizações internacionais como o Fundo Internacional de Socorro à Infância (Fisi-ONU) e a Agência dos Estados Unidos para o Desenvolvimento Internacional (Usaid), por meio de doações e venda, a preços simbólicos, de excedentes agrícolas estadunidenses e leite em pó desnatado. Em 1955, a Campanha Merenda Escolar foi efetivamente instituída com a vinculação do Programa Nacional de Merenda Escolar ao Ministério da Educação e Cultura (MEC), postulando-se como uma política de educação. No ano seguinte, 1956, foi alterada para Campanha Nacional de Merenda Escolar.

1962 Criação da Companhia Brasileira de Alimentos (Cobal) para participar da execução de planos e programas de abastecimento elaborados pelo governo, relativos à comercialização de gêneros alimentícios, essenciais ou em carência, e agir como elemento regulador do mercado.

Criação da Superintendência Nacional de Abastecimento (Sunab), que, durante o Plano Cruzado (1985-1990), alcançaria popularidade com a fiscalização dos preços.

1963 O Decreto 52.819 cria a Companhia Brasileira de Armazenamento (Cibrazem) para executar planos e programas de abastecimento elaborados pelo governo federal, relativos ao armazenamento de produtos agropecuários e de pesca, bem como para agir como elemento regulador do mercado ou servir, de forma supletiva, áreas ainda não suficientemente atendidas por empresas comerciais privadas.

1964 A Lei 4.504 aprova o Estatuto da Terra, que regula os direitos e obrigações relativos aos bens imóveis rurais, para fins de execução da reforma agrária e promoção da Política Agrícola.

1965 A Lei 4.771 institui o Código Florestal.

A Lei 4.829 institucionaliza o Crédito Rural.

O Decreto 55.891 regulamenta seções do Estatuto da Terra que se referem à reforma agrária e à Política Agrícola.

1966 O Decreto-Lei 79 institui normas para a fixação de preços mínimos e execução das operações de financiamento e aquisição de produtos agropecuários.

1967 O Decreto-Lei 167 regulamenta os Títulos de Crédito Rural.

Extinção do Serviço de Alimentação da Previdência Social (Saps), criado em 1940 com o objetivo de instalar refeitórios em grandes empresas, fornecer alimentos nas menores e vendê-los a preço de custo a trabalhadores com família numerosa. Antes, era denominado de Serviço Central de Alimentação.

1968 A Lei 5.537 cria o Instituto Nacional de Desenvolvimento da Educação e Pesquisa (Indep) com a finalidade de captar recursos e canalizá-los para projetos de ensino e pesquisa, inclusive em alimentação escolar.

1971 A Lei 5.727 dispõe sobre o Primeiro Plano Nacional de Desenvolvimento (PND), para o período de 1972 a 1974.

1972 O Decreto 70.502 regulamenta o Sistema Nacional de Centrais de Abastecimento.

Criação do Instituto Nacional de Alimentação e Nutrição (Inan), que veio a coordenar o primeiro Programa Nacional de Alimentação e Nutrição (Pronan), caracterizado pela suplementação alimentar, tendo como público-alvo gestantes, nutrizes, crianças menores de sete anos de baixa renda e escolares com idade de sete a catorze anos.

A Lei 5.851 autoriza o Executivo a instituir a Empresa Brasileira de Pesquisa Agropecuária (Embrapa), vinculada ao Ministério da Agricultura.

1974 Realização do Estudo Nacional da Despesa Familiar (Endef), com o objetivo de avaliar as condições de vida e a situação nutricional da população. O estudo foi concluído em 1975.

Suspensão do primeiro Pronan devido a irregularidades na operacionalização de suas ações.

Edição da Lei 6.150, que tornou a iodação de todo o sal para consumo humano obrigatória no Brasil.

1976 Instituição do Programa de Alimentação do Trabalhador (PAT), com o objetivo de atender às necessidades básicas de alimentação e saúde dos trabalhadores em parceria entre governo, empresários e trabalhadores.

Criação do segundo Pronan, que contemplou suplementação alimentar, amparo ao pequeno produtor rural, combate às carências específicas, alimentação do trabalhador e apoio à realização de pesquisas e capacitação de recursos humanos.

1979 Criação do Programa Nacional de Alimentação Escolar (PNAE), voltado para a promoção dos hábitos alimentares, do estado nutricional e da aprendizagem de alunos de escolas públicas. Nessa época, os alimentos industrializados estavam muito presentes na alimentação oferecida nas escolas.

1981 Criação do Programa Nacional de Incentivo ao Aleitamento Materno (PNIAM), que institui ações de promoção da amamentação, proteção legal e apoio ao aleitamento materno.

A Lei 6.938 dispõe sobre a Política Nacional do Meio Ambiente.

1982 Edição da Portaria 18 do Instituto Nacional de Assistência Médica da Previdência Social (Inamps), do Ministério da Saúde, estabelece a obrigatoriedade do alojamento conjunto, tornando obrigatória a permanência do bebê junto à mãe nas unidades hospitalares públicas.

1985 Lançamento do Plano Subsídios para a Ação Imediata contra a Fome e o Desemprego.

1986 A VIII Conferência Nacional de Saúde debateu critérios para a formulação de um Sistema Nacional de Saúde e definiu a diretriz da universalização da saúde. No mesmo ano, ocorreu a I Conferência Nacional de Alimentação e Nutrição.

1987 Realização da Pesquisa de Orçamentos Familiares (POF), que foi repetida em 1995, 2002-2003, 2008-2009 e 2017-2018, com o objetivo de traçar o perfil das condições de vida da população a partir da análise de seus orçamentos domésticos.

1988 Criação da Norma Brasileira de Comercialização de Alimentos para Lactentes, com o objetivo de proteger o aleitamento materno por meio da proibição da publicidade de produtos alimentícios para crianças.

A nova Constituição estabelece, no capítulo de seguridade social, um pilar sólido de sustentação para a área social. Buscou garantir direitos básicos e universais de cidadania, inscritos em um conjunto integrado de ações destinadas a assegurar o direito à saúde, à previdência e à assistência social. Definiu também as bases legais para o Sistema Único de Saúde (SUS), além dos princípios e diretrizes de universalidade, descentralização, integralidade da atenção, resolutividade, humanização do atendimento e participação social.

1989 A Lei 7.802 orienta sobre o uso de agrotóxicos, estabelecendo regras sobre pesquisa, experimentação, produção, embalagem e rotulagem, transporte, armazenamento, comercialização, propaganda comercial, utilização, importação, exportação, destino final dos resíduos e embalagens, registro, classificação, controle, inspeção e fiscalização.

Realização da Pesquisa Nacional sobre Saúde e Nutrição (PNSN), com o objetivo de descrever o estado nutricional da população brasileira, além de caracterizar as condições de saúde e a estrutura socioeconômica nos domicílios.

1990 Criação da Companhia Nacional de Abastecimento (Conab) a partir da fusão da Companhia de Financiamento da Produção (CFP), instituída em 1951, da Cobal e da Cibrazem. A integração das estatais foi concluída em 1991.

Aprovação de legislação que regulamenta o Sistema Único de Saúde (SUS), a Lei Orgânica da Saúde (Lei 8.080) e a Lei 8.142.

Criação do Sistema Nacional de Vigilância Alimentar e Nutricional (Sisvan).

1991 Criação do Programa de Agentes Comunitários de Saúde (Pacs), com prioridade de implantação em áreas rurais e periurbanas nas regiões Norte e Nordeste do país, para o enfrentamento da epidemia de cólera e outras formas de diarreia.

A Lei 8.171 estrutura a Política Agrícola.

A Lei 8.212 estabelece a condição de segurado especial para a previdência rural, constituindo-se como um marco na garantia de renda para trabalhadores do campo.

1992 O Brasil passa a comemorar a Semana Mundial da Amamentação na primeira semana de agosto, que se consolida como importante estratégia de promoção do aleitamento materno.

É realizada, na cidade do Rio de Janeiro, a Eco-92, ou Rio-92, a primeira Conferência das Nações Unidas sobre Meio Ambiente e Desenvolvimento. O evento teve desdobramentos relevantes sobre aspectos científicos, diplomáticos, políticos e ambientais, além de abrir espaço e contribuir para o modelo de desenvolvimento ambientalmente sustentável.

1993 Criação do I Conselho Nacional de Segurança Alimentar (Consea), formado por representantes do governo e da sociedade civil, para assessorar a formulação de propostas e a implementação de ações em busca de soluções para o problema da fome e da miséria no país.

A Ação da Cidadania contra a Miséria e pela Vida pactua o Plano de Combate à Fome e à Miséria, em parceria com o Consea e o governo federal.

Criação do Programa de Distribuição Emergencial de Alimentos (Prodea).

A Lei 8.629 regulamenta os dispositivos constitucionais relativos à reforma agrária.

1994 Aprovação da Lei 8.913, para a descentralização dos recursos financeiros destinados ao PNAE. A lei avançou no respeito à cultura e à produção locais e na necessidade de nutricionistas para a elaboração dos cardápios.

Criação do Programa Saúde da Família (PSF), por meio da Portaria 692, que reorientou o modelo de atenção à saúde a partir da atenção primária à saúde, com implantação priorizada em locais de maior vulnerabilidade.

Realização da I Conferência Nacional de Segurança Alimentar, que trazia o tema "Fome: uma questão nacional" e sinalizava a necessidade de estruturar uma Política Nacional de Segurança Alimentar.

Criação do Programa Nacional de Controle dos Distúrbios por Deficiência de Iodo.

1995 Extinção do I Conselho Nacional de Segurança Alimentar (Consea).

Criação da estratégia comunidade solidária. Refletiu uma redução da temática de segurança alimentar na agenda do governo federal e a minimização da participação da sociedade civil no debate sobre segurança alimentar e nutricional.

1996 O Decreto 1.946 cria o Programa Nacional de Fortalecimento da Agricultura Familiar (Pronaf), decisivo no financiamento de alimentos para o mercado interno a partir do reconhecimento da relevância da produção de alimentos.

Realização da Pesquisa Nacional sobre Demografia e Saúde (PNDS) — que seria repetida em 2006 —, com o objetivo de caracterizar a população feminina em idade fértil e crianças com menos de cinco anos de idade segundo fatores demográficos, socioeconômicos e culturais.

1997 O tema da alimentação e nutrição integra um processo de formulação de políticas públicas inseridas no SUS, e um grupo técnico organiza o texto-base da Política Nacional de Alimentação e Nutrição (PNAN).

Extinção do Inan devido à progressiva debilitação de seus programas.

1998 Criação do Programa de Combate às Carências Nutricionais (PCCN), com o objetivo de controlar e reduzir carências nutricionais específicas (anemia e hipovitaminose A) e a desnutrição infantil.

1999 Aprovação da Política Nacional de Alimentação e Nutrição (PNAN) após discussão entre sociedade civil, academia, órgãos de governo e organismos internacionais. Propõe respeitar, proteger, promover e garantir os direitos humanos à saúde e à alimentação.

A Lei 9.782 define o Sistema Nacional de Vigilância Sanitária e cria a Agência Nacional de Vigilância Sanitária (Anvisa).

Criação da Coordenação Geral da Política de Alimentação e Nutrição (CGPAN) no Ministério da Saúde, com o objetivo de realizar a gestão federal da PNAN.

2000 A Lei 9.985 regulamenta o artigo 225 da Constituição de 1988 e institui o Sistema Nacional de Unidades de Conservação da Natureza (SNUC).

Estabelecimento da composição e de atribuições do Conselho de Alimentação Escolar (CAE), com atuação para garantia da qualidade da alimentação e fiscalização do uso dos recursos financeiros.

2001 Criação do Programa Nacional de Renda Mínima — Bolsa Alimentação, benefício recebido pelas famílias por meio de saque com cartão magnético de 15 a 45 reais por mês.

2002 Publicação da primeira edição do *Guia alimentar para crianças menores de dois anos*.

Publicação da Resolução de Diretoria Colegiada do Ministério da Saúde (RDC) nº 344, que aprova o regulamento técnico para a fortificação de ferro e ácido fólico nas farinhas de trigo e milho.

2003 Recriação do Conselho Nacional de Segurança Alimentar e Nutricional (Consea). Retomou o espaço de participação da sociedade civil e de elaboração de propostas para a segurança alimentar e nutricional na agenda do governo federal.

Lançamento do Programa Fome Zero, conjunto de ações envolvendo cinco áreas: segurança alimentar e nutricional, renda e cidadania, programas complementares estruturais, ações emergenciais e educação cidadã. Nesse contexto, é criado o Programa Cartão Alimentação.

A Lei 10.699 cria o Programa de Aquisição de Alimentos (PAA), com o objetivo de promover o acesso a alimentos e incentivar a agricultura familiar.

A Lei 10.700 cria o Fundo Garantia-Safra e institui o Benefício Garantia-Safra, destinado a agricultores familiares vítimas da estiagem. É a primeira política pública de grande escala com um viés de convivência com o Semiárido.

A Lei 10.831 regulamenta a agricultura orgânica e agroecológica no país.

Publicação da Resolução de Diretoria Colegiada do Ministério da Saúde (RDC) nº 130, que torna obrigatória a iodação do sal em todo território nacional.

2004 Realização da II Conferência Nacional de Segurança Alimentar e Nutricional, com o tema "Construção da Política Nacional de Segurança Alimentar e Nutricional".

Criação do Programa Bolsa Família, integrando ações e agendas de educação, saúde e proteção social por meio de um único programa de transferência de renda condicionada. Com ele, foram extintos os programas Bolsa Escola, Bolsa Alimentação, Cartão Alimentação e Auxílio Gás.

2005 Instituição do Programa Nacional de Suplementação de Vitamina A.

Instituição do Programa Nacional de Suplementação de Ferro.

Reformulação do Programa Nacional de Prevenção e Controle dos Distúrbios por Deficiência de Iodo (Pró-Iodo).

A Lei 11.105 estrutura a Política Nacional de Biossegurança, cria o Conselho Nacional de Biossegurança e reestrutura a Comissão Técnica Nacional de Biossegurança.

2006 Lançamento da primeira edição do *Guia alimentar para a população brasileira* pelo Ministério da Saúde.

Criação da Política Nacional de Atenção Básica (PNAB), que considerou a Estratégia de Saúde da Família (ESF) modelo para a reorientação da atenção básica.

Decreto 5.996 cria o Programa de Garantia de Preços para a Agricultura Familiar (PGPAF).

Publicação da Lei 11.265, que regulamenta a comercialização de alimentos para lactentes e crianças de primeira infância e de produtos de puericultura e correlatos.

A Lei 11.428 regulamenta a utilização e a proteção da vegetação nativa do bioma Mata Atlântica.

Aprovação da Lei Orgânica de Segurança Alimentar e Nutricional (Losan), que cria o Sistema Nacional de Segurança Alimentar e Nutricional (Sisan) e institucionaliza a Política Nacional de Segurança Alimentar e Nutricional.

A Lei 11.236 estabelece as diretrizes para a formulação da Política Nacional da Agricultura Familiar e Empreendimentos Familiares Rurais.

O Decreto 5.741 regulamenta o Sistema Unificado de Atenção à Sanidade Agropecuária (Suasa), importante marco para a legalização das pequenas agroindústrias rurais produtoras de alimentos mais saudáveis.

Realização da pesquisa de Vigilância de Fatores de Risco e Proteção para Doenças Crônicas por Inquérito Telefônico (Vigitel), com o objetivo de monitorar a magnitude de doenças, agravos não transmissíveis e seus determinantes.

2007 O Decreto 6.273 cria a Câmara Interministerial de Segurança Alimentar e Nutricional (Caisan).

O Decreto 6.323 regulamenta a produção de orgânicos e agroecológicos e cria o Sistema Brasileiro de Avaliação da

Conformidade Orgânica, um dos mais inovadores do mundo. Permitiu incluir a agroecologia no sistema, a certificação participativa e as organizações de controle social para comercialização direta.

Lançamento do Programa Saúde na Escola (PSE), voltado para o desenvolvimento de ações de prevenção, promoção e atenção à saúde de crianças de cinco a nove anos no ambiente escolar.

O Decreto 6.040 institui a Política Nacional de Desenvolvimento Sustentável dos Povos e Comunidades Tradicionais.

Realização da III Conferência Nacional de Segurança Alimentar e Nutricional, com o tema "Por um desenvolvimento sustentável, com soberania e segurança alimentar e nutricional".

2008 No contexto da crise do preço dos alimentos, ocorre o lançamento do Programa Mais Alimentos, modalidade dentro do Pronaf com ações e investimentos para ampliar a capacidade de produção interna de alimentos e incrementar a agricultura familiar.

Criação dos Núcleos de Apoio à Saúde da Família pela Portaria 154.

Criação da Rede Amamenta Brasil, que adotou estratégia voltada à promoção da amamentação na atenção básica.

Publicação da Lei 1.170, que estabelece licença-maternidade de seis meses sem prejuízo de emprego e salário para as funcionárias públicas federais, ficando a critério dos estados, municípios e empresas privadas a adoção da lei.

2009 Realização da Pesquisa Nacional de Saúde do Escolar (Pense) — que também seria realizada em 2012, 2015 e 2019 —, com a finalidade de conhecer a prevalência dos fatores de risco e de proteção à saúde dos adolescentes e orientar intervenções em saúde adequadas.

A Lei 12.187 institui a Política Nacional sobre Mudança do Clima (PNMC).

Publicação da Lei 11.947, que regulamenta a compra dos alimentos do PNAE em associação com a aquisição de alimentos da agricultura familiar, a garantia do direito à alimentação adequada e saudável e a Segurança Alimentar e Nutricional para todos os alunos da rede pública.

Lançamento do Plano Nacional de Promoção das Cadeias de Produtos da Sociobiodiversidade, que marcou o reconhecimento da produção florestal não madeireira, sobretudo dos alimentos vindos da floresta em pé.

Lançamento da Política de Garantia de Preços Mínimos para os Produtos da Sociobiodiversidade (PGPM-Bio).

Instituição do selo único oficial do Sistema Brasileiro de Avaliação da Conformidade Orgânica.

2010 Inserção da alimentação como direito social no artigo 6º da Constituição.

A Resolução de Diretoria Colegiada do Ministério da Saúde (RDC) nº 24 regulamenta a divulgação e a promoção comercial de alimentos considerados com quantidades elevadas de açúcar, gordura saturada, gordura trans e sódio e de bebidas com baixo teor nutricional. A medida se encontrava suspensa no momento desta publicação.

Publicação do Decreto 7.272, que institui a Política Nacional de Segurança Alimentar e Nutricional e estabelece os parâmetros para o Plano Nacional de Segurança Alimentar e Nutricional.

Lançamento da Estratégia Nacional para Alimentação Complementar Saudável (Enpacs), com o objetivo de incentivar a orientação da alimentação complementar como atividade de rotina nos serviços de saúde.

Atualização do Programa Nacional de Suplementação de Vitamina A, que foi ampliado para municípios da Amazônia Legal e alguns Distritos Sanitários Especiais Indígenas (DSEI).

A Lei 12.188 institui a Política Nacional de Assistência Técnica e Extensão Rural para a Agricultura Familiar e Reforma Agrária.

2011 Realização da IV Conferência Nacional de Segurança Alimentar e Nutricional, com o tema "Alimentação adequada e saudável, direito de todos".

Lançamento do I Plano Nacional de Segurança Alimentar e Nutricional 2012-2015.

Lançamento do Plano Brasil Sem Miséria (BSM), focando a superação da extrema pobreza por meio de ações integradas e intersetoriais nos eixos temáticos de renda, inclusão produtiva e acesso a serviços.

Lançamento do Plano de Ações Estratégicas para o Enfrentamento das Doenças Crônicas Não Transmissíveis (DCNT) 2011-2022.

Publicação da segunda edição da Política Nacional de Alimentação e Nutrição (PNAN), que prioriza o aperfeiçoamento das ações de alimentação e nutrição no SUS.

Decreto 7.572 cria o Programa de Apoio à Conservação Ambiental (Programa Bolsa Verde), com o objetivo de incentivar a conservação dos ecossistemas e promover a melhoria das condições de vida e a elevação da renda da população em situação de extrema pobreza que exerça atividades de conservação dos recursos naturais.

A Lei 12.512 autoriza a compra de alimentos da agricultura familiar pela União e pelos estados e municípios, dispensando o procedimento licitatório e utilizando as regras do PAA.

2012 Elaboração do *Guia de consulta para vigilância epidemiológica, assistência e atenção nutricional dos casos de beribéri.*

O Decreto 7.794 institui a Política Nacional de Agroecologia e Produção Orgânica.

Lançamento da ação Brasil Carinhoso, a fim de garantir atenção integral à população infantojuvenil, focada na suplementação de vitamina A e ferro.

Publicação do *Marco de referência de educação alimentar e nutricional para as políticas públicas.*

Publicação da nova versão da Política Nacional de Atenção Básica, incorporando o Requalifica UBS e o Programa de Melhoria do Acesso e da Qualidade.

Criação do Programa de Fomento às Atividades Produtivas Rurais, voltado à produção de alimentos e à convivência com o Semiárido.

O Decreto 7.775 regulamenta o PAA e institui a modalidade de compras institucionais da agricultura familiar.

Lei 12.651 dispõe sobre a proteção da vegetação nativa.

2013 Revisão do Programa Nacional de Suplementação de Ferro, com descentralização das compras, adequação à conduta e ampliação do público-alvo.

Publicação da Resolução nº 26 pelo Fundo Nacional de Desenvolvimento da Educação (FNDE), com ratificação do profissional nutricionista como responsável técnico pelas ações de alimentação escolar no PNAE.

A Lei 12.873 institui o Programa Nacional de Apoio à Captação de Água de Chuva e Outras Tecnologias Sociais de Acesso à Água — Programa Cisternas —, com a finalidade de promover o acesso à água para o consumo humano e animal e para a produção de alimentos.

Realização da Pesquisa Nacional de Saúde (PNS), com o objetivo de coletar dados sobre a situação de saúde e os estilos de vida da população brasileira.

A Escala Brasileira de Insegurança Alimentar (Ebia) é aplicada pela primeira vez na Pesquisa Nacional por Amostra de Domicílios (PNAD) de 2004. Na ocasião, ela identificou que 64,8% da população se encontrava em situação de segurança alimentar. Em 2009, foi novamente aplicada e detectou melhora nos indicadores gerais de segurança alimentar (69,6%). Em 2013, identificou o maior patamar de brasileiros nessa condição (77,1%).

2014 O Brasil assina o Plano de Ação para a Prevenção da Obesidade em Crianças e Adolescentes junto a países da América Latina, com duração de cinco anos.

O Brasil sai do Mapa da Fome da Organização das Nações Unidas, condição alcançada quando menos de 5% da população se encontra em situação de insegurança alimentar grave.

Lançamento da segunda edição do *Guia alimentar para a população brasileira* pelo Ministério da Saúde.

Publicação da *Estratégia intersetorial de prevenção e controle da obesidade* — elaborada pela Câmara Interministerial de

Segurança Alimentar e Nutricional (Caisan) —, com recomendações para estados e municípios.

Publicação da *Estratégia de fortificação da alimentação infantil com micronutrientes em pó* (NutriSUS), a fim de reforçar as ações de prevenção e controle de anemia, desnutrição e carências de micronutrientes na infância.

Publicação da Lei 12.982 para garantia da alimentação adequada aos alunos com necessidades alimentares específicas.

Realização do Estudo de Riscos Cardiovasculares em Adolescentes (Erica), com o objetivo de conhecer a proporção de adolescentes com diabetes *mellitus* e obesidade e de traçar o perfil dos fatores de risco de doenças cardiovasculares.

2015 Realização da V Conferência Nacional de Segurança Alimentar e Nutricional, com o tema "Comida de verdade no campo e na cidade, por direitos e soberania alimentar".

Publicação do Decreto 8.553, que institui o Pacto Nacional pela Alimentação Saudável.

Publicação do Decreto 8.552, que regulamenta a Lei 11.265/2006, que dispõe sobre a comercialização de alimentos para lactentes e crianças de primeira infância.

Lei 13.123 regulamenta o acesso, o uso e a repartição de benefícios decorrentes do patrimônio genético da biodiversidade e dos conhecimentos tradicionais associados.

2016 Lançamento do Programa Criança Feliz, com o objetivo de atuar na promoção do desenvolvimento infantil integral, acompanhando crianças de zero a seis anos inseridas no Plano Brasil sem Miséria.

Aprovação da PEC 241 pelo Senado Federal, que impõe um teto de gastos públicos pelos próximos vinte anos.

A Portaria 150 do Ministério do Meio Ambiente institui o Plano Nacional de Adaptação à Mudança do Clima.

2017 O Decreto 7.830 dispõe sobre o Sistema de Cadastro Ambiental Rural e o Cadastro Ambiental Rural.

O Decreto 9.064 dispõe sobre a Unidade Familiar de Produção Agrária e institui o Cadastro Nacional da Agricultura Familiar.

Aprovação da Lei 13.435, que institui o mês de agosto como o Mês do Aleitamento Materno.

Lançamento do II Plano Nacional de Segurança Alimentar e Nutricional 2016-2019, a partir das deliberações da V Conferência Nacional de Segurança Alimentar e Nutricional.

2018 Uma inflexão nos patamares de segurança alimentar foi captada pela Pesquisa de Orçamentos Familiares (POF) 2017-2018. A pesquisa utilizou a Ebia e identificou que 36,7% dos brasileiros se encontravam em insegurança alimentar grave, e outros 63,3% conviviam com algum grau de insegurança alimentar.

Lançamento da pesquisa NutriNet, com o objetivo de identificar características da alimentação brasileira que aumentam ou diminuem o risco de doenças.

2019 Realização do Estudo Nacional de Alimentação e Nutrição Infantil (Enani), com o objetivo de avaliar as práticas de aleitamento materno e de alimentação, o estado nutricional antropométrico e as deficiências de micronutrientes entre crianças brasileiras com menos de cinco anos.

Lançamento da segunda edição do *Guia alimentar para crianças brasileiras menores de dois anos*.

Extinção do Conselho Nacional de Segurança Alimentar e Nutricional (Consea) pela Medida Provisória 870, com enfraquecimento da coordenação da agenda nacional de Segurança Alimentar e Nutricional.

2020 Auxílio Emergencial é criado pela Lei 13.982, com o objetivo de mitigar os impactos econômicos causados pela pandemia de covid-19 no Brasil. Inicialmente, conta com repasse de seiscentos reais, por três meses, a trabalhadores informais e de baixa renda. Em 2021, o benefício é prorrogado para mais quatro parcelas com valores reduzidos.

Publicação da Lei 13.987 e da Resolução nº 2 (FNDE) para autorização da distribuição de gêneros alimentícios adquiridos com recursos do PNAE aos pais ou responsáveis dos alunos durante o período de suspensão das aulas pela pandemia de covid-19.

Publicação da Resolução nº 6 do FNDE, com incorporação do paradigma do *Guia alimentar para a população brasileira* no âmbito do PNAE.

2021 Publicação do Plano de Ações Estratégicas para o Enfrentamento das Doenças Crônicas e Agravos Não Transmissíveis no Brasil 2021-2030.

Apresentação, pelo governo federal, da Medida Provisória 1.061, que extingue o Programa Bolsa Família, após dezoito anos de existência, e cria o seu substituto, o Programa Auxílio Brasil. A MP também extingue o PAA e o substitui pelo Alimenta Brasil. Após tramitação no Congresso, a MP 1.061 resultou na Lei 14.284, publicada no Diário Oficial da União em 30 de dezembro.

Parte II

GEOGRAFIA DA FOME E INSEGURANÇA ALIMENTAR

Introdução

Da fome à fome: a volta da insegurança alimentar

Cátedra Josué de Castro

A fome é um mal crônico da sociedade brasileira. Atravessa o tempo — e nos atravessa o tempo inteiro. É um "fenômeno social total", como afirmava Josué de Castro. Para além das questões nutricionais, envolve a política, a história, a economia, o social: "Ora, a fome, na acepção rigorosamente científica do termo, não compreende apenas a inanição, mas, sim, todas as modalidades de deficiência alimentar, formas visíveis e formas ocultas [...]. A fome é, para mim, a expressão biológica de males sociológicos", disse Josué de Castro em entrevista concedida a Araújo Dantas em 1965.

Primeiramente rural e com particular incidência no Norte e no Nordeste, vinculada à seca, a fome se espalhou para todas as regiões do Brasil. Urbanizou-se. Mudou suas características e não foi embora: tal qual visita inconveniente, insiste em ficar. Houve um breve momento, é verdade, em que havia indicativos de que seria vencida, tornando-se uma lembrança ruim de outros tempos. Não foi o que ocorreu, infelizmente — ainda não: hoje, 33 milhões de brasileiros passam fome, conforme evidenciam dados do II Inquérito Nacional sobre Insegurança Alimentar no Contexto da Pandemia da Covid-19 no Brasil. Mais de 15% da população brasileira não tem o que comer. Isso equivale a um Peru inteiro — ou praticamente dez vezes o Uruguai — de gente com fome.

Embora o problema seja agravado pela pandemia de covid-19, não deve ser reduzido somente a ela: segundo o Programa Mundial de Alimentos (PMA) da Organização das Nações Unidas (ONU), o aumento da fome pode ser explicado por diversos motivos além do coronavírus: conflitos, mudanças climáticas, alta de preços de combustíveis, fertilizantes e sementes e nossos sistemas de produção e de distribuição de alimentos. Décadas atrás, Josué de Castro já denunciava a tendência de explicar a mazela da fome somente a partir de fenômenos naturais e biológicos. Fazer isso é ignorar — ou tentar esconder — a natureza política do problema.[4]

Desmonte e retorno ao Mapa da Fome

Os números mostram o tamanho do problema a ser enfrentado. As estruturas para que esse enfrentamento seja possível, porém, vão sendo aos poucos enfraquecidas e desmontadas. No final de 2016, por exemplo, o Congresso Nacional promulgou a Emenda Constitucional 95, que limita por vinte anos

4 O conceito de "segurança alimentar e nutricional" consiste no direito de todos ao acesso regular e permanente a alimentos de qualidade e em quantidade suficiente sem comprometer o acesso a outras necessidades essenciais, tendo como base práticas alimentares promotoras de saúde que respeitem a diversidade cultural e que sejam ambiental, cultural, econômica e socialmente sustentáveis. Tal definição consta no artigo 3º da Lei 11.346/2006, que criou o Sistema Nacional de Segurança Alimentar e Nutricional (Sisan). "Insegurança alimentar", portanto, é o seu oposto: quando alguém não tem acesso pleno e permanente a alimentos. Também existem gradações: 33 milhões de brasileiros passam fome (insegurança alimentar grave); outros 92 milhões não têm acesso a alimentos em quantidade suficiente (insegurança alimentar moderada ou leve). Acumulada, a conta fica ainda mais macabra: ao todo, 125 milhões de brasileiros — em algum grau — vivem a fome atualmente, segundo o projeto VigiSAN. Em outras palavras, mais da metade da população está sem — ou tem pouca — comida no prato.

os gastos públicos e compromete, assim, a promoção de políticas sociais — entre elas, as voltadas à alimentação. Além disso, em um de seus primeiros atos, ainda em janeiro de 2019, a gestão do presidente Jair Bolsonaro extinguiu o Conselho Nacional de Segurança Alimentar e Nutricional (Consea), órgão responsável por coordenar os programas federais ligados à segurança alimentar. À época da extinção, Rafael Zavalla, representante no Brasil da Organização das Nações Unidas para a Alimentação e a Agricultura (FAO), afirmou que o Consea era um exemplo para o mundo: "Recomendamos a aplicação do modelo do Consea no Conselho Mundial de Alimentação; é um modelo consolidado em plataformas globais".

Além disso, programas importantes de incentivo à agricultura familiar — que é responsável por boa parte da comida que chega à mesa das famílias brasileiras — foram extintos ou esvaziados, como o Programa Nacional de Fortalecimento da Agricultura Familiar (Pronaf) e o Programa de Aquisição de Alimentos (PAA). Mesmo o Bolsa Família foi encerrado, desassistindo 44 milhões de beneficiários, entre eles vinte milhões de crianças e adolescentes. Dos méritos do programa, destaca-se a redução de 51,4% na desnutrição infantil entre as famílias beneficiárias (o índice caiu de 17,5% em 2008 para 8,5% em 2012).

O sucesso desse conjunto de políticas públicas, hoje extintas ou enfraquecidas, junto a uma série de estruturas e instituições voltadas ao combate à fome, fez com que, em 2014, o Brasil enfim deixasse de figurar no Mapa da Fome formulado pela ONU. Naquele ano, de acordo com a FAO, menos de 5% da população brasileira se encontrava em situação de insegurança alimentar grave: entre 2002 e 2013, o número de brasileiros em situação de subalimentação havia caído 82%.

Hoje, porém, o cenário é outro — consequência lógica do desmonte institucional. Os índices de insegurança alimentar e a fome retornaram a patamares próximos aos de 2004, e, embora as regiões Norte e Nordeste apresentem os piores indicadores, a situação é grave em todo o território nacional.

A fome que é, a fome que foi

A fome de hoje não é a mesma de ontem — ainda que, em termos literais, seja: é a barriga que ronca, a carência de nutrientes necessários para uma vida saudável. A fome, para quem a sente, é coisa a ser vencida imediatamente. Como escreveu Josué de Castro em *Geografia da fome*:

> De início, a fome provoca uma excitação nervosa anormal, uma extrema irritabilidade e principalmente uma grande exaltação dos sentidos, que se acendem num ímpeto de sensibilidade, a serviço quase que exclusivo de atividades que conduzam à obtenção de alimentos e, portanto, à satisfação do instinto mortificador da fome. Desses sentidos, há um que se exalta ao extremo, alcançando uma acuidade sensorial incrível: é o sentido da visão. No faminto, enquanto tudo parece ir perecendo aos poucos em seu organismo, a visão cada vez mais vai se acendendo, vivificando-se espasmodicamente.

Foi nos anos de 1974 e 1975 que o Instituto Brasileiro de Geografia e Estatística (IBGE) realizou sua primeira pesquisa de alcance nacional, o Estudo Nacional da Despesa Familiar (Endef). Nele foi revelado que a desnutrição infantil variava de 27% e 24,5%, no Nordeste e no Norte, a 13,3% e 11,7%, no Centro-Oeste e no Sul, respectivamente — confirmando a existência de desigualdades entre as regiões do país, já indicadas por Josué de Castro nos anos 1940. Pesquisas posteriores mostraram redução da desnutrição infantil a uma taxa de 5% ao ano (de 1975 a 1989) e de 5,7% ao ano (de 1989 a 1996). A intensidade da redução foi maior nas áreas urbanas. De 1996 a 2006-2007, a prevalência da desnutrição foi reduzida em cerca de 50%: de 13,5% em 1996 para 6,8% em 2006-2007.

A queda na desnutrição, contudo, não era uniforme: indígenas e quilombolas ainda seguiam apresentando taxas de desnutrição infantil superiores a 18%. Tal desigualdade parece se manter atual: de acordo com dados do Fundo das Nações Unidas para a Infância (Unicef) sobre os Yanomami, 81,2% das crianças com menos de cinco anos têm baixa estatura para a idade (desnutrição crônica); 48,5% apresentam baixo peso (desnutrição aguda); e 67,8% estão anêmicas. A pesquisa foi realizada em conjunto com a Fundação Oswaldo Cruz (Fiocruz), a Secretaria Especial de Saúde Indígena (Sesai) e a Coordenação Geral de Alimentação e Nutrição (CGAN) do Ministério da Saúde e a Fundação Nacional do Índio (Funai). O estudo indica que — entre outros fatores, como as constantes disputas territoriais com mineradoras e garimpeiros — o contato com alimentos ultraprocessados pelas comunidades indígenas pode estar contribuindo para esse panorama.

Josué de Castro registrou a existência de onze tipos diferentes de carências nutricionais específicas, espalhados geograficamente pelo país. Algumas já foram superadas, como as expressões mais graves de doenças ocasionadas por carências de iodo, cloreto de sódio, ácido nicotínico, vitaminas B2, C e D; outras persistem, como é o caso da anemia por deficiência de ferro e ácido fólico e a deficiência de vitamina A. Existem ainda relatos da presença de beribéri (deficiência de vitamina B1) em populações indígenas da região Norte.

São poucos os dados populacionais nacionais que registram a evolução dessas carências diante dos desafios de coleta e análise de dados bioquímicos em amostra representativa do país. A Pesquisa Nacional de Demografia e Saúde (PNDS), de 2006, registrou que 20,9% das crianças com menos de cinco anos apresentavam anemia, e 17,4%, deficiência de vitamina A.

Em 2019, o Estudo Nacional de Alimentação e Nutrição Infantil (Enani) realizou coleta de sangue de mais de oito mil crianças com menos de cinco anos e obteve dados inéditos sobre as deficiências de micronutrientes no Brasil. As prevalências de anemia e anemia ferropriva (por deficiência de ferro) foram de 10% e 3,5%, respectivamente, com maiores taxas na região Norte, entre crianças de 6 a 23 meses de idade e entre aquelas em situação de menor nível socioeconômico. A prevalência de deficiência de vitamina A foi de 6% no Brasil, com maiores índices nas regiões Centro-Oeste (9,5%), Sul (8,9%) e Norte (8,3%). A prevalência de deficiência de vitamina B12 foi de 14,2% no Brasil, sendo mais presente entre crianças com idade de 6 a 23 meses da região Norte (39,4%). A prevalência de insuficiência de vitamina D foi de 4,3% no Brasil, sendo maior entre crianças de 24 a 59 meses de idade (5,3%). A prevalência de deficiência de zinco foi de 17,8% no país. Já a de deficiência de folato, de 1%.

Comprovando a multidisciplinaridade do tema, uma série de fatores colaborou para que o Brasil reduzisse seus índices de desnutrição ao longo do tempo: aumento da escolaridade materna, melhor acesso a serviços de saúde e de saneamento básico, crescimento do poder aquisitivo das famílias com a valorização do salário mínimo e ampliação da cobertura dos programas de transferência de renda, como o Bolsa Família. Outras mudanças, porém, geram preocupação, desde o corte em políticas públicas até mudanças em hábitos alimentares.

Mudanças nos hábitos alimentares: ultraprocessados e obesidade

Junto a uma série de transformações socioculturais, também os hábitos alimentares dos brasileiros mudaram com os anos. Apesar de a comparação do padrão alimentar brasileiro desde a década de 1970 ser possível somente nas regiões metropolitanas, os dados são suficientes para compreendermos, de forma geral, as mudanças que aconteceram. No período até 2003, cresceu em 300% a presença de carnes embutidas na alimentação brasileira, biscoitos subiram 400%, e refeições prontas tiveram alta de 80%. Em contrapartida, feijões e outras leguminosas tiveram sua presença diminuída nos pratos em 30%, o arroz teve redução de 23%, peixes caíram 50%. Em geral, de 2003 a 2018, houve um declínio na disponibilidade de alimentos *in natura* ou minimamente processados (incluindo feijão, arroz, leite, farinha de trigo e farinha de mandioca) e um aumento no percentual relativo a produtos alimentícios processados e ultraprocessados.

Tal mudança nos hábitos alimentares ajuda a explicar um dado preocupante: a obesidade cresceu entre homens e mulheres no Brasil, saltando, respectivamente, de 2,7% para 12,5% e de 7,2% para 16,9% entre 1975 e 2007-2008. É sabido que o consumo de produtos ultraprocessados está associado a maiores níveis de obesidade.

Dessa forma, excesso de peso e obesidade se tornaram, nas últimas décadas, alguns dos maiores desafios à saúde pública e à segurança alimentar, atingindo todas as camadas da população. Em anos mais recentes, as Pesquisas Nacionais de Saúde (PNS) identificaram que a obesidade continua crescendo. No último período estudado, em 2019, 60% dos homens adultos apresentavam excesso de peso; 22,8% estavam obesos. Entre as mulheres, 63,3% tinham sobrepeso, e 30,2%, obesidade. Em suma, a obesidade aumentou em todos os estratos de renda, em ambos os sexos, mas tende a aparecer mais nas famílias de menor renda.

O feijão perde espaço no prato e na terra

As mudanças nos padrões de consumo não ocorrem ao acaso: a forma como os alimentos são produzidos, processados e distribuídos também impacta os hábitos alimentares. O sistema agroalimentar moderno, junto à indústria de ultraprocessados, está baseado em uma dinâmica de caráter puramente econômico. Operando nessa lógica, não poderia oferecer a seus consumidores nada mais que produtos de péssima qualidade nutricional. O paradoxo é tal que, após passarem por tantas alterações (genéticas, uso de agrotóxicos, processos de irradiação, secagem, refinamento, altas temperaturas e pressão, hidrogenação etc.), são necessários diversos aditivos químicos sintéticos (corantes, aromatizantes, emulsificantes) para devolver aos alimentos cor, sabor, crocância, odor, maciez e aparência de comida, perdidos durante o processo industrial. Esse sistema, além de entregar produtos pobres em termos nutritivos — e, por isso, estar diretamente relacionado ao aumento da insegurança alimentar —, também se associa ao desequilíbrio ambiental e ao surgimento de doenças.

Não surpreende, portanto, que o feijão esteja perdendo espaço para a soja: dados da Companhia Nacional de Abastecimento (Conab) mostram que a área plantada de feijão no Brasil hoje é 35% inferior em comparação a 1976. Já a área plantada de soja cresceu 460%. Com a produção em queda, qualquer alteração na safra — como alguma praga ou seca

— gera instabilidade nos preços. O resultado é visto nos supermercados: o feijão ficou 60% mais caro entre março de 2020 e março de 2021. O arroz teve alta semelhante.

É assim que, no mesmo país que registra safras e lucros recordes na produção de alimentos, pessoas buscam restos de comida no lixo dos supermercados e esperam horas na fila de doação de pedaços de ossos com retalhos de carne. O Brasil, no entanto, tem plenas condições de alterar esse cenário, como fez em um passado recente.

Renata Bertazzi Levy

é pesquisadora científica do Departamento de Medicina Preventiva da Faculdade de Medicina da Universidade de São Paulo (USP).

Maria Laura da Costa Louzada

é professora do Departamento de Nutrição da Faculdade de Saúde Pública e pesquisadora do Núcleo de Pesquisas Epidemiológicas em Nutrição e Saúde (Nupens) da USP.

Patrícia Jaime

é professora do Departamento de Nutrição da Faculdade de Saúde Pública da USP, vice-coordenadora científica do Nupens e vice-coordenadora acadêmica da Cátedra Josué de Castro.

Carlos Monteiro

é professor do Departamento de Nutrição da Faculdade de Saúde Pública da USP, coordenador científico do Nupens e coordenador acadêmico da Cátedra Josué de Castro.

Evolução dos padrões alimentares na população brasileira e implicações do consumo de alimentos ultraprocessados na saúde e no meio ambiente

Há três décadas, o Núcleo de Pesquisas Epidemiológicas em Nutrição e Saúde (Nupens) da Universidade de São Paulo (USP) vem monitorando o padrão de alimentação da população brasileira com base nas pesquisas de orçamentos familiares realizadas pelo Instituto Brasileiro de Geografia e Estatística (IBGE). Em 2009, ao analisar a última pesquisa sobre o tema, observou-se uma queda significativa da aquisição familiar de óleos, sal e açúcar, o que vinha ao encontro das recomendações da época para a prevenção da obesidade e outras doenças crônicas não transmissíveis. Entretanto, junto a isso, observou-se também a queda no consumo de alimentos que compõem a base da alimentação brasileira, como arroz, feijão, farinha, leite e carnes. Logo, a conclusão foi que a mudança em curso de fato não era caracterizada por uma diminuição do consumo de alimentos ricos em gorduras, sal e açúcar, mas sim uma substituição gradual das refeições preparadas com alimentos básicos nas cozinhas por produtos prontos para o consumo.

A partir da identificação desse cenário, passou a haver o entendimento de que a análise da alimentação unicamente sob um olhar centrado em nutrientes, que em muito seguia os modelos de estudo das deficiências nutricionais, seria insuficiente para o entendimento da transição alimentar e seu impacto no crescimento da obesidade e das doenças crônicas não transmissíveis. A partir daí, emergiu uma nova e potencialmente revolucionária hipótese: "A questão não é tanto os nutrientes, nem mesmo os alimentos, mas aquilo que é feito com os alimentos antes do seu consumo". Sendo assim, o processamento industrial de alimentos seria o elemento-chave para explicar a relação entre a alimentação e a saúde.

Os primeiros estudos que levaram em conta o processamento de alimentos focaram o papel de itens isolados e mostraram a associação de produtos como bebidas açucaradas e refeições do tipo fast-food com ganho de peso e desenvolvimento da obesidade. Ao mesmo tempo, alimentos como frutas, verduras e legumes, bem como padrões alimentares tradicionais, como a dieta mediterrânea, cada vez mais se mostravam fatores de proteção. Mas testar a nova hipótese exigia também uma nova métrica para classificar os alimentos. Classificações convencionais agrupam os alimentos de acordo com seu perfil de nutrientes. Por exemplo, pertencem à mesma categoria carnes frescas e produtos processados à base de carne e acrescidos de sal, uma vez que ambos são fontes de proteínas. Da mesma forma, por serem fontes de carboidratos, ficam no mesmo grupo grãos de arroz ou de trigo, farinhas de cereais, pães, cereais matinais, barras de cereais e produtos que contêm açúcar, gorduras e aditivos. Essas classificações foram de fundamental importância em um período em que a maior parte das doenças relacionadas à alimentação era causada por deficiências de nutrientes, mas, em um cenário de transição nutricional, começaram a se tornar obsoletas (Monteiro *et al.*, 2018).

Por outro lado, também não fazia sentido apenas dividir alimentos em processados e não processados, pois muitos tipos de processamento são inócuos e contribuem para dietas saudáveis e sustentáveis. Esses processamentos incluem processos mínimos que prolongam a duração de alimentos integrais, encurtam o tempo de preparo dos alimentos ou diversificam sabores, como secagem de grãos, leguminosas e nozes, moagem de grãos em farinha e macarrão, resfriamento ou congelamento de frutas e legumes, pasteurização de leite e fermentação de leite em iogurte. No outro extremo estão os processamentos prejudiciais, que incluem múltiplos métodos industriais que criam novos produtos ao converter alguns alimentos integrais em substâncias alimentícias quimicamente modificadas — e as formulam com uma miríade de aditivos para criar produtos com propriedades sensoriais altamente atrativas (ou mesmo quase viciantes). Esses são identificados como alimentos ultraprocessados.

A classificação NOVA divide os alimentos em quatro grupos: o primeiro grupo compreende alimentos *in natura* ou minimamente processados, sendo eles partes comestíveis de plantas ou animais, cogumelos e algas, logo após sua separação da natureza ou quando submetidos à remoção de partes não comestíveis ou não desejadas, desidratação, moagem, fracionamento, torra, pasteurização, congelamento e demais processos que não envolvam adição de outras substâncias. O segundo grupo é composto por ingredientes culinários processados, englobando substâncias extraídas diretamente de alimentos do primeiro grupo ou da natureza, tais como açúcar, sal, óleos e gorduras. O terceiro grupo é formado por alimentos processados, incluindo itens industriais resultantes da adição de um ingrediente do segundo grupo a um alimento do primeiro, sendo, em sua maioria, alimentos com dois ou três ingredientes. O quarto grupo é o de alimentos ultraprocessados, formulações industriais feitas tipicamente com muitos ingredientes, muitas vezes ricos em substâncias do segundo grupo, contendo pouca ou nenhuma presença de alimentos do primeiro grupo e caracterizadas pela presença marcante de corantes, estabilizantes, texturizantes e demais aditivos químicos. O consumo de alimentos ultraprocessados é considerado hoje um importante indicador para avaliar a qualidade da dieta e a evolução do padrão da alimentação brasileira (Monteiro *et al.*, 2019a).

O consumo de alimentos ultraprocessados no Brasil

No Gráfico 1, podemos observar a evolução do consumo alimentar nas regiões metropolitanas do Brasil por meio de série histórica de compras de alimentos (1987-1988 a 2017-2018). É possível perceber a diminuição da participação de ingredientes processados e alimentos *in natura* ou minimamente processados no conjunto de compras das famílias. Juntos, esses dois grupos representavam quase 80% das calorias consumidas em casa em 1987-1988; atualmente, representam em torno de 60%. Os alimentos ultraprocessados, que só representavam 10% das calorias consumidas por nossa população, hoje representam quase 24%. No período de 1995 a 2002, houve o maior aumento da participação de ultraprocessados na alimentação das famílias brasileiras. No último período (2008-2018) também houve aumento, mas já com indicativos de desaceleração.

Gráfico 1: Participação relativa de grupos de alimentos da classificação NOVA no total de calorias determinada pela aquisição alimentar domiciliar nas regiões metropolitanas brasileiras (períodos 1987-1988, 1995-1996, 2002-2003, 2008-2009 e 2017-2018)

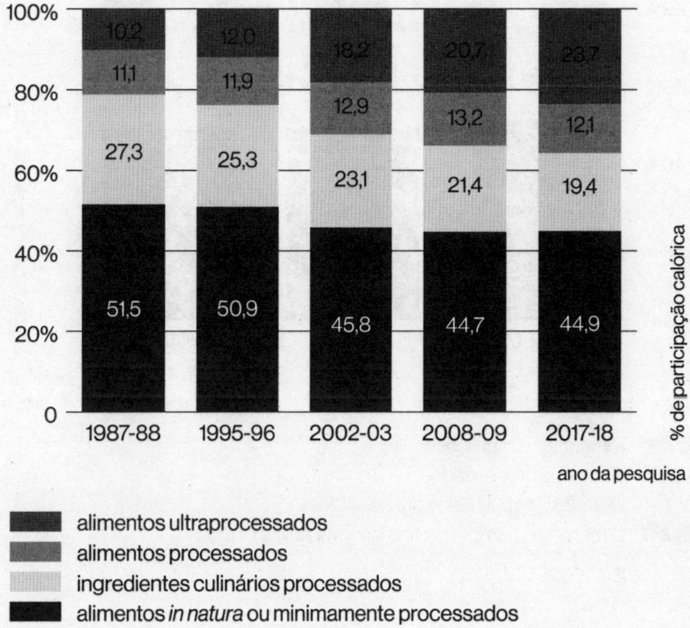

Olhando para o Brasil como um todo — e não apenas para as regiões metropolitanas —, observamos fenômeno semelhante, ainda que o percentual de participação de alimentos ultraprocessados no país seja um pouco inferior ao visto nas grandes cidades. Em resumo, há uma diminuição da presença do primeiro e segundo grupos (de 51% para 48,7% e de 25,5% para 21,6%, respectivamente) e um aumento da participação de alimentos ultraprocessados na dieta (de 14,3% para 19,4%), também com desaceleração no último período, conforme o Gráfico 2.

Gráfico 2: Contribuição (%) dos alimentos no total de calorias ingeridas nos domicílios segundo a classificação NOVA (Brasil, 2002-2018)

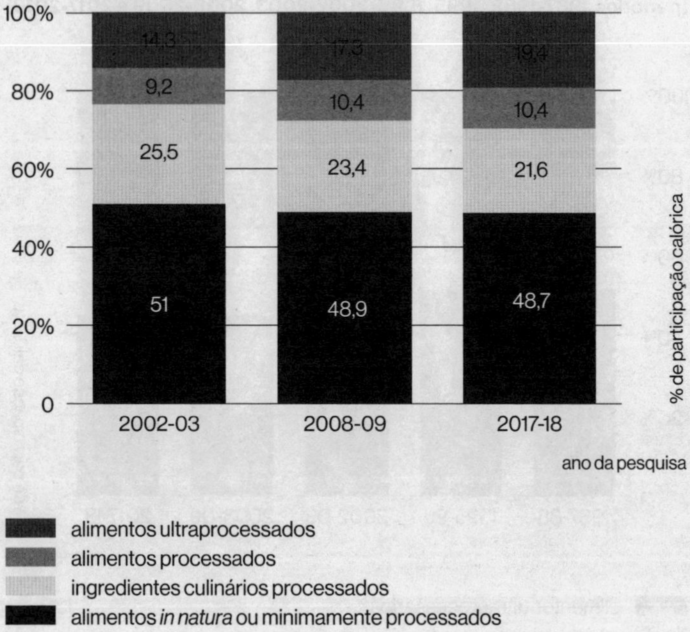

Nas áreas urbanas, o consumo de ultraprocessados passou de 15% para 20% do total de calorias. O aumento, no entanto, foi ainda maior nas áreas rurais, onde o consumo desses produtos era menor: houve um salto de 7% para 11% (Gráfico 3).

Em termos de renda familiar, percebemos uma aproximação dos extremos em relação ao consumo de alimentos ultraprocessados. Tal aproximação, porém, se dá mais pelo aumento do consumo de alimentos ultraprocessados nas famílias com menor renda do que pela diminuição do consumo desses produtos nas maiores rendas.

Gráfico 3: Participação relativa de grupos de alimentos da classificação NOVA no total de calorias determinada pela aquisição alimentar em domicílios urbanos ou rurais (Brasil, 2002-2003, 2017-2018)

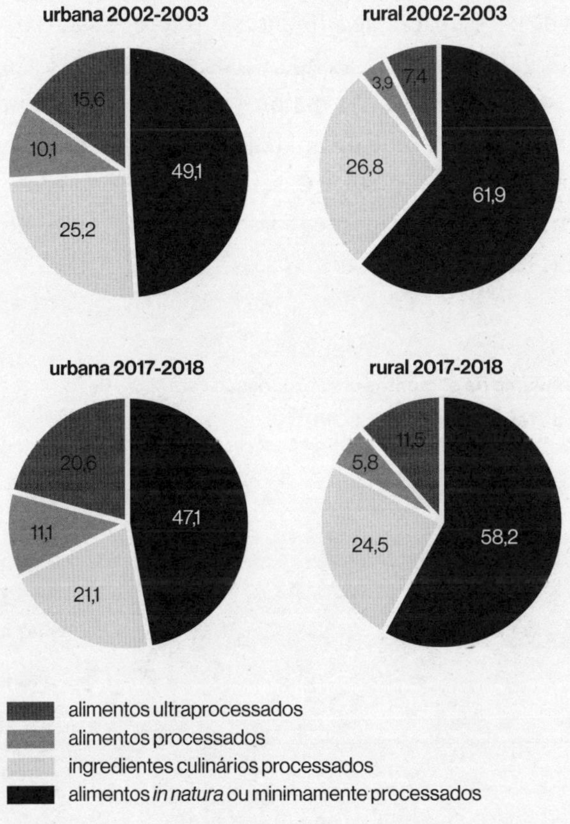

Nas duas mais recentes edições da Pesquisa de Orçamentos Familiares (POF), realizadas em 2008-2009 e 2017-2018, foi incorporado ao inquérito um módulo que avaliou o consumo alimentar individual dentro e fora do domicílio para uma amostra de brasileiros com pelo menos dez anos de idade. Seus resultados corroboraram as estimativas dos inquéritos de compras. Em 2018, alimentos ultraprocessados representaram 19,7% das calorias consumidas. Esse consumo, no entanto, foi desigual entre as unidades da federação (Gráfico 4). Os estados das regiões Sul e Sudeste apresentaram as maiores médias de participação de alimentos ultraprocessados no total de energia consumida, enquanto os estados do Norte e do Nordeste, as menores. As maiores participações foram encontradas no Rio Grande do Sul (24% do total de energia consumida), seguido por Santa Catarina (23%) e São Paulo (22%). As menores participações foram no Piauí (12%), no Maranhão (13%) e em Tocantins (13%).

Gráfico 4: Consumo de alimentos ultraprocessados por unidade da federação (Brasil, 2018)

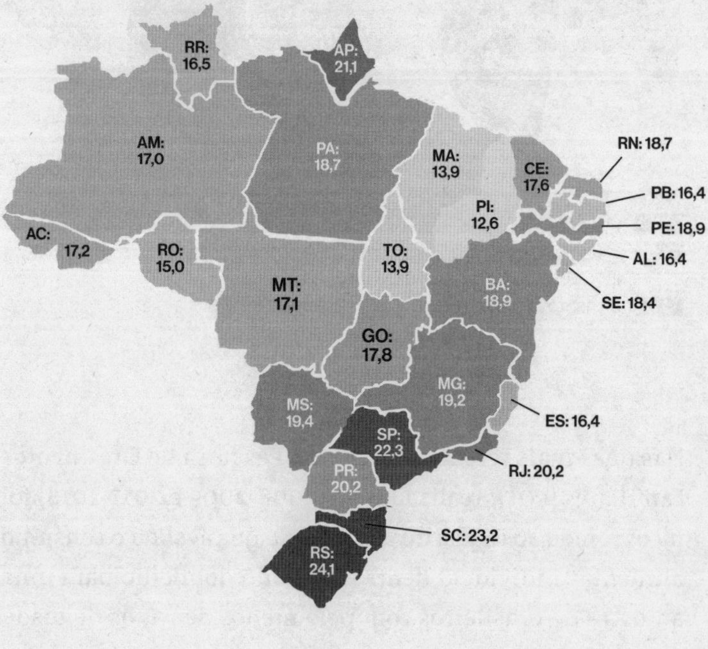

Ao avaliarmos a evolução do consumo efetivo de alimentos ultraprocessados, observamos um aumento significativo de 5,5% no consumo desses alimentos de 2008-2009 a 2017-2018. Mas essa tendência variou de forma significativa segundo estratos socioeconômicos e demográficos. É possível notar que mulheres consomem mais alimentos ultraprocessados que homens (cerca de 20% das calorias em mulheres contra 18% em homens); contudo, a taxa de aumento entre os homens é cerca de três vezes maior que entre as mulheres. No quesito faixa etária, os aumentos foram similares entre as idades; entretanto, os adolescentes estão em um patamar muito superior de consumo: em torno de 27% do total das calorias que consomem provém de alimentos ultraprocessados, contra apenas 15% em idosos.

Em termos de raça/cor da pele, pessoas brancas apresentaram uma estagnação, sem aumento significativo no consumo; pessoas negras aumentaram o consumo de alimentos ultraprocessados em 2% no período — acima da média geral de alta, de 1%. Também preocupa o consumo de alimentos ultraprocessados por povos indígenas, que aumentou significativamente (de 14,79% para 20,75% do total de calorias).

Em relação à escolaridade, há uma aproximação na magnitude de consumo de alimentos ultraprocessados dos mais e dos menos escolarizados. O consumo de alimentos ultraprocessados aumentou significativamente entre as pessoas com até quatro anos e entre quatro e oito anos de estudo (de 12,23% para 13,4% e de 17,64% para 18,25%, respectivamente). Por outro lado, houve uma ligeira redução do consumo entre aqueles com oito a doze anos de estudo (de 20,91% para 20,24%) e uma redução de maior magnitude na faixa de escolaridade mais elevada (de 25,47% para 22,17%).

Potencial impacto do consumo dos alimentos ultraprocessados na saúde e no meio ambiente

Na última década, análises de pesquisas de consumo com representatividades nacionais e uma série de estudos experimentais descreveram que um alto consumo de alimentos ultraprocessados leva a desequilíbrios de nutrientes na dieta, reduz a ingestão de compostos químicos bioativos protetores da saúde, aumenta a ingestão de compostos químicos que atuam como desreguladores endócrinos ou induzem microbiomas pró-inflamatórios, aumenta as respostas glicêmicas e a taxa de ingestão energética, entre muitos outros efeitos nocivos (Monteiro *et al.*, 2019b; Juul, Vaidean & Parekh, 2021). No mesmo período, achados de estudos de séries temporais de vendas de alimentos (Vandevijvere *et al.*, 2019; Baker *et al.*, 2020), metanálises de grandes estudos de coorte (Askari *et al.*, 2020; Pagliai *et al.*, 2020) e um estudo controlado randomizado (Hall *et al.*, 2019) mostram que o aumento do consumo de alimentos ultraprocessados é um dos principais contribuintes para a atual pandemia de obesidade, diabetes e outras doenças não transmissíveis relacionadas à alimentação, inclusive em crianças (Chang *et al.*, no prelo).

Portanto, os padrões alimentares comuns nas dietas ocidentais, cada vez mais baseadas em alimentos ultraprocessados, têm graves consequências à saúde humana — e esses impactos negativos vêm sendo esclarecidos por um conjunto robusto de evidências científicas em diversos países. Outros exemplos: um estudo revelou que a cada acréscimo de 10% de alimentos ultraprocessados na dieta, os participantes registraram aumento considerável no risco de desenvolvimento de diabetes tipo 2 (Levy *et al.*, 2021). Outra pesquisa analisou dados de alimentação em nove países, confirmando um resultado já visto com alguma frequência na literatura científica: o alto consumo de alimentos ultraprocessados está fortemente associado ao desenvolvimento de sobrepeso e obesidade (Cordova *et al.*, 2021) — condições relacionadas a doenças crônicas como diabetes ou hipertensão. A síndrome metabólica é outro diagnóstico ligado à ingestão desses alimentos, muitas vezes com consequências que afloram na infância (Costa de Miranda, Rauber & Levy, 2021). Além dessas doenças com associações mais claras com padrões alimentares, a ciência tem descoberto conexões entre a presença de alimentos ultraprocessados na dieta e o surgimento de patologias mais surpreendentes no contexto da alimentação, como é o caso da depressão (Faisal-Cury *et al.*, 2021).

Também há evidências crescentes que apontam potenciais efeitos nocivos dos alimentos ultraprocessados no meio ambiente por meio das pegadas carbônica e hídrica e de perda da agrobiodiversidade (Seferidi *et al.*, 2020; Fardet & Rock, 2020). Novas linhas de pesquisa têm despontado na área, investigando os impactos ambientais das dietas brasileiras nos últimos trinta anos. Observou-se, por exemplo, o aumento da pegada ambiental que provém do nosso padrão de alimentação. Ou seja: a mudança na dieta dos brasileiros fez com que aumentassem as pegadas carbônica, hídrica e ecológica decorrentes da forma como nos alimentamos. E ainda que os alimentos *in natura* ou minimamente processados sejam aqueles que mais contribuem para essas pegadas — por serem os mais prevalentes —, encontramos um aumento significativo da contribuição dos alimentos processados nos impactos ecológicos (Silva *et al.*, 2021).

Considerações finais

Esse conjunto de evidências científicas aponta a necessidade de articular políticas públicas para reduzir o consumo de alimentos ultraprocessados — a exemplo da bem-sucedida trajetória de combate ao tabaco no Brasil. Trata-se de um movimento que vem ganhando força em países da América Latina, com destaque para as alterações na rotulagem frontal de produtos alimentícios no Chile — pioneiro na inclusão de selos de advertência que informam o consumidor se o produto em questão tem quantidades exageradas de sal, açúcar e gorduras saturadas. Outros países, como o México e, mais recentemente, a Argentina, seguiram a tendência.

No Brasil, além de a classificação NOVA de alimentos ter sido incorporada entre as diretrizes apresentadas em guias alimentares publicados pelo Ministério da Saúde, ela foi essencial na revisão da oferta de refeições do Programa Nacional de Alimentação Escolar (PNAE). Nessa iniciativa, foram estabelecidos um teto para compras de alimentos ultraprocessados e um patamar mínimo para a aquisição de alimentos *in natura* ou minimamente processados, elevando a qualidade dos padrões alimentares de estudantes da rede pública de ensino de todo o país.

Autoridades brasileiras e internacionais na área de saúde, alimentação e nutrição devem revisar seus documentos de diretrizes alimentares para garantir que estes enfatizem tanto a preferência por alimentos *in natura* ou minimamente processados quanto a recomendação de evitar o consumo de alimentos ultraprocessados, de acordo com diretrizes desenvolvidas, por exemplo, pela Organização Pan-Americana da Saúde (Opas, 2019) e por Brasil (Ministério da Saúde, 2015), Uruguai (Ministerio de Salud Pública, 2016), França (Haut Conseil de la Santé Publique, 2018) e Israel (The Israeli Ministry of Health, 2019).

Cabe à indústria de alimentos desenvolver ou aprimorar métodos de processamento que prolonguem a duração dos alimentos integrais e facilitem seu preparo culinário, mas os alimentos ultraprocessados precisam ser substituídos por alimentos processados ou, de preferência, minimamente processados (Scrinis & Monteiro, 2018).

Do ponto de vista do poder público, os governos nacionais devem implementar instrumentos fiscais e outros instrumentos estatutários, regulamentação de marketing, rotulagem frontal da embalagem e políticas de compra de alimentos destinados a promover uma rica variedade de alimentos frescos ou minimamente processados e desencorajar o consumo de alimentos ultraprocessados, como já é feito em diversos países (Adams *et al.*, 2020; Popkin *et al.*, 2021).

Referências

ADAMS, Jean *et al.* "Public Health Response to Ultra-Processed Food and Drinks", *BMJ*, v. 369, 2020.

ASKARI, Mohammadreza *et al.* "Ultra-Processed Food and the Risk of Overweight and Obesity: A Systematic Review and Meta-Analysis of Observational Studies", *International Journal of Obesity*, v. 44, n. 10, p. 2080-91, 2020.

BAKER, Phillip *et al.* "Ultra-Processed Foods and the Nutrition Transition: Global, Regional and National Trends, Food Systems Transformations and Political Economy Drivers", *Obesity Reviews*, v. 21, n. 12, p. e13126, 2020.

BOKLIS-BERER, Mirena *et al.* "School Meals Consumption Is Associated with a Better Diet Quality of Brazilian Adolescents: Results from the PeNSE 2015 Survey", *Public Health Nutrition*, v. 24, n. 18, p. 6512-20, 2021a.

BOKLIS-BERER, Mirena *et al.* "The Adherence to School Meals Is Associated with a Lower Occurrence of Obesity among Brazilian Adolescents", *Prevent Medicine*, v. 150, set. 2021b.

CHANG, Kiara *et al.* "Ultra-Processed Food Consumption and Adiposity Trajectories from Childhood: A Prospective Analysis of the ALSPAC Birth Cohort", *JAMA Pediatrics*, no prelo.

CORDOVA, Reynalda *et al.* "Consumption of Ultra-Processed Foods Associated with Weight Gain and Obesity in Adults: A Multi-National Cohort Study", *Clinical Nutrition*, v. 40, n. 9, p. 5079-88, set. 2021.

COSTA DE MIRANDA, Renata; RAUBER, Fernanda & LEVY, Renata Bertazzi. "Impact of Ultra-Processed Food Consumption on Metabolic Health", *Current Opinion in Lipidology*, v. 32, n. 1, p. 24-37, fev. 2021.

FAISAL-CURY, Alexandre *et al.* "The Relationship between Ultra-Processed Food Consumption and Internalising Symptoms among Adolescents from São Paulo city, Southeast Brazil", *Public Health Nutrition*, p. 1-9, 2021.

FARDET, Anthony & ROCK, Edmond. "Ultra-Processed Foods and Food System Sustainability: What Are the Links?", *Sustainability*, v. 12, n. 15, p. 1-26, 2020.

HALL, Kevin D. *et al.* "Ultra-Processed Diets Cause Excess Calorie Intake and Weight Gain: An Inpatient Randomized Controlled Trial of Ad Libitum Food Intake", *Cell Metabolism*, v. 30, n. 1, p. 67-77, 2019.

HAUT CONSEIL DE LA SANTÉ PUBLIQUE. "Avis relatif aux objectifs quantifiés pour la politique nutritionnelle de santé publique (PNNS) 2018-2022", Paris, 2018.

JUUL, Filippa; VAIDEAN, Georgeta & PAREKH, Niyati. "Ultra-Processed Foods and Cardiovascular Diseases: Potential Mechanisms of Action", *Advances in Nutrition*, v. 12, n. 5, set. 2021.

LEVY, Renata Bertazzi *et al.* "Ultra-Processed Food Consumption and Type 2 Diabetes Incidence: A Prospective Cohort Study", *Clinical Nutrition*, v. 40, n. 5, p. 3608-14, maio 2021.

MINISTÉRIO DA SAÚDE. "Dietary Guidelines for the Brazilian Population", Brasília, 2015.

MINISTERIO DE SALUD PÚBLICA. "Guía alimentaria para la población uruguaya", Montevidéu, 2016.

MONTEIRO, Carlos Augusto *et al.* "The UN Decade of Nutrition, the NOVA Food Classification and the Trouble with Ultra-Processing", *Public Health Nutrition*, v. 21, n. 1, p. 5-17, 2018.

MONTEIRO, Carlos Augusto *et al.* "Ultra-Processed Foods: What They Are and How to Identify Them", *Public Health Nutrition*, v. 22, n. 5, p. 936-41, 2019a.

MONTEIRO, Carlos Augusto Monteiro *et al.* *Ultra-Processed Foods, Diet Quality, and Health Using the NOVA Classification System*. Roma: Food and Agriculture Organization of the United Nations (FAO), 2019b.

ORGANIZAÇÃO PAN-AMERICANA DA SAÚDE (OPAS). "Ultra-Processed Food and Drink Products in Latin American: Sales, Sources, Nutrient Profiles, and Policy Implications", Washington, 2019.

PAGLIAI, G. *et al.* "Consumption of Ultra-Processed Foods and Health Status: A Systematic Review and Meta-Analysis", *British Journal of Nutrition*, v. 125, n. 3, p. 308-18, 2021.

POPKIN, Barry M. *et al.* "Towards Unified and Impactful Policies to Reduce Ultra-Processed Food Consumption and Promote Healthier Eating", *The Lancet Diabetes & Endocrinology*, v. 9, n. 7, p. 462-70, 2021.

SCRINIS, Gyorgi & MONTEIRO, Carlos Augusto. "Ultra-Processed Foods and the Limits of Product Reformulation", *Public Health Nutrition*, v. 21, n. 1, p. 247-52, 2018.

SEFERIDI, Paraskevi *et al.* "The Neglected Environmental Impacts of Ultra--Processed Foods", *The Lancet Planetary Health*, v. 4, n. 10, p. E437-8, 2020.

SILVA, Jacqueline Tereza da *et al.* "Greenhouse Gas Emissions, Water Foot-print, and Ecological Footprint of Food Purchases According to Their Degree of Processing in Brazilian Metropolitan Areas: A Time-Series Study from 1987 to 2018", *The Lancet Planetary Health*, v. 5, n. 11, p. E775-85, nov. 2021.

THE ISRAELI MINISTRY OF HEALTH. "Nutritional Recommendations", 2019.

VANDEVIJVERE, Stefanie *et al.* "Global Trends in Ultraprocessed Food and Drink Product Sales and Their Association with Adult Body Mass Index Trajectories", *Obesity Reviews*, v. 20, p. 10-9, 2019.

Rosana Salles-Costa

é professora titular do Departamento de Nutrição Social e Aplicada do Instituto de Nutrição Josué de Castro da Universidade Federal do Rio de Janeiro (UFRJ), coordenadora do Grupo Interdisciplinar de Estudos sobre Segurança Alimentar e Nutricional (Gisan) e pesquisadora da Rede Penssan.

Desafios políticos da retomada da fome e da insegurança alimentar no Brasil

O conceito de segurança alimentar e nutricional (SAN) trata do debate de múltiplos conhecimentos e representa a relação entre disponibilidade e acesso a alimentos, consumo e qualidade da alimentação, e condição de saúde e estabilidade para manter uma situação de vida satisfatória. A expressão mais ampla que se consagra no país sobre o tema, retratada na Lei Orgânica de Segurança Alimentar e Nutricional (Losan), de 2006, expressa a compreensão de um segmento importante da sociedade brasileira, incluindo gestores, técnicos de governo, instituições acadêmicas e organizações sociais:

> Segurança Alimentar e Nutricional — Realização do direito de todos ao acesso regular e permanente a alimentos de qualidade, em quantidade suficiente, sem comprometer o acesso a outras necessidades essenciais, tendo como base práticas alimentares promotoras de saúde, que respeitem a diversidade cultural e que sejam social, econômica e ambientalmente sustentáveis.

Considerado uma referência mundial, o conceito de SAN possibilita trazer tanto a leitura do direito à alimentação adequada em quantidade e qualidade suficientes quanto outras dimensões, como práticas alimentares promotoras de saúde, respeitando a nossa diversidade cultural, social, econômica e ambientalmente sustentável, agregando ainda a questão da noção da saúde.

O direito humano à alimentação adequada (DHAA) é o segundo conceito a ser tratado, que reforça o papel do Estado na garantia da segurança alimentar e nutricional da população, e faz parte do artigo 2º da Losan:

> Direito humano à alimentação adequada — A alimentação adequada é direito fundamental do ser humano, inerente à dignidade da pessoa humana e indispensável à realização dos direitos consagrados na Constituição Federal, devendo o poder público adotar as políticas e ações que se façam necessárias para promover e garantir a SAN da população.

Essa compreensão é importante, uma vez que, quando observamos o aumento de parcela significativa da população brasileira convivendo com a fome, o debate implica a interpretação de como os nossos direitos têm sido subtraídos durante a gestão de Jair Bolsonaro (2019-2022). Assegurar a alimentação significa assegurar o direito à vida. O DHAA deve ser garantido pelas políticas de SAN. Cabe destacar que o Estado não é o único responsável por sua garantia, sendo os atores sociais também implicados quanto a esse direito.

Quando o DHAA é violado, temos a situação de insegurança alimentar, que envolve diferentes condições — dentre as quais o fenômeno da fome, aqui tratado. "Insegurança alimentar — incapacidade no acesso regular e permanente a alimentos de qualidade e em quantidade suficiente, sem sentir a iminência de sofrer alguma restrição no futuro próximo" (Rede Penssan, 2021).

Insegurança alimentar é um dos indicadores de SAN estabelecidos pelo Consea em 2010, inserido na matriz de indicadores de SAN, instaurada com o objetivo de monitoramento dos eixos: atendimento de objetivos e metas definidos e pactuados no Plano Nacional de SAN, grau de implementação da Política Nacional de SAN e realização progressiva do DHAA (Consea, 2010).

Avaliando a insegurança alimentar da população brasileira

No Brasil, a Escala Brasileira de Insegurança Alimentar (Ebia) foi adotada como ferramenta para estimar a insegurança alimentar da população a partir de 2004 (Segall-Correa *et al.*, 2014). Trata-se de metodologia que parte da premissa de que sua quantificação contribui como parâmetro para visualizar o cenário de SAN nos estudos populacionais, identificando situações de privação na alimentação das famílias antes que ocorram quadros de agravos à saúde e ao estado nutricional das pessoas (Salles-Costa *et al.*, no prelo). A Ebia avalia a gravidade da insegurança alimentar nos domicílios com base na perspectiva dos responsáveis pelo preparo das refeições das famílias diante da escassez de dinheiro. A escala classifica quatro níveis de insegurança alimentar (segurança alimentar, insegurança alimentar leve, moderada e grave). O nível mais severo (insegurança alimentar grave) permite o monitoramento da fome no país, padrão adotado por outras escalas de aferição da insegurança alimentar internacionalmente (Kepple & Segal-Corrêa, 2011).

Evidências reforçam a relação da insegurança alimentar com desnutrição infantil, inadequação do consumo alimentar, doenças crônicas e infecciosas, obesidade, violência entre parceiros íntimos e impacto com as políticas sociais

(Salles-Costa *et al.*, no prelo). Nessa perspectiva, analisamos as pesquisas sobre a insegurança alimentar na nossa população para o debate interdisciplinar, considerando as desigualdades sociais como base para o debate.

A insegurança alimentar é medida no Brasil pela Ebia desde a sua validação, em 2004. O Instituto Brasileiro de Geografia e Estatística (IBGE), utilizando a Ebia, avaliou a insegurança alimentar em quatro inquéritos nacionais — Pesquisa Nacional por Amostra de Domicílios (PNAD) de 2004, 2009 e 2013; e Pesquisa de Orçamentos Familiares (POF) de 2018. A comparação desses inquéritos indica que, no período de 2004 a 2013, houve aumento no número de famílias em segurança alimentar e redução progressiva daquelas em situação de insegurança alimentar grave. O Gráfico 1 apresenta a tendência de segurança alimentar e níveis de insegurança alimentar no cenário anterior à pandemia de covid-19.

Na POF de 2018, foram observados redução da segurança alimentar e aumento da insegurança alimentar grave, principalmente entre famílias mais vulneráveis, com menor renda familiar *per capita*, cuja mulher era chefe de família e quando o responsável pelo domicílio tinha cor de pele preta ou parda (IBGE, 2020). O Gráfico 2 apresenta a tendência dos níveis de segurança e insegurança alimentar moderada e grave segundo o gênero do chefe das famílias, ou seja, a pessoa de referência na família. Com base nos dados da PNAD de 2004 e 2013 e da POF de 2018, observamos que a proporção de famílias em segurança alimentar é maior quando temos o homem como chefe dos domicílios; a insegurança alimentar grave foi maior entre domicílios chefiados por mulheres.

Uma possível explicação para essa diferença seria a relação da participação do percentual da renda proveniente do trabalho e de programas sociais segundo o gênero do chefe da família e os níveis de segurança/insegurança alimentar.

Gráfico 1: Prevalência de segurança alimentar e níveis de insegurança alimentar nos anos de 2004, 2009, 2013 e 2018

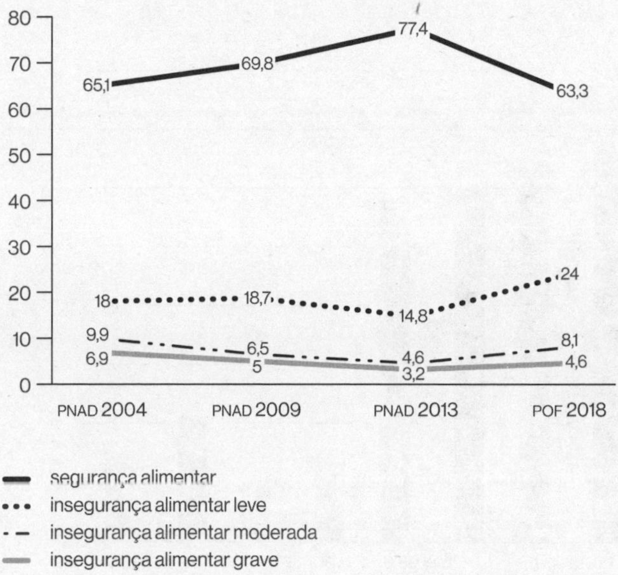

Fonte: Dados da PNAD de 2004 e 2013, e da POF de 2018

Resultados preliminares de pesquisa que avalia a composição da renda familiar *per capita* e sua relação com a insegurança alimentar sugerem que, entre famílias com segurança alimentar e chefiadas por homens, o percentual da renda proveniente do trabalho é maior quando comparado ao das famílias chefiadas por mulheres.

De acordo com os resultados da POF de 2018, as despesas com aquisição de cereais e leguminosas, farinhas, féculas e massas eram maiores entre famílias com algum nível de insegurança alimentar. Entretanto, a aquisição de frutas, hortaliças, carnes, aves, ovos, leite e seus derivados, açúcares e doces era maior entre famílias com segurança

Gráfico 2: Comparação entre o gênero do chefe da família e a presença de segurança alimentar e formas severas de insegurança alimentar no Brasil, segundo os inquéritos nacionais

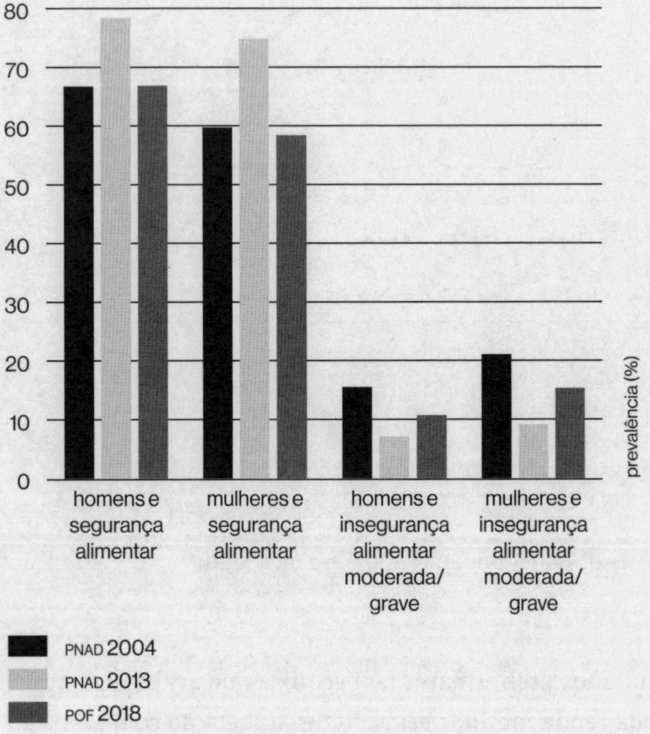

Fonte: IBGE (2006; 2014; 2020)

alimentar. Assim, podemos observar como as escolhas alimentares são prejudicadas pelo nível de insegurança alimentar. Tendo em vista que as desigualdades sociais dialogam com o indicador da insegurança alimentar do país, percebemos como a alimentação no Brasil já estava comprometida antes da pandemia.

Se em 2014 comemorávamos os esforços de uma década de combate à fome no país, com o marco da saída do Brasil do Mapa da Fome da Organização das Nações Unidas para a Alimentação e a Agricultura (FAO), a insegurança alimentar atingiu patamares alarmantes em 2018, que superavam os vigentes em 2004. Foi nesse cenário que a pandemia de covid-19 se instalou no país, em 2020.

O I VigiSAN — Inquérito Nacional sobre Insegurança Alimentar no Contexto da Pandemia da Covid-19 no Brasil (Rede Penssan, 2021), realizado pela Rede Brasileira de Pesquisa em Soberania e Segurança Alimentar e Nutricional, avaliou a insegurança alimentar utilizando a versão curta da Ebia em amostra representativa de 2.180 domicílios pelo país. O Gráfico 3 apresenta a tendência de variação dos níveis de segurança e insegurança alimentar nas últimas décadas, incluindo os três inquéritos nacionais do IBGE, o da POF de 2018 e os resultados do inquérito da Rede Penssan.

De acordo com o I VigiSAN, cerca de 116,8 milhões de brasileiros não tinham acesso à alimentação adequada no final de 2020, dos quais dezenove milhões passavam fome. Avaliando a situação de trabalho da pessoa de referência das famílias, a insegurança alimentar grave foi quatro vezes maior entre os que tinham algum tipo de trabalho informal (15,7%) e seis vezes maior quando essa pessoa estava desempregada (22,1%), em comparação com aqueles cuja pessoa de referência trabalhava com carteira assinada ou era funcionária pública (3,7%). O estudo destacou que, entre famílias de áreas rurais do país, a insegurança alimentar grave era maior quando não havia disponibilidade adequada de água para a produção de alimentos (44,2%) ou água suficiente para o consumo dos animais dessas famílias (42%). Analisando o perfil da pessoa de referência das famílias, podíamos depreender que a fome era maior nos lares chefiados por mulheres

Gráfico 3: Prevalência de segurança alimentar e níveis de insegurança alimentar nos anos de 2004, 2009, 2013, 2018 e 2020

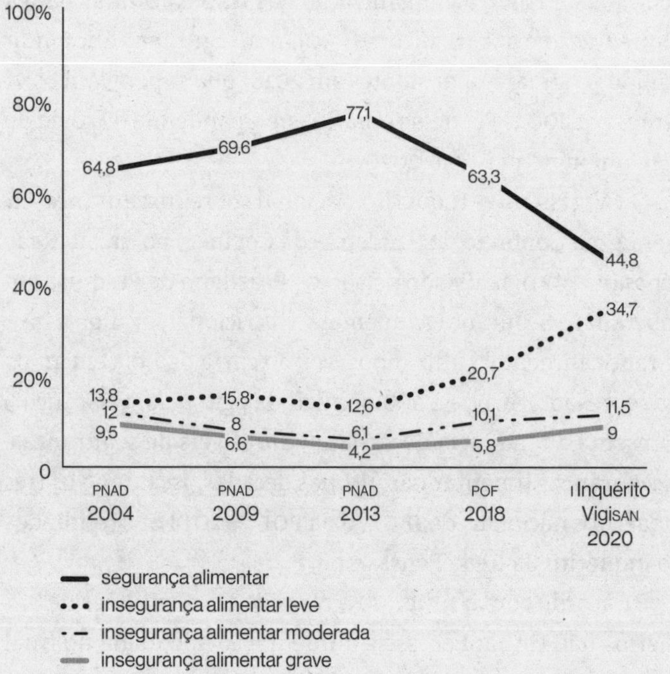

Fonte:
Dados reanalisados para a escala de oito itens, a partir das pesquisas:
[1] Pesquisa Nacional por Amostra de Domicílios 2003-2004 (IBGE)
[2] Pesquisa Nacional por Amostra de Domicílios 2008-2009 (IBGE)
[3] Pesquisa Nacional por Amostra de Domicílios 2013-2014 (IBGE)
[4] Pesquisa de Orçamentos Familiares 2017-2018 (IBGE)

(11,1%), ou quando era uma pessoa preta ou parda (10,7%), ou ainda quando a escolaridade era inferior a oito anos de estudo (14,7%).

Esse é o cenário a partir do qual devemos pensar os desafios a serem enfrentados após a pandemia: o aumento da fome da população brasileira. O impacto sofrido pela economia do país se refletiu em perda de empregos, redução da renda da população assalariada e aumento do preço dos alimentos, principalmente daqueles que compõem a cesta básica da população, fatores que contribuíram para as estatísticas nacionais da insegurança alimentar no Brasil.

O Brasil é historicamente marcado pelas desigualdades no acesso à alimentação. Entre 2004 a 2013, observamos que essa situação se modificava, pela garantia do DHAA e redução expressiva da fome: no período, a proporção de insegurança alimentar grave, que expressa a fome da população, reduziu-se progressivamente, atingindo menor patamar em 2013. A participação ativa do Consea sobre a importância do uso de indicadores de SAN no país e o diálogo com o governo federal sobre as políticas de SAN contribuíram para o debate interdisciplinar no entendimento das iniquidades sociais e em saúde, e para a redução da insegurança alimentar. Porém, a pandemia implicou o aumento das desigualdades sociais, reforçando as diferenças de gênero, de raça/cor de pele e de escolaridade, acentuando a fome na área rural. Essas desigualdades trarão desafios futuros com relação à saúde da população. É urgente a articulação dos resultados dos inquéritos nacionais sobre a insegurança alimentar com os conselhos municipais e estaduais de SAN, enquanto o Consea permanecer extinto. Estatísticas como as elaboradas pela Rede Penssan são de suma importância para o diálogo com as políticas sociais de combate à fome no país, em todas as esferas de governo.

Referências

BRASIL. "Lei n. 11.346, de 15 de setembro de 2006. Cria o Sistema Nacional de Segurança Alimentar e Nutricional — Sisan com vistas em assegurar o direito humano à alimentação adequada e dá outras providências", Brasília, 2006.

CONSELHO NACIONAL DE SEGURANÇA ALIMENTAR E NUTRICIONAL (CONSEA). "A segurança alimentar e nutricional e o direito humano à alimentação adequada no Brasil: indicadores e monitoramento da Constituição de 1988 aos dias atuais", Brasília, 2010.

INSTITUTO BRASILEIRO DE GEOGRAFIA E ESTATÍSTICA (IBGE). "Pesquisa nacional por amostra de domicílios: segurança alimentar 2004", Rio de Janeiro, 2006.

INSTITUTO BRASILEIRO DE GEOGRAFIA E ESTATÍSTICA (IBGE). "Pesquisa nacional por amostra de domicílios: segurança alimentar 2013", Rio de Janeiro, 2014.

INSTITUTO BRASILEIRO DE GEOGRAFIA E ESTATÍSTICA (IBGE). "Pesquisa de orçamentos familiares 2017-2018: análise da segurança alimentar no Brasil", Rio de Janeiro, 2020.

KEPPLE, Anne Walleser & SEGALL-CORRÊA, Ana Maria. "Conceituando e medindo segurança alimentar e nutricional", *Ciência e Saúde Coletiva*, v. 16, n. 1, p. 187-99, 2011.

REDE BRASILEIRA DE PESQUISA EM SOBERANIA E SEGURANÇA ALIMENTAR (REDE PENSSAN). "Projeto VigiSAN — Inquérito Nacional sobre Insegurança Alimentar no Contexto da Pandemia da Covid-19 no Brasil", Rio de Janeiro, 2021.

SALLES-COSTA, Rosana *et al. Sistemas alimentares, fome e insegurança alimentar no Brasil*. Rio de Janeiro: Fiocruz, no prelo.

SEGALL-CORRÊA, Ana Maria *et al.* "Refinement of the Brazilian Household Food Insecurity Measurement Scale: Recommendation for a 14-Item EBIA", *Revista da Nutrição*, v. 27, n. 2 p. 241-51, mar. 2014.

Inês Rugani Ribeiro de Castro

é nutricionista sanitarista, doutora em saúde pública e professora associada do Instituto de Nutrição da Universidade do Estado do Rio de Janeiro (Uerj), no qual coordena o Núcleo de Alimentação e Nutrição em Políticas Públicas. Também é membra da Associação Brasileira de Saúde Coletiva (Abrasco) e da Aliança pela Alimentação Adequada e Saudável.

Tendências temporais de indicadores do estado nutricional no Brasil

Conforme discutido por Monteiro (2003), fome, pobreza e desnutrição são fenômenos ligados e profundamente inter-relacionados, embora não sejam sinônimos: existe uma autonomia entre cada um deles e os construtos teóricos que buscam interpretá-los. Não obrigatoriamente uma situação de pobreza implica fome e desnutrição, assim como uma situação de desnutrição pode não ser decorrente da fome. Modelos teóricos sobre a desnutrição em mulheres e crianças, por exemplo, apontam entre seus determinantes: alimentação e práticas de cuidado, situação de (in)segurança alimentar e nutricional e (in)salubridade do domicílio e acesso a recursos (financeiros, serviços de saúde, educação etc.), além dos macrocontextos sociais, políticos e econômicos (Unicef, 2013; 2020). Portanto, o exame das tendências de evolução do estado nutricional no Brasil pressupõe reconhecer elementos que têm a ver com práticas alimentares, fome — e sua superação — e outros fatores e determinantes.

Para apresentar as tendências temporais do estado nutricional no Brasil nas últimas décadas, lançarei mão de resultados de inquéritos nacionais de base domiciliar e, para algumas complementações, recorrerei a resultados do Sistema de Vigilância de Fatores de Risco e Proteção para

Doenças Crônicas por Inquérito Telefônico (Vigitel), que cobre as capitais brasileiras e o Distrito Federal.

Com relação à população adulta, é possível observar redução do déficit de peso tanto entre homens (de 8% para 1,8%) quanto entre mulheres (de 11,8% a 3,6%) no período de 1975 a 2008-2009. Por outro lado, considerando o período de 1975 a 2019, foi registrado expressivo aumento de excesso de peso e obesidade em ambos os grupos: entre homens, o excesso de peso passou de 18,5% para 60%, e a obesidade, de 2,8 para 22,8%; entre as mulheres, essas prevalências foram, respectivamente, de 11,8% para 63,3% e de 8% para 30,2% (IBGE, 2010; 2020).

O aumento da obesidade não acontece de forma idêntica em todos os segmentos populacionais. A título de exemplo, com base nos resultados do Vigitel no período de 2006 a 2018, observamos que sua prevalência variou de 8,7% a 15,8% entre adultos com doze ou mais anos de escolaridade; de 9,1% a 19,4% entre aqueles com nove a onze anos de escolaridade; e de 15,3% a 24,5% entre aqueles com até oito anos de escolaridade. Isso significa que, embora a prevalência de obesidade esteja aumentando em todos os grupos, sua magnitude é maior entre aqueles com menor nível de escolaridade. Também podemos observar que o ritmo de aumento da obesidade é mais concentrado em adultos jovens: enquanto esse agravo aumentou 84% entre pessoas de 25 a 34 anos de idade, variou de 69% entre aquelas de 18 a 24 anos para 34% entre aquelas com 65 anos ou mais. Portanto, é importante analisar o fenômeno do aumento da obesidade levando-se em conta a perspectiva das desigualdades socioeconômicas e demográficas (Ministério da Saúde, 2007; 2019).

Entre idosos, grupo etário bastante negligenciado nas análises de tendências temporais do estado nutricional, resultados do Vigitel referentes ao período de 2006 a 2019 indicam um aumento do excesso de peso e da obesidade tanto em homens — de 50,8% a 61,6% e de 11,1% a 20,2%, respectivamente — quanto em mulheres — de 55,6% a 61,4% e de 19,5% a 23,6%, respectivamente (Rodrigues, Canella & Claro, 2021).

Entre crianças de cinco a nove anos de idade e adolescentes (dez a dezenove anos), há uma tendência temporal semelhante à observada entre adultos: diminuição de déficit de peso e aumento de excesso de peso e obesidade. Em 2008-2009, uma a cada três crianças e um a cada cinco adolescentes apresentavam excesso de peso (IBGE, 2010). Para crianças menores de cinco anos, destaco inicialmente dois indicadores: a prevalência de baixa estatura para a idade, que diminuiu de 37% para 7% entre 1974 e 2006 (Monteiro *et al.*, 2013), e a prevalência de aleitamento materno exclusivo entre crianças menores de seis meses, que aumentou de 2,9% para 37,1% entre 1986 e 2006 (Boccolini *et al.*, 2017). Esses resultados são fruto de políticas públicas desenvolvidas em sinergia com a sociedade civil. Ressalto o tema do aleitamento materno porque ele costuma ser negligenciado nos debates sobre insegurança alimentar e sistemas alimentares. Voltarei a ele mais adiante.

Para refletir sobre a evolução das desigualdades em relação ao estado nutricional, comentarei a desnutrição infantil, fenômeno bem documentado em nosso país. Um estudo que comparou a relação altura/idade em crianças menores de cinco anos em quatro inquéritos nacionais de base domiciliar realizados entre 1974-1975 e 2006-2007 revelou um claro deslocamento da curva em direção ao crescimento normal ao longo das três décadas e importante redução na diferença entre a distribuição observada nos 20% mais pobres e nos 20% mais ricos da população (Monteiro *et al.*, 2013).

Um estudo que examinou as causas da diminuição da desnutrição infantil de 13,5% para 6,8% no Brasil entre 1996 e 2007 apontou que 63,3% desse declínio podia ser explicado por melhorias no poder aquisitivo, na escolaridade materna, na assistência à saúde e no saneamento (Monteiro *et al.*, 2009). A estimativa da contribuição da assistência à saúde é subestimada nesse estudo, pois os indicadores disponíveis eram restritos. Ainda assim, podemos dizer que aproximadamente dois terços desse declínio, pelo menos, são explicados por políticas públicas estruturantes que contribuem para a diminuição das desigualdades sociais.

Depois de treze anos sem informações sobre a evolução da alimentação e da nutrição infantil em âmbito nacional, desde a Pesquisa Nacional de Demografia e Saúde (PNDS) de 2006 (Ministério da Saúde & Cebrap, 2009), em 2019 foi realizado o Estudo Nacional de Alimentação e Nutrição Infantil (Enani). Esse inquérito nacional de base domiciliar avaliou as práticas de aleitamento materno e de alimentação, o estado nutricional antropométrico e as deficiências de micronutrientes entre crianças brasileiras menores de cinco anos (Alves-Santos *et al.*, 2021).

Seis indicadores são passíveis de comparação entre a PNDS 2006 e o Enani 2019. Houve queda das prevalências de anemia, de 20,5% para 10,1%, e de deficiência de vitamina A, de 17,2% para 6%, e aumento do excesso de peso, de 6,6% para 10,1% (diferenças estatisticamente significativas entre as prevalências desses três indicadores — dados comparativos ainda não publicados). Para o indicador baixa estatura para idade, houve, em 2019, manutenção da prevalência de 7% observada em 2006. Quanto ao aleitamento materno, foi registrado aumento tanto do aleitamento materno exclusivo entre menores de seis meses de idade (de 38,6% para 45,8%) quanto do aleitamento continuado no segundo ano de vida, considerando aqui a janela de 12 a 23 meses de idade (de 34,6% para 43,6%); entretanto, essas diferenças não foram estatisticamente significativas (dados comparativos ainda não publicados). Vale dizer que, embora observemos melhorias de alguns dos indicadores entre 2006 e 2019, as desigualdades sociais e regionais ainda não estão superadas. Como exemplo, destacamos as diferenças macrorregionais observadas para a prevalência de anemia em crianças com idade entre 6 e 23 meses: 30,3% no Norte, 19,2% no Centro-Oeste, 18,8% no Nordeste, 17,6% no Sudeste e 13,8% no Sul, com diferenças estatisticamente significativas entre a prevalência da região Norte e a das demais (UFRJ, 2021b).

As tendências temporais dos indicadores do estado nutricional no Brasil podem ser assim resumidas: diminuição da prevalência de indicadores de déficit nutricional no período entre 1974-1975 e 2019; diminuição das desigualdades sociodemográficas para os indicadores de déficit nutricional, embora ainda haja desigualdades a serem superadas; aumento da prevalência de indicadores de excesso de peso e de obesidade em todas as faixas etárias, também com desigualdades sociodemográficas; aumento da prevalência da amamentação, mas ainda a patamares inferiores às metas da Agenda 2030 (OMS & Unicef, 2019), que são de 70% para aleitamento materno exclusivo em crianças com menos de seis meses de vida e de 60% de aleitamento materno continuado no segundo ano de vida.

Quanto à atualização dos indicadores de alimentação e nutrição infantil com base nos resultados do Enani 2019, esse inquérito foi realizado antes da pandemia de coronavírus, em um contexto de recessão econômica e de desmonte de políticas públicas de garantia de direitos. Cabe então perguntar:

em que medida os resultados observados expressam uma resiliência dos indicadores de nutrição em relação a melhorias das condições de vida e à diminuição das desigualdades sociais obtidas entre 2003 e 2014? Se o Enani 2019 tivesse sido realizado em 2015, como estariam esses indicadores? Não temos essa resposta. Análises adicionais do índice estatura/idade estão em andamento com o intuito de examinar se as crianças mais jovens, que nasceram no governo de Jair Bolsonaro, apresentam ou não piores condições nutricionais do que as que nasceram antes. Cabe também perguntar: como estarão os indicadores de alimentação e nutrição infantil depois desses anos de pandemia?

Como contribuição para o debate, trago cinco pontos para reflexão. O primeiro diz respeito à importância de aprofundarmos a compreensão sobre a abordagem da má nutrição em todas as suas formas e de incorporarmos essa abordagem na formulação de políticas públicas (Scrinis, 2020), isto é, compreender que deficiência de micronutrientes, baixa estatura para a idade e excesso de peso são facetas de um mesmo fenômeno: a má nutrição.

O segundo é a importância da articulação de ações de cuidado em saúde e de educação alimentar e nutricional com medidas regulatórias e políticas públicas estruturantes que sejam sinérgicas, no sentido de contribuir para a superação de todas as formas de má nutrição e para a promoção da saúde e da alimentação saudável.

O terceiro se refere à relevância de fortalecer políticas públicas que promovam equidade, que coloquem a questão da superação das vulnerabilidades no cerne de seu

e da Mulher — PNDS 2006: dimensões do processo reprodutivo e da saúde da criança", Brasília, 2009.

MINISTÉRIO DA SAÚDE. Secretaria de Vigilância em Saúde. Departamento de Análise de Situação e Saúde. "Vigitel Brasil 2006: vigilância de fatores de risco e proteção para doenças crônicas por inquérito telefônico", Brasília, 2007.

MINISTÉRIO DA SAUDE. Secretaria de Vigilância em Saúde. Departamento de Análise em Saúde e Vigilância de Doenças Não Transmissíveis. "Vigitel Brasil 2018: vigilância de fatores de risco e proteção para doenças crônicas por inquérito telefônico", Brasília, 2019.

MONTEIRO, Carlos Augusto. "A dimensão da pobreza, da desnutrição e da fome no Brasil", *Estudos Avançados*, v. 17, n. 48, 2003.

MONTEIRO, Carlos Augusto *et al*. "Causas do declínio da desnutrição infantil no Brasil, 1996-2007", *Revista de Saúde Pública*, v. 43, n. 1, p. 35-43, 2009.

MONTEIRO, Carlos Augusto *et al*. "Desigualdades socioeconômicas na baixa estatura infantil: a experiência brasileira, 1974-2007", *Estudos Avançados*, v. 27, n. 78, 2013.

ORGANIZAÇÃO MUNDIAL DA SAÚDE (OMS) & FUNDO DAS NAÇÕES UNIDAS PARA A INFÂNCIA (UNICEF). "Global Breastfeeding Scorecard, 2019: Increasing Commitment to Breastfeeding through Funding and Improved Policies and Programmes", 2019.

RODRIGUES, L. C.; CANELLA, Daniela & CLARO, R. M. "Time Trend of Overweight and Obesity Prevalence among Older People in Brazilian State Capitals and the Federal District from 2006 to 2019", *European Journal of Ageing*, 2021.

SCRINIS, Gyorgy. "Reframing Malnutrition in All Its Forms: A Critique of the Tripartite Classification of Malnutrition", *Global Food Security*, v. 26, set. 2020.

UNIVERSIDADE FEDERAL DO RIO DE JANEIRO (UFRJ). "Aleitamento materno: prevalência e práticas de aleitamento materno em crianças brasileiras menores de 2 anos", *Estudo Nacional de Alimentação e Nutrição Infantil* (Enani 2019), relatório 4, coord. Gilberto Kac. Rio de Janeiro, 2021a.

UNIVERSIDADE FEDERAL DO RIO DE JANEIRO (UFRJ). "Biomarcadores do estado de micronutrientes: prevalências de deficiências e curvas de distribuição de micronutrientes em crianças brasileiras menores de 5 anos", *Estudo Nacional de Alimentação e Nutrição Infantil* (Enani 2019), relatório 3, coord. Gilberto Kac, Rio de Janeiro, 2021b.

UNIVERSIDADE FEDERAL DO RIO DE JANEIRO (UFRJ). "Estado nutricional antropométrico da criança e da mãe: prevalência de indicadores antropométrico de crianças menores de 5 anos de idade e suas mães biológicas", *Estudo Nacional de Alimentação e Nutrição Infantil* (Enani 2019), relatório 7, coord. Gilberto Kac, Rio de Janeiro, 2022.

Douglas Belchior

é professor de história, defensor dos direitos humanos, fundador da Uneafro Brasil e membro da Coalizão Negra por Direitos.

Adriana Moreira

é doutoranda em educação e desigualdades pela Faculdade de Educação da Universidade de São Paulo (USP), integrante da Uneafro Brasil e membra da Coalizão Negra por Direitos.

“O maior espetáculo do pobre da atualidade é comer”

Duas das artistas que mais densamente contribuíram com a cultura nacional tiveram tanto a vida quanto a obra atravessadas profundamente pela fome: Elza Soares e Carolina Maria de Jesus, duas mulheres negras.

Elza Soares, nascida e criada nos morros cariocas, viveu também a experiência da maternidade, bem como a da perda de um filho por desnutrição. Sua renda no emprego de doméstica não supria as necessidades básicas da família. Foi aí que resolveu participar do programa de calouros apresentado por Ary Barroso, que, ao tentar ridicularizá-la em meio a gargalhadas, lhe perguntou: “De que planeta você veio, minha filha?”. Ela respondeu: “Do mesmo planeta que o senhor, seu Ary. Do planeta fome”. Ary Barroso, obviamente, não se dava conta de que vivia no planeta fome — afinal, ele fazia parte de um grupo de pessoas, formado por brancos e de origem europeia, que sempre teve acesso à boa alimentação. Elza Soares sabia muito bem disso.

A segunda, Carolina Maria de Jesus, nasceu na cidade mineira de Sacramento. Por duas vezes foi presa injustamente. Na primeira, acusada de bruxaria por policiais, por estar lendo um livro espírita. Na segunda, por supostamente roubar dinheiro de um padre. Depois da prisão, foi escorraçada da cidade natal. Carolina seguiu viagem para São Paulo a pé, tendo a fome como fiel e ingrata companheira na vida e como tema de seu fazer literário.

Antonio Candido, quando busca refletir sobre a relação entre literatura e direitos humanos, afirma que a literatura e as artes de maneira geral oferecem as oportunidades para quem pode não apenas produzi-las mas também carregá-las de humanização. Nesse sentido, as produções intelectuais de artistas, pensadores e acadêmicos negros no Brasil sempre foram demarcadas pela temática da fome. Elza Soares, Carolina Maria de Jesus, Lima Barreto, Nelson Cavaquinho, Cartola, Geraldo Filme, Abdias do Nascimento, Guerreiro Ramos, Lélia Gonzalez, Beatriz Nascimento, Lia Ferreira, Esmeralda Ribeiro, Dinha (Maria Nilda de Carvalho Mota), Clóvis Moura, Milton Santos e tantos outros. Todos esses, em alguma medida, expressaram suas preocupações e tinham elaborações acerca da problemática da fome no Brasil. Em todas essas produções, uma mesma constatação: a fome no Brasil tem cor, e é negra. Ignorar esse elemento durante a formulação de estratégias para a erradicação da fome no Brasil é algo pouco inteligente, ineficaz e hipócrita. Mais do que isso, é a reafirmação da lógica racista que organiza a sociedade brasileira.

A Rede Brasileira de Pesquisa em Soberania e Segurança Alimentar (Rede Penssan) desenvolveu o Inquérito Nacional sobre Insegurança Alimentar no Contexto da Pandemia da Covid-19 no Brasil, o VigiSAN. A pesquisa identificou que 43,4 milhões de pessoas no país não tinham alimentos em quantidade suficiente para sobrevivência, e que dezenove milhões de brasileiros passaram fome no último trimestre de 2020. A maioria das famílias em situação de insegurança alimentar era chefiada por mulheres com baixa escolaridade. Os dados apresentados pela pesquisa também revelam que famílias negras (10,7%), quando comparadas a famílias brancas (7,5%), sofrem mais com a insegurança alimentar.

Nesse mesmo cenário, o desemprego também aumentou, porém de maneira desigual. Segundo a Pesquisa Nacional por Amostra de Domicílios (PNAD) Contínua, do Instituto Brasileiro de Geografia e Estatística (IBGE), no último trimestre de 2020 a taxa de desemprego da população negra no país era de 17,2%, enquanto a da população branca era de 11,7%. Já as taxas de desocupação, isto é, pessoas que estavam havia dois anos ou mais sem trabalho, aumentaram para negros e brancos, embora continuassem desiguais, respectivamente, com índices de 3,87% e 1,41%.

Os dados da realidade traçados anteriormente não são novidade. Organizações do movimento negro brasileiro denunciam há décadas as penosas condições de vida dessa população. As lideranças eleitas e, em especial, o próprio Estado brasileiro jamais reconheceram a humanidade das populações não brancas no país. Pelo contrário, esses gestores, salvo raras exceções, operam no sentido de viabilizar, por meio dos mais diversos expedientes, a garantia dos interesses da hegemonia colonial. Isso significa dizer que o projeto colonial que construiu o sistema de dominação racial branca no Brasil consolidou zonas territoriais, psíquicas e emocionais nas quais o Estado de direito jamais existiu. Consolidaram-se territórios em que as violências físicas, simbólicas e psíquicas de um estado de exceção se naturalizaram como regra sobre corpos negros em favelas, periferias, quilombos e prisões. Isso também implicou a domesticação da ordem dos afetos da sociedade brasileira. Por outro modo, como entender a dificuldade que temos para mobilizá-la em torno de toda sorte de violações sofridas sistematicamente pela população negra? Como compreender a apatia, a ignorância, a hipocrisia cristã brasileira diante do que Abdias do Nascimento denominou de genocídio do negro brasileiro?

O Brasil consolidou sua independência e construiu sua República sem ao menos reconhecer que a escravidão negra e indígena representou um dano a essas populações e ao país. Na verdade, o país remodelou suas políticas internas no sentido de manter e aprofundar os processos de desumanização dessas populações, sempre tendo na fome e na morte os signos da relação do Estado brasileiro com a população negra e os povos indígenas.

Passados 75 anos da publicação de *Geografia da fome*, de Josué de Castro, um marco político e científico nacional para a compreensão não apenas das tipologias como também dos significados das dimensões da fome em amplos aspectos, é de fundamental importância que a sociedade brasileira produza políticas que sejam fruto das vivências daqueles cujas vidas sistematicamente estão em risco, cujos saberes ancestrais foram vilipendiados e que se encontram, hoje, à margem das esferas dos poderes institucionais.

Nestes anos fúnebres, em que a iniquidade colonial está articulada à democracia liberal, o movimento negro se apresenta como impulsionador do campo dos direitos humanos, do campo popular e das esquerdas no sentido de potencializar a reflexão sobre a hegemonia branca e de considerar que talvez tenha chegado o momento de serem levadas em conta as formulações políticas que Abdias do Nascimento e Beatriz do Nascimento nos legaram, o quilombismo, que é a práxis do fazer político do povo pelo povo em seu segmento majoritário.

Discutir o combate à fome no Brasil significa aprofundar políticas de redistribuição de renda, como o Bolsa Família, que levavam uma quantia mensal fixa a muitas famílias e entregavam recursos nas mãos de mulheres; garantir a permanência de crianças e adolescentes na escola; ampliar o número de postos de trabalho e aumentar a renda dos trabalhadores adultos; construir oportunidades para que esses trabalhadores possam voltar a estudar, ingressar no ensino técnico e na universidade; repensar trajetórias da juventude negra e periférica, sempre jogada às pressas no trabalho, com poucas oportunidades de construir uma existência na qual a vida laboral seja um espaço de realização pessoal conjugado com o ganho para subsistência — isso só se realiza franqueando oportunidades educacionais a todos.

Por fim, a fome jamais será superada no Brasil enquanto a questão agrária não for realmente enfrentada. Hoje, existem no país mais de cinco mil comunidades quilombolas, três mil delas localizadas na Amazônia Legal, como guardiãs da floresta. Ademais, outras tantas comunidades são produtoras agrícolas e sofrem profundamente com a redução dos subsídios para a agricultura familiar. Os quilombos desenvolveram tecnologias centenárias não apenas para a produção de alimentos e a lida com a terra mas para algo que o racismo epistêmico nos tem impedido, a todos, de observar: mesmo após o processo de reconhecimento e titulação de terras, o paradigma legal não é a propriedade individual nem a tutela do Estado, é o princípio quilombista da coletividade.

Carolina Maria de Jesus escreveu: "O maior espetáculo do pobre da atualidade é comer". E continua sendo.

Parte III

GEOGRAFIA DAS DESIGUALDADES SOCIOECONÔMICAS E DETERMINANTES DA POBREZA E DA FOME

Introdução

Filhas da mesma agonia: fome, pobreza e desigualdade

Cátedra Josué de Castro

Comunidade do Trilho, entre os bairros Aldeota e Cocó, em Fortaleza. Nos fundos do supermercado, dona Lúcia e dona Maria se acotovelam com outras donas de casa para conseguir alguma sobra de alimento que possam levar para casa e partilhar com a família. Precisam agir antes que o caminhão leve os restos ou que misture as partes aproveitáveis com o lixo de fato — aí, sim, estragando tudo. Mesmo com movimentos ágeis, próprios de quem sente fome, por vezes a carne acaba misturada a detergente ou água sanitária. Dona Lúcia agarra os pedaços que alcança; depois os lavará com esmero. Se a carne continuar suja, o cachorro é que encherá a barriga.

> Vi ontem um bicho
> Na imundície do pátio
> Catando comida entre os detritos.
>
> Quando achava alguma coisa,
> Não examinava nem cheirava:
> Engolia com voracidade.
>
> O bicho não era um cão,
> Não era um gato,
> Não era um rato.
> O bicho, meu Deus, era um homem.

Manuel Bandeira, autor desses versos — escritos em 1947, um ano após o lançamento de *Geografia da fome*, de Josué de Castro —, se assustaria ao ver a cena que circulou pelas redes sociais e na imprensa em 2021. Não nos faltariam fatos para seguir ilustrando a desigualdade social brasileira — expressa de maneira brutal quando o assunto é a fome. Gente em fila para receber doação de pedaços de ossos com retalhos de carne em Cuiabá. Uma mulher, desesperada e com fome, presa por roubar miojo e refrigerante de um supermercado em São Paulo (o valor somado das mercadorias era de 21,69 reais). Em Brasília, um homem grita em meio aos prédios: "Alguém compra um pão pra gente? Alguém compra um leite? É fome! Por favor, é fome!".

Existem diversas características que distinguem o Brasil de outros países do mundo. Infelizmente, no nosso caso, talvez nenhuma seja tão típica quanto a desigualdade. O Índice de Gini, que mede o grau de concentração de renda, nos deixa em uma posição bastante desconfortável: o Brasil aparece em nono lugar (contando a partir do país mais desigual), à frente apenas de nações cujas economias são consideravelmente menores. Como explicar a incômoda colocação do Brasil, uma das quinze maiores economias do mundo?

O que torna o Brasil um caso especial talvez seja a permanência de desigualdades históricas em meio a um processo de modernização acelerado em um país com abundância de água, terra, população ativa e diversidade de recursos naturais. Josué de Castro via em nosso passado colonial e escravocrata as raízes da desigualdade: a adoção do sistema monocultor amparado no latifúndio teve consequências desastrosas e grande responsabilidade pela perpetuação da pobreza no Brasil e na América Latina. Fizeram-nos subdesenvolvidos, "dejetos" do desenvolvimento europeu e estadunidense. Como escreveu o pensador pernambucano, em *Geopolítica da fome*:

> O subdesenvolvimento não é, como muitos pensam equivocadamente, insuficiência ou ausência de desenvolvimento. O subdesenvolvimento é um produto ou um subproduto do desenvolvimento, uma derivação inevitável da exploração econômica colonial ou neocolonial, que continua se exercendo sobre diversas regiões do planeta.

Com um PIB de 7,3 trilhões de reais em 2019 e uma população de 212 milhões de habitantes, o Brasil produz o equivalente a onze mil reais mensais por família de quatro pessoas. A conta — feita por Ladislau Dowbor — aponta que não há nenhuma razão econômica para a pobreza, a desigualdade e a fome no país. Elas são, sobretudo, questões de ordem política. Tanto é verdade que, por pouco mais de uma década, o Brasil soube reduzi-las: o Índice de Gini mostra que a desigualdade começa a cair continuamente no país a partir de 2003; a trajetória de queda, porém, é interrompida em 2016, de acordo com dados do Instituto Brasileiro de Geografia e Estatística (IBGE). Além disso, segundo o Instituto de Pesquisa Econômica Aplicada (Ipea), entre 2004 e 2014, a extrema pobreza foi reduzida em 63%.

Por trás desses números, estão políticas públicas comprometidas com a redução da desigualdade e com o combate à fome. Exemplo desse esforço é o Programa Bolsa Família, criado em 2003, que, entre outros pontos, ajudou a reduzir em 16% a mortalidade de crianças de um a quatro anos, segundo pesquisa da Fundação Oswaldo Cruz (Fiocruz). Em famílias com mães negras e em municípios pobres, a redução chegou a 26% e 28%, respectivamente.

Outras políticas também se destacaram nesse período, atuando de forma integrada. A valorização real do salário mínimo, oficializada a partir de 2007, é uma delas. Naquele ano, o reajuste do piso nacional passou a ser calculado pela variação do PIB dos dois anos anteriores mais a inflação do ano anterior, garantindo, assim, aumento anual no poder de compra das famílias — afinal, o salário mínimo subiria sempre, obrigatoriamente, mais que a inflação. O ganho real no salário mínimo ecoava ainda em diversos outros programas que o tinham por base de cálculo, como o Benefício de Prestação Continuada (BPC), destinado a pessoas com deficiência e idosos extremamente pobres, e as aposentadorias em geral.[5]

Todas essas medidas, entre outras, foram, pouco a pouco, derrubando os indicadores de desigualdade, tanto no meio urbano quanto no rural: em 2004, a extrema pobreza agrícola representava quase o triplo da extrema pobreza geral; em 2013, as taxas praticamente se igualaram. Assim, a fome ia se tornando um fantasma que — ao que parecia — poderia ser exterminado de nossa sociedade. Quando o Brasil saiu do Mapa da Fome, em 2014, o número de brasileiros em situação de subalimentação registrava queda de 82% desde 2002.

Um relatório publicado pela Organização das Nações Unidas para a Alimentação e a Agricultura (FAO) em 2014 ajuda a compreender as medidas que fizeram o Brasil sair do Mapa da Fome. Entre os pontos destacados, estavam a definição do problema da fome como prioridade política, com destinação de recursos orçamentários compatíveis com a envergadura do desafio; o aumento da renda da população por meio da geração de vinte milhões de empregos formais; o aumento do salário mínimo em 74% acima da inflação; e programas de transferência de renda, como o Bolsa Família. Além disso, contribuíram para o êxito brasileiro o fortalecimento

5 Já no final dos anos 1930, Josué de Castro defendia a ideia de um salário mínimo como garantia do direito das famílias à alimentação. O salário mínimo passaria a vigorar por decreto-lei do presidente Getúlio Vargas em 1940.

do Programa Nacional de Alimentação Escolar (PNAE), que chegava a 43 milhões de crianças e jovens; o fortalecimento da agricultura familiar, com crédito, assistência técnica e compras públicas; e a articulação e a gestão intersetoriais, com participação e controle social em instâncias de governança como o Conselho Nacional de Segurança Alimentar e Nutricional (Consea).

Devido ao investimento em tecnologias sociais, como as cisternas, dez milhões de famílias do Norte e do Nordeste passaram a ter acesso à água de qualidade; houve praticamente uma universalização do acesso à energia elétrica com o Programa Luz para Todos. Assim, o número de famílias em domicílios precários baixou de 16,1% para 7,5%; a desigualdade de acesso à geladeira entre os 5% mais pobres e o resto da população caiu de 43,2% para apenas 7%.

Na saúde, o atendimento médico na atenção básica cresceu 64%. Já a renda dos 20% mais pobres cresceu quase quatro vezes mais rapidamente que a dos mais ricos. Em geral, a pobreza multidimensional — que leva em conta, para além da renda, parâmetros de frequência escolar, escolaridade, saneamento, água segura, eletricidade, moradia e acesso a bens duráveis — teve redução de 89%. Todas essas frentes, no entanto, sofreram com a precarização ou foram descontinuadas enquanto políticas públicas a partir de 2016.

O desmonte institucional e suas consequências

Assim como foi necessário um forte aparato institucional para reduzir a pobreza no Brasil, mecanismos de igual grandeza agiram na direção oposta para que, hoje, a desigualdade se faça grotescamente presente outra vez.

Um símbolo dessa desigualdade: durante a pandemia de covid-19, surgiram no Brasil quarenta novos nomes entre as pessoas com patrimônio de pelo menos um bilhão de reais. Ao todo, a lista de bilionários brasileiros da *Forbes* de 2021 contém 315 nomes que, juntos, acumulam patrimônio de 1,9 trilhão de reais. A título de comparação: esse valor financiaria a produção de 119,8 bilhões de doses da vacina contra a covid-19 produzida pela Fiocruz, cotada a 15,85 reais a dose, ou pagaria um benefício de seiscentos reais mensais por seis anos e meio para quarenta milhões de famílias.

Ainda sobre a pandemia: é certo que ela agravou a situação da fome e acentuou desigualdades, mas o número de pessoas em situação de extrema pobreza já havia aumentado em 3% entre 2019 e 2020 — portanto, antes da crise sanitária —, segundo o Departamento Intersindical de Estatística e Estudos Socioeconômicos (Dieese). A taxa de desemprego também já havia atingido mais de 11% em janeiro de 2020. Além disso, com a pandemia, os 10% mais ricos passaram a ganhar 42 vezes mais que os 40% mais pobres nas regiões metropolitanas do Brasil, evidenciando o aumento da desigualdade. No entanto, isso não significa que o cenário anterior era positivo: no primeiro trimestre de 2020, os 10% que ocupavam o topo da distribuição de renda já ganhavam, em média, 29,6 vezes mais do que os 40% da base.

A análise do Índice de Gini a partir de 2000 revela que mais de 47% da redução da desigualdade é decorrente do aumento do emprego (em especial o formal, com carteira assinada) e do aumento real do salário mínimo. É a partir de 2016 que se dá o inverso, com perda de renda da parcela mais pobre e aumento da desigualdade devido a um conjunto de fatores que combinam, de um lado, a desorganização das políticas de proteção social e a redução dos gastos sociais (por exemplo, o "teto de gastos", medida que congela os gastos públicos por vinte anos) e, de outro, o aumento do desemprego, a crescente precarização do mercado de trabalho e o fim da política de valorização do salário mínimo. Entre os grupos mais impactados pelo crescimento da pobreza e das desigualdades estão mulheres e crianças — as negras em particular.

Não à toa, hoje, 125,2 milhões de brasileiros (ou seja, mais da metade da população) vivem com algum grau de insegurança alimentar, dos quais 33 milhões passam fome. Cenas como as que descrevemos no início deste texto voltaram a acontecer concomitantemente a muitos outros episódios Brasil afora: a aluna que desmaia em sala de aula por fome; a mãe de uma criança de cinco anos que é presa acusada de furtar água e passou mais de cem dias no presídio.

Mas o que significa a afirmação de que 33 milhões de brasileiros passam fome? Algumas dessas pessoas são vistas a vagar pelas ruas, cruzamos com elas deitadas sob viadutos ou em bancos de praças. Quem são?

O primeiro estudo da Rede Penssan sobre insegurança alimentar no contexto da pandemia de covid-19, divulgado em 2021, não por acaso foi intitulado "Olhe para a fome". O que faz, contudo, é mais do que isso: ele olha para quem sente fome e, em algum sentido, realiza o que Josué de Castro pretendia com a "representação social dos famintos",[6] buscando entender quem são essas pessoas, o que pensam, como agem e quais as suas estratégias de sobrevivência. E

6 Em *Geografia da fome*, Josué de Castro escreveu: "São sombrias caravanas de espectros caminhando centenas de léguas em busca das serras e dos brejos, das terras da promissão. Com seus alforjes quase vazios, contendo quando muito um punhado de farinha, um pedaço de rapadura; a rede e a filharada miúda grudada às costas, o sertanejo dispara por meio da vastidão dos tabuleiros e chapadões descampados, disposto a todos os martírios. Sem recursos de nenhuma espécie, atravessando zona de penúria absoluta, gastando na áspera caminhada o resto de suas energias comburidas, os retirantes acentuam no seu êxodo as consequências funestas dessa fome. Vê-los é ver, em todas as suas pungentes manifestações, o drama fisiológico da inanição".

aponta que a insegurança alimentar é maior nos domicílios nos quais a pessoa de referência é mulher, ou autodeclarada preta ou parda, ou tem baixa escolaridade. Em suma, embora esteja espalhada pelo país, a fome incide com maior intensidade sobre um determinado rosto: o da mulher negra e de baixa renda — alguém como Carolina Maria de Jesus, hoje considerada uma das mais importantes escritoras brasileiras, que registrava, em diário, seu duro cotidiano marcado, entre outras dificuldades, pela fome.

Ao darmos rosto à fome, percebemos que outras desigualdades se somam à econômica. O conceito de pobreza, enfim, não pode ser reduzido à noção de precariedade de renda; é complexo e abrangente, está relacionado a vários tipos de desigualdades — de raça, gênero, território, idade, etnia, classe, participação, poder. Portanto, também as soluções e a busca por maior igualdade passarão por todas essas intersecionalidades.

Domênica Rodrigues

é psicopedagoga, mestra em educação, pós-graduada em gestão escolar, especialista em psicopedagogia e membra do Núcleo Jurema — Feminismo, Agroecologia e Ruralidades da Universidade Federal Rural de Pernambuco (UFRPE). Também é coordenadora do Grupo de Trabalho de Ancestralidade e secretária da Associação Brasileira de Agroecologia (ABA).

Alimento: memória e ancestralidade

> A tontura da fome é pior do que a do álcool. A tontura do álcool nos impele a cantar, mas a da fome nos faz tremer. Percebi que é horrível ter só ar dentro do estômago.
> **— Carolina Maria de Jesus**

Certa vez, uma mulher no sul da Bahia me disse: "Você está vendo essa cocada? Ela tem gosto de quê? De lembrança, né, minha filha? Se tem lembrança... Comida tem memória". Então fiquei pensando: comida tem memória? Memória e comida, ou comida e memória... E quem não tem comida se lembra de quê, tem fome de quê?

A pandemia de covid-19 trouxe à tona um problema social ligado ao bem-estar sanitário, alimentar e nutricional que escancarou os horrores da fome no Brasil na segunda década do século XXI. Quando ouvimos a frase "comer é um ato político", precisamos pensar que a cada possibilidade de termos comida no prato também estamos demonstrando que esse é um ato de resistência em um país onde mais da metade da população vive em estado de pobreza extrema e passa fome. Quando comemos comida de verdade, também damos visibilidade à produção da agricultura familiar, saudamos as nossas mães, avós, bisavós, tias, a cozinheira da escola e todas as mulheres que vieram antes de nós e que também nos deram o poder de lembrar como e o que é comer, além de garantirem que guardássemos de bom grado o que é esse alimento que tem cor, que tem alma.

Para isso, existe um conceito usado na América do Norte que chama essa marca na memória inteiramente ligada com nossa ancestralidade de "memória gustativa". Carolina Baliere (2017) explica:

> A memória gustativa tem um poder involuntário que nos faz ter uma consciência de um sabor que remete ao passado. Por exemplo, você passa por um lugar, uma padaria, vê um frango e sente o seu aroma. Aquele momento remete a alguma época em que você frequentava a casa da sua avó e ela preparava um delicioso frango para você. O cheiro e a imagem ficaram na sua memória e te trazem uma sensação de prazer e bem-estar.

É interessante observarmos como o lugar de pensar a comida e o comer dentro desse espaço político — que é a produção de alimento em nossas comunidades/territórios ou em nossas casas/quintais — é importante para garantir que a nossa memória alimentar esteja segura e perdure entre as gerações que nos sucederão. Todos os dias, somos alertados sobre a quantidade de pessoas vítimas dos horrores de uma política de silenciamento da população tradicional e sobre o extermínio de suas comunidades. Quantos de nós estão sem família? Sem casa? Em situação de despejo nas grandes cidades e em comunidades tradicionais? Quantos jovens estão saindo de seus territórios rurais e periurbanos para não passar fome?

Lembremos Josué de Castro em "A explosão demográfica e a fome no mundo": "A fome não é um produto da superpopulação, ela já existia em massa antes do fenômeno da explosão demográfica do pós-guerra. Entretanto, essa fome, que dizimava as populações do Terceiro Mundo, era escamoteada, abafada, escondida. Não se falava do assunto que era vergonhoso: a fome era tabu" (Castro, 1968). Franciléia Paula de Castro (2021) afirma que:

> Partindo da premissa de que não existe terra vazia, o racismo invisibilizou a existência de povos nesses territórios.
>
> Além da invasão das terras, o Estado age pela omissão e incentivo ao avanço do agronegócio sobre os territórios indígenas e quilombolas. Intencionalmente não faz reforma agrária, que é fundamental para a redução das desigualdades sociais históricas no Brasil.
>
> Dadas as circunstâncias da ocupação de terras e os conflitos agrários provocados pelo modelo capitalista de exploração de corpos e territórios indígenas e negros, *garantir acesso à terra e à produção de alimentos por esses grupos se torna uma estratégia antirracista.*

Falar sobre racismo é pensar que toda comida tem uma trajetória ancestral, e que essa ancestralidade só existe porque temos memórias — que são, acima de tudo, biológicas e ancestrais, como afirma a professora da Universidade Federal de Alagoas (Ufal) Islandia Bezerra, presidenta da Associação Brasileira de Agroecologia (ABA). A partir disso, ela diz que o hábito de comer é algo que precisa ser feito de maneira celebrativa, que vamos descobrindo como isso é feito, e o corpo vai se moldando junto com a natureza dos alimentos que crescem a cada época. Câmara Cascudo (2004, p. 348) defende que é "inútil pensar que o alimento contenha apenas os elementos indispensáveis à nutrição. Contém substâncias imponderáveis e decisivas para o espírito, alegria, disposição criadora, bom humor".

Por que, então, falta alimento na mesa de tanta gente? Para Josué de Castro (1967, p. 14), "um dos grandes obstáculos ao planejamento de soluções adequadas ao problema da alimentação dos povos reside exatamente no pouco conhecimento que se tem do problema em conjunto, como um complexo de manifestações simultaneamente biológicas, econômicas e sociais". Dessa maneira, podemos dizer que a ausência de alimento em algumas mesas ocorre por falta de vontade política, e não somente ausência de espaços para produção de alimentos. Carolina Maria de Jesus (2014, p. 139), por sua vez, postula: "Mas se os pobres do Brasil resolvessem suicidar-se porque estão passando fome, não ficaria nenhum vivo". Nos dias de hoje ainda percebemos como esse processo ligado à vontade política, de fato, faz com que o alimento deixe de chegar a nossas mesas.

Temos fome de quê? Qual é a base dessa fome? É importante parar para pensar: será que o racismo que estrutura a base social de nossas cidades, de nossos estados e do país, do continente e do mundo onde vivemos é a principal causa da fome? Nessa perspectiva, Josué de Castro (1967, p. 20) diz: "Metade da humanidade não come; e a outra não dorme, com medo da que não come. O progresso social não se exprime apenas pelo volume da renda global ou pela renda média *per capita*, que é uma abstração estatística". Daí a necessidade de pensar o racismo. Quando falamos em renda, precisamos fazer um recorte de raça e classe. Quando falamos em progresso social, precisamos fazer um recorte ainda mais detalhado dessa sociedade, olhando para o gênero, a raça e a classe. Se analisarmos essa humanidade que não dorme por ficar com medo da outra que não come, esse recorte exige ainda mais atenção.

Como é que essa fome de que tanto falamos aparece mais voltada para a história do saber comer, da comida de fato? Teorizamos muito esse lugar de pensar a comida, de pensar o alimento. O que é essa comida? O que tem na sua mesa hoje? O que você come tem a ver com os ancestrais que iniciaram esse processo?

Antes de falarmos de agroecologia, antes de trazermos a agroecologia como ciência e prática, é preciso lembrar que algumas pessoas que compõem a nossa ancestralidade já praticavam essa ciência que estamos construindo aqui, já faziam em seus territórios quilombolas, em seus territórios indígenas, em seus quintais, no meio da floresta, no mar, isso que tanto temos abordado. Por que, então, esse racismo vai nos expulsando dos espaços em que nos encontramos? Lembro-me de uma frase de Chico Science, da música "Banditismo por uma questão de classe", que diz: "Em cada morro uma história diferente/ Que a polícia mata gente inocente". Esses dois retratos que a música nos apresenta têm um recorte de gênero para essa fome de educação, de políticas públicas, de empregabilidade, de saneamento básico, para essa fome que é estrutural, ligada principalmente ao alimento, que tem a ver com um racismo, que tem cor, raça e classe específica. Quando abrimos os jornais e vemos reportagens que falam particularmente de *mulheres* na maior cidade do país que roubam para poder levar comida para casa, ou de jovens negros sendo mortos por causa de um pedaço de carne, sinto-me desafiada a nos convidar a uma viagem com Solano Trindade (1981), por meio do poema "Tem gente com fome", censurado em 1944:

Tem gente com fome
Trem sujo da Leopoldina
correndo correndo
parece dizer
tem gente com fome
tem gente com fome
tem gente com fome
Só nas estações
quando vai parando
lentamente começa a dizer

se tem gente com fome
dá de comer
se tem gente com fome
dá de comer
se tem gente com fome
dá de comer
Mas o freio de ar
todo autoritário
manda o trem calar

Esse é um passeio sobre o lugar da produção de alimento e a responsabilidade por ele não chegar às nossas casas.

O poeta Flávio José diz, em uma de suas músicas, que "barriga seca não dá sono". Por sua vez, Sara de Jesus Lima tem uma frase muito emblemática acerca desse tema: "É só deitar e dormir que a fome passa" (Almeida, 2014). Sara, mãe de Samara,

> está grávida de quatro meses e não recebe o Bolsa Família. "Nunca fui atrás. Nem tirei os documentos", conta. A família sobrevive do pouco dinheiro que o marido recebe no roçado e da ajuda de vizinhos. Não são poucos os dias em que todos passam fome ou comem apenas uma papa de farinha com água ou mingau de arroz. Na tarde da última quinta-feira, havia apenas quatro garrafas de água (não filtrada) e uma limonada na geladeira. Os armários estavam vazios. A família mora em uma casa feita de barro, com teto de palha, mobiliada apenas por duas redes, um colchão de casal sujo, apoiado em pedaços de madeira, e a geladeira, distribuídos em três cômodos — sala, quarto e cozinha. O banheiro, uma estrutura aberta cercada de palha, fica nos fundos do terreno: é um buraco no chão coberto por uma tampa removível de madeira — uma estrutura bastante comum na área rural da região. Logo ao lado, mora a mãe

> dela, Terezinha de Jesus Lima, que não sabe a própria idade. [...] "Tem dias que o velho pergunta: 'Minha velha, o que vamos comer hoje?'. Eu falo: 'Meu velho, é só deitar e dormir que a fome passa. E esperar amanhã por Deus'". (Almeida, 2014)

Concluo com a curiosidade de descobrir como é que a gente trata esse lugar da fome e entender que a fome perpassa todos os lugares. Diz a médica Kota Mulanji, presidente do Fórum Nacional de Segurança Alimentar e Nutricional dos Povos de Matriz Africana (Fonsanpotma), em um dos encontros de formação no Grupo de Trabalho de Ancestralidade da Associação Brasileira de Agroecologia: "A fome é o resultado de um sistema que extermina principalmente os povos tradicionais". Para Txai Suruí, em entrevista ao programa *Roda Viva*, da TV Cultura, em 2021, tal cenário é um convite para cada um de nós olhar onde escondemos o nosso racismo quando se trata de memória: alimento e ancestralidade.

Cito, mais uma vez, Franciléia Paula de Castro (2021), que lembra que, em 2017, pela primeira vez o Censo apresentou dados relativos à cor. Nos termos do IBGE: "Produtores pretos ou pardos se concentram em pequenos estabelecimentos, enquanto os brancos são a maioria conforme aumenta a área". De que forma eles recebem essa área? Cerca de 47,9% dos estabelecimentos agropecuários tinham produtores declarados brancos, proporção maior que a dos estabelecimentos com produtores que se declaram pardos, pretos e indígenas. Franciléia evoca o conceito de *racismo fundiário*, de Tatiana Emília Gomes Dias, que descreve como a elevadíssima concentração de terras no Brasil tem cor desde 1500 (Castro, 2021).

Hoje, a maioria da população negra se encontra nos centros urbanos, novamente privada de direitos fundamentais, como território, educação, trabalho, renda e, consequentemente, alimentação (Castro, 2021). Essa cor tem gênero, como disse a professora Vivian Delfino em uma formação do Grupo de Trabalho de Mulheres da ABA, ao reforçar que esse "racismo" se constitui diretamente observando a raça e a classe a que as pessoas pertencem. "Qual será o gênero da fome mesmo?", questiona Delfino. "Quando fazemos um recorte de gênero em relação às famílias que estão em insegurança alimentar, elas têm, em sua maioria, mulheres que comandam, e em sua maioria mulheres negras." Quanto ao fator de onde se encontram essas pessoas, trago o exemplo do professor Éder Silva, quilombola gaúcho, também do Grupo de Trabalho de Ancestralidade da ABA, que diz: "No Sul, existem quilombos, existem pessoas indígenas, mas quem manda na terra nem sempre são esses povos — na verdade eles nem aparecem".

Por fim, o lugar da insegurança alimentar tem como base o racismo que estrutura a sociedade, que tem gênero, raça e classe declarados. Mais uma vez, um pernambucano fala do horror da fome que violenta, escarnece e silencia corpos por onde ela chega: "E quem era inocente hoje já virou bandido para poder comer um pedaço de pão todo fudido". O pão a que Chico Science se refere, eu o interpreto como a comida plástica que vem desnutrindo e causando doenças e obesidade, uma comida que vem para matar a fome e que atinge principalmente famílias de baixa renda, que compram o que dá — e não o que precisam — para poder se lembrar do que é comer de verdade.

Referências

ABRÃO, Luciano Rogério do Espírito Santo. "O espectro da fome: se metade da humanidade não dorme, é por medo da outra metade que não come", *Pegada*, v. 10, n. 1, p. 179-87, 2009.

ALMEIDA, Alex. "Três histórias de quem vive na pobreza", *El País Brasil*, 20 set. 2014.

BALIERE, Carolina. "Memória gustativa: o que é? Descubra como os alimentos agem em nosso cérebro", *Conquiste sua Vida*, 2017.

CÂMARA CASCUDO, Luís da. *História da alimentação no Brasil*. São Paulo: Global, 2004.

CASTRO, Franciléia Paula de. "Racismo e sistemas alimentares", *Contra os Agrotóxicos*, 20 maio 2021.

CASTRO, Josué de. *Geografia da fome*. São Paulo: Brasiliense, 1967 (prefácio da última edição incluído no livro *Fome, um tema proibido*).

CASTRO, Josué de. "A explosão demográfica e a fome no mundo", *Civillità delle Machine*, Roma, jul./ago. 1968 (incluído no livro *Fome, um tema proibido*).

CASTRO, Josué de. *Geografia da fome: o dilema brasileiro: pão ou aço*. 10ª ed. Rio de Janeiro: Antares, 1983. (Coleção Clássicos das Ciências Sociais no Brasil).

CASTRO, Josué de. *Fome, um tema proibido*. Org. Anna Maria de Castro. Rio de Janeiro: Civilização Brasileira, 2003.

JESUS, Carolina Maria de. *Quarto de despejo: diário de uma favelada*. 10ª ed. São Paulo: Ática, 2014.

TRINDADE, Solano. *Cantares ao meu povo*. 2ª ed. São Paulo: Brasiliense, 1981. p. 34-5.

Renato Maluf

é professor titular do Programa de Pós-Graduação de Ciências Sociais em Desenvolvimento, Agricultura e Sociedade (CPDA) da Universidade Federal Rural do Rio de Janeiro (UFRRJ) e coordenador da Rede Penssan.

Fome e desigualdades no Brasil: de Josué às disputas contemporâneas

Foi Josué de Castro quem inaugurou o que chamo de "politização da fome" no Brasil, ou seja, abordagens que secundarizam e até mesmo superam tecnicismos oriundos seja do produtivismo, seja do nutricionismo; que transcendem preconceitos culturais que querem atribuir a seres inferiores sua condição de famintos, dando destaque aos determinantes socioeconômicos e políticos da fome que, assim entendida, se torna resultado da ação humana. Josué inaugurou essa perspectiva em suas primeiras pesquisas, e a manteve durante sua ascensão como personagem público, lançando as bases do campo político da soberania e segurança alimentar e nutricional (SSAN) e do direito humano à alimentação adequada (DHAA) que surgiria no Brasil na segunda metade da década de 1980 e que ganha força a partir do início dos anos 1990 (Maluf, no prelo).

Esse campo político, à medida que foi construído, reunindo um conjunto muito amplo de atores sociais, representou o aparecimento de antagonismos com relação às estruturas dominantes na produção, no processamento e no comércio de alimentos no Brasil e sua incidência sobre os padrões de consumo. Era, sim, a emergência de um campo anti-hegemônico, produto da redemocratização do país, que caracterizo como "tempos democráticos de construção", em contraposição aos "tempos obscuros de desconstrução" pós-golpe de 2016. Tratou-se da construção social da SSAN e do DHAA, que, com a decisão política de estabelecer a questão da fome como prioridade da agenda pública brasileira — mérito do então presidente Lula —, desaguou em uma experiência de governo que desenhou e implementou um conjunto de políticas integradas e participativas que permitiram ao país progredir de forma assertiva e sustentada no alcance da segurança alimentar e nutricional.

Em meio ao grande conjunto de iniciativas, chamo a atenção para as que foram fundamentais: geração de emprego formal, valorização do salário mínimo com todos os seus desdobramentos em outras rendas, o instrumento da transferência de renda que foi o Bolsa Família, os vários apoios à agricultura familiar, a reformulação da alimentação escolar, a construção de cisternas rurais no Semiárido, a eletrificação rural. Em suma, as conquistas obtidas foram resultado de um pacote de ações, e não de uma "bala de prata", perspectiva comum entre economistas, tecnocratas e políticos assemelhados. Foi um conjunto de ações que, além de integradas, contaram com ampla participação da sociedade.

O gráfico da p. 130 apresenta a evolução de um indicador construído nessa mesma época, a Escala Brasileira de Insegurança Alimentar (Ebia), aferida a cada quatro anos pelo Instituto Brasileiro de Geografia e Estatística (IBGE). No período de 2004 a 2013, verificou-se uma tendência virtuosa, chegando a 77% das famílias brasileiras consideradas em segurança alimentar, ao mesmo tempo que houve uma redução de todas as manifestações de insegurança alimentar: moderada, leve e grave — esta última, classificação em que se enquadra a fome. A última aferição feita pelo IBGE, junto à realização da Pesquisa de Orçamentos Familiares (POF), em 2017-2018, já registrava a reversão daquela tendência virtuosa com redução do percentual de famílias consideradas em segurança alimentar e crescimento de todas as manifestações de insegurança alimentar.

Em dezembro de 2020, a Rede Penssan realizou um inquérito seguindo uma metodologia que permite a comparabilidade com os dados do IBGE; o resultado foi que nem 45% dos domicílios no Brasil podiam ser considerados em segurança alimentar, e todas as formas de insegurança alimentar aumentaram. Os dezenove milhões de brasileiras e brasileiros que passavam fome estão expressos nos 9% da curva da insegurança alimentar grave (ver p. 130). Sem dúvida nenhuma, é o número que mais nos chama a atenção por sua gravidade e emergência, ainda que haja a constatação de que quase 46% da população sofria algum tipo de insegurança alimentar, seja porque a qualidade da alimentação piorou, seja porque a própria quantidade de alimentos foi comprometida, mesmo que esse estrato da população não tenha chegado a experimentar a fome enquanto carência absoluta.

Isso significa que não apenas os segmentos mais vulnerabilizados — nos quais se encontram esses dezenove milhões — mas também um amplo conjunto de trabalhadores com emprego informal, temporário, incerto, de baixa remuneração — segmento da população representado no total de 116 milhões de brasileiros e brasileiras em situação de insegurança alimentar — sofreu com algum grau do problema.

Estamos em um debate que tem as desigualdades como foco principal, obrigando-nos a tratar das suas várias manifestações em nossa sociedade. Dentre elas, destaco as desigualdades sistêmicas, isto é, aquelas desigualdades, iniquidades e injustiças presentes nos próprios sistemas alimentares. Os sistemas alimentares no Brasil são portadores de desigualdades e de injustiças, sendo possível identificar todas as manifestações de injustiças distributivas (por exemplo, no caso da propriedade da terra), processuais (relacionadas a assimetrias de poder) e de reconhecimento (comprometimento do reconhecimento de algumas categorias sociais).

No Brasil, dois paradoxos se vinculam aos processos geradores de desigualdades citados anteriormente. Primeiro, os porta-vozes do agronegócio se gabam, a todo momento, de que esse setor alimenta o mundo, porém não mencionam nem que o alimentam mal, já que expressam um padrão alimentar completamente criticado, nem que não alimentam seu país. O segundo paradoxo pode ser visto no indicador de insegurança alimentar nos domicílios e nos respectivos fatores de vulnerabilidade: são mais vulneráveis os domicílios chefiados por pessoas de cor preta ou parda, mulheres, pessoas com baixa escolaridade e os localizados no meio rural. Famílias rurais que deveriam ser ao menos capazes de produzir o próprio alimento se declaram inseguras em relação a sua alimentação em um percentual superior à média. Eis os dois paradoxos brasileiros: alimentar mal o mundo e não conseguir alimentar o próprio país, cujo grau de desigualdade é tamanho que nem as famílias rurais são capazes de produzir o próprio alimento.

A construção de políticas públicas de segurança alimentar e nutricional, antes referida como muito exitosa no Brasil, tem um requisito democrático forte. É por isso que hoje, mais propriamente desde o golpe de 2016, ela passa pelo que chamo de tempos obscuros de desconstrução. A construção de um campo político e de um conjunto de políticas públicas fruto da redemocratização se viu profundamente comprometida com a crise política inaugurada em 2016 e a crise econômica que tem início do mesmo período. Cabe insistir em um ponto: os dados mostram que, embora seja verdadeiro que a pandemia agravou a situação alimentar da população brasileira, é certo que essa piora começou antes, decorrente do aumento do desemprego, do ataque a direitos sociais e da precarização do mundo do trabalho, do desmonte e da ressignificação de programas sociais, de idas e vindas e improvisos na política social, entre outros fatores. Portanto, temos de nos debruçar sobre a política dos alimentos para compreender as práticas e instituições que organizam a coexistência de atores e tensões em um contexto de conflito. Aí vamos encontrar outra manifestação de uma desigualdade determinante: as assimetrias de poder, bastante evidentes no caso dos sistemas alimentares. Basta olhar a falta de cerimônia com que atuam ruralistas, o agronegócio, as corporações etc.

Está em curso, já há algum tempo, uma importantíssima disputa de narrativas sobre sustentabilidade, equidade e alimentação adequada e saudável. Eu arriscaria dizer que essa é a batalha do momento — que, esperamos, virá "alimentar" a reconstrução do Brasil com narrativas mais adequadas aos interesses da maioria. Temos, internacionalmente, um debate, uma disputa de repertórios discursivos que tratam dos objetivos de sustentabilidade, equidade, justiça, saúde humana e clima. A própria compreensão do que é alimentação adequada e saudável está em pauta.

Referência

MALUF, Renato S. "Participação social e política dos alimentos no Brasil: elementos para uma reflexão a partir do Consea". *In*: SCHUBERT, M. N.; SCHNEIDER, S.; TONIN, J. (org.). *Desafios e tendências da alimentação contemporânea: consumo, mercados e ação pública*. Porto Alegre: Editora da UFRGS (no prelo).

Ladislau Dowbor

é professor de economia da Pontifícia Universidade Católica de São Paulo (PUC-SP), consultor de agências da ONU e gestor do site http://dowbor.org, pequena biblioteca científica com textos disponíveis gratuitamente. Seus livros mais recentes são *A era do capital improdutivo* (Autonomia Literária/Outras Palavras, 2017), *O capitalismo se desloca* (Sesc, 2020) e *O pão nosso de cada dia: opções econômicas para sair da crise* (Autonomia Literária/Outras Palavras, 2021).

Fome, uma decisão política e corporativa

Vivemos em um país que produz muito alimento e tem muita gente passando fome. Para além do escândalo ético, isso é uma aberração em termos de organização econômica e social. No plano moral, beira o criminoso: são 33 milhões de pessoas famintas, enquanto exportamos e produzimos mais de três quilos, só de grãos, por pessoa por dia. Começo esta reflexão pela parte ética, porque é a indignação que nos mobiliza, e parece que, na universidade, temos de manter certa aparência de neutralidade. A fome não admite neutralidade, e, em termos jurídicos, considerando a nossa Constituição, um governo que não toma nenhuma medida para assegurar o acesso básico à alimentação da população, quando os alimentos existem e em abundância, está, no mínimo, incorrendo em prevaricação. Não há argumentos quando crianças passam fome.

Durante sete anos, trabalhei como consultor das Nações Unidas na África e conheci países nos quais realmente era preciso "tirar leite de pedra". Não é o caso do Brasil. Poucos entendem a dimensão do PIB brasileiro, até porque são somas vultosas: 7,5 trilhões de reais não cabem na nossa imaginação, mas a conta é simples: dividir o PIB (valor dos bens e serviços produzidos anualmente pelo país) pela população mostra que o Brasil produz o equivalente a onze mil reais por mês por família de quatro pessoas. Uma soma que, não fosse a nossa brutal concentração de renda, permitiria a todos uma vida digna e confortável. Bastaria uma redução moderada da nossa desigualdade para assegurar que as pessoas vivessem bem. O problema central e estruturante do Brasil não é econômico, é de organização política e social. Não há democracia que funcione com o grau de desigualdade que temos. Isso é uma farsa democrática.[7]

Um segundo ponto: os recursos no Brasil são apropriados por uma minoria de acionistas, banqueiros, gestores de ativos, intermediários financeiros de diversos tipos, gerando e reproduzindo a desigualdade. A *Forbes* publica o detalhe das fortunas dos 315 bilionários brasileiros. Em cerca de dez páginas, temos acesso às maneiras como é canalizada a riqueza do país. Na maioria dos casos, não se trata de produtores, mas de manipuladores de papéis financeiros, que chamam de "investimentos", quando na realidade são aplicações financeiras. São os mesmos grupos que canalizam grandes somas em paraísos fiscais a fim de não pagar impostos. Esse sistema financeiro drena a economia.[8]

Outro ponto essencial é que essa forma de organização da economia — em que o dinheiro vai para intermediários financeiros, gerando mais aplicações financeiras improdutivas ou escorrendo para paraísos fiscais, em vez de ser reinvestido nos processos produtivos para gerar produtos, empregos e impostos — não resulta de leis econômicas. São opções políticas e sociais, decorrentes de interesses organizados. As narrativas que encontramos nas teorias econômicas, de que se

7 A simplificação dos onze mil reais por mês por família de quatro pessoas assegura ordens de grandeza. Podemos utilizar a Renda Nacional Líquida em vez do PIB, seguir as ótimas recomendações do Stiglitz Report sobre contas nacionais e fazer outros ajustes. A realidade básica, entretanto, é que não faltam recursos. Veja a nota técnica "Além do PIB: medir o que importa e de forma compreensível" (Dowbor, 2021).

8 Abordei esses mecanismos em detalhes no livro *A era do capital improdutivo* (Dowbor, 2017), em particular no capítulo 12.

trata de mecanismos impessoais — ou seja, "os mercados" —, constituem uma farsa científica. Com que tranquilidade os nossos manuais repetem a bobagem de Milton Friedman, de meio século atrás, de que "*the business of business is business*" [os negócios dos negócios são negócios], como se as atividades corporativas não precisassem levar em conta os impactos econômicos, sociais e ambientais das suas atividades.

Sabemos perfeitamente como tirar a população da fome e da miséria. O New Deal nos Estados Unidos permitiu, depois da crise de 1929, tascar um imposto sobre fortunas financeiras com alíquota superior a 90% e, com isso, financiar iniciativas na base da sociedade, fornecer apoio financeiro à população mais pobre, dinamizar as infraestruturas em todos os municípios do país. Uma iniciativa imensa, uma opção política, um pacto. Isso dinamizou o consumo da base da sociedade, permitindo às empresas que voltassem a vender e também a empregar, e tanto os impostos sobre o consumo quanto os impostos sobre o processo produtivo geraram recursos para o Estado, de forma que o dinheiro investido retornou.

Roosevelt assumiu que o dinheiro tem de servir para o que seja útil, não para encher o bolso de grupos financeiros. Essa visão do pacto é importante. É assim que funcionou a reconstrução da Europa nas três décadas de ouro do pós-guerra, o chamado Estado de bem-estar. Foram os grupos financeiros em nível internacional que quebraram esses anos de ouro, e, a partir da década de 1980, entramos no sistema atual, esses quarenta anos de neoliberalismo, uma farra financeira que fez o 1% mais rico ter mais do que os 99%. Portanto, não só temos os recursos, como sabemos o que deve ser feito. O Brasil não havia saído do Mapa da Fome em 2014? Resultado de opções políticas, formas modernas de alocação de recursos em função de sua utilidade social.

Temos os dados, temos os recursos financeiros necessários, temos as tecnologias necessárias, temos até a produção de alimentos em quantidades imensas, mas temos o escândalo da fome. Repito: não são mecanismos econômicos, são opções políticas, articuladas com interesses corporativos. No sistema que se apropriou do país, temos um ministro da Economia que diz que não pode gastar por ser "responsável", como se isso fosse sinal de dignidade, enquanto os recursos necessários ao bem-estar das famílias são apropriados por intermediários financeiros, e o alimento é exportado em vez de alimentar a população. A mídia comercial, que vive da publicidade dos mesmos grupos, justifica a farsa.

Para reduzir o déficit, é preciso dinamizar a economia pela base, o que permite arrecadar mais recursos para o Estado. Trata-se de aumentar as entradas em vez de reduzir as saídas. A empresa produtiva, para produzir, precisa de gente com dinheiro para ter a quem vender e de crédito barato para poder financiar a produção. Isso vale para China, Brasil e qualquer país. No Brasil, as empresas produtivas não têm nem uma coisa nem outra. Aqui, o que temos são 62 milhões de adultos atolados em dívidas, dos quais 25% estão em bancarrota.

Apropriação dos recursos

Não é possível desenvolver uma economia pagando juros que variam na faixa de 40%, 50%, 100%. O Banco Central apresenta os dados do rotativo no cartão, 349% ao ano, enquanto no Canadá é de 11% ao ano. Trata-se de agiotagem, usura. Na França, o crédito para pessoa física está na ordem de 3,5% ao ano. O Banco Central do Brasil (BCB) apresentou, em 28 de janeiro 2022, a taxa média de juros no crédito livre: 45% para pessoa física e de 20% para pessoa jurídica. Isso é um dreno. Como ordem de grandeza, esse dreno é de 15% do PIB, um trilhão de reais. Apenas 10%, quando muito, volta para o processo produtivo. Não à toa, a economia está paralisada há oito anos.[9]

Os recursos são drenados pela evasão fiscal, migram para paraísos fiscais, alimentam sistemas especulativos. Os únicos setores em funcionamento no Brasil que estão dando dinheiro são, por um lado, o financeiro, envolvendo não só bancos, como também holdings, grandes lojas de crediário, gestores de ativos (*assets management*) e semelhantes, e, por outro, os grandes exportadores de bens primários, como petróleo, minério, madeira, soja, carne e semelhantes, gigantes financeiros de intermediação de commodities como a BlackRock. Esses dois grupos escoam recursos financeiros e recursos naturais. O país está se desindustrializando, pois é mais rentável fazer aplicações financeiras do que produzir, em especial quando a população está sem dinheiro, e os juros para financiar a produção são absurdos.

O Brasil está vazando por todo lado em proveito desses grandes grupos corporativos. Temos um ministro que esconde 8,7 milhões de dólares com um nome fictício (Dreadnaught) em paraíso fiscal. O mesmo se dá com o presidente do BCB. Dizem-nos que precisamos ter confiança na economia. Mas eles, por via das dúvidas, põem o próprio dinheiro com nomes fictícios em paraísos fiscais (Abreu & Costa, 2021).

O eixo estruturante dos dramas econômicos que sofremos e, em particular, da tragédia da fome é a desigualdade,

9 A exploração, por meio de juros, para os bancos e outros intermediários (crediários em particular) funciona melhor do que a exploração salarial: não exige gerar empregos nem produção, apenas controle on-line. Em particular, as pessoas não entendem os mecanismos, e é fácil torná-las permanentemente endividadas. Para os números acima, ver as estatísticas monetárias e de crédito do BCB de 28 janeiro de 2022 (BCB, [s.d.]). Para detalhes sobre os juros cobrados nos mercados, ver as "Taxas de juros janeiro/2021 x janeiro/2022" (Anefac, 2022).

baseada nesse gigantesco dreno financeiro. Continuamos a chamar isso de capitalismo, mas o sistema mudou. O capitalismo tradicional era centrado no capital produtivo. Um fabricante de sapatos, por exemplo, pode ser criticado por explorar o trabalhador, mas, para isso, pelo menos ele tem de gerar um emprego, produzir sapatos, o que é útil, e pagar impostos, o que permite ao Estado gerar infraestrutura e políticas sociais, essenciais tanto para empresas quanto para famílias. Hoje, uma pessoa que paga cem reais em uma papelaria com o cartão na modalidade "crédito" contribui com cerca de 5% para os bancos. São 5% sobre dezenas de milhões de operações diárias com o cartão. Na modalidade "débito", será cerca de 2,5%. Isso permite drenar recursos por meio de intermediação financeira e outros mecanismos, sem precisar gerar emprego nem produtos. Quanto aos impostos, desde 1995, lucros e dividendos distribuídos são isentos. Quem paga somos nós.

O dinheiro, hoje, é essencialmente imaterial: 97% da chamada liquidez é dinheiro imaterial. Essas notas impressas pelo governo não estão mais na moda. Como tudo passa pelos bancos, eles drenam porcentagens. Para eles, não é preciso ir atrás de um pobre e tirar dez reais do bolso dele, o que é difícil. Basta, então, estabelecer uma pequena tarifa de, por exemplo, doze reais sobre dezoito milhões de donos de cartão, apertar *enter*, e são doze vezes dezoito milhões que entram no caixa. O sistema mudou. O dinheiro é apenas um sinal magnético. O sinal magnético roda na internet. Temos um sistema financeiro que se tornou global, enquanto os governos e os bancos centrais são nacionais. Isso não está funcionando, e produz um dreno na economia. Internacionalmente, é chamado de financeirização, de *extractive capitalism*, de capitalismo parasitário, mas um fato básico é que trava a economia, em vez de fomentá-la.

Estamos no nono ano de economia estagnada, com um déficit explosivo, explicitando o óbvio: não se governa um país como uma dona de casa o faz no lar. Não atingimos "equilíbrio fiscal do Estado" reduzindo investimentos, como obriga a política do teto de gastos, implementada em dezembro de 2016 pelo governo Temer. O que precisamos para garantir o desenvolvimento econômico é aumentar as entradas e dinamizar a economia pela base. Para isso, é preciso investimento do Estado. Durante o governo de Dilma Rousseff, com Guido Mantega no Ministério da Fazenda, o déficit foi muito moderado, em nível perfeitamente europeu. A revista *Forbes* apresenta a evolução da fortuna dos bilionários do Brasil. Quarenta e dois desses bilionários (em dólares), em plena pandemia de covid-19, entre 18 de março e 12 de julho de 2020, aumentaram sua fortuna em 180 bilhões de reais, o equivalente a seis anos de Bolsa Família, isentos de impostos. Eles já eram bilionários e conseguiram isso em quatro meses, em plena pandemia e com a economia em queda.

Esse é o tamanho do dreno. O país está paralisado em detrimento da população, do investimento empresarial, das políticas públicas. É o potencial econômico do país represado por falta de políticas adequadas. Enfrentamos a subutilização da mão de obra, do solo agrícola, do capital, do potencial científico. Não há mistério quanto aos caminhos. Basicamente, trata-se de orientar a economia para o bem-estar da população. Se repassássemos dinheiro para a base da sociedade, assegurando uma renda básica, a elevação do salário mínimo e ampliação das políticas sociais, reduziríamos a miséria e a fome, e criaríamos demanda para os produtores. As famílias na base da sociedade precisam de um mínimo de estabilidade e segurança, necessitam saber os recursos complementares com os quais poderão contar, em vez das oscilações eleitoreiras que passaram a ser predominantes.

Assegurar uma renda mínima de duzentos reais por mês para 150 milhões de adultos custaria 4,8% do PIB. A evasão fiscal, no Brasil, essencialmente praticada pelos ricos, custa muito mais aos cofres públicos. É uma questão de prioridade. Com dois adultos por família, seria possível assegurar quatrocentos reais mensais para pelo menos comprar comida. Como já disse, dispomos dos recursos, das tecnologias, sabemos o que deve ser feito. A fome e o conjunto dos vetores de desigualdade que se manifestam no Brasil não são problemas econômicos, mas de organização política e social. A existência ou não da fome no Brasil é uma decisão política.

A produção da fome

A compreensão desse contexto é importante para entender o retorno da fome ao Brasil em dimensões tão dramáticas. Como vimos, em 2022, apenas dois setores da economia brasileira são dinâmicos: a intermediação financeira, em suas diferentes modalidades, e a exportação de bens primários, que constitui, em grande medida, uma descapitalização do país em proveito dos grupos de intermediação de commodities. A explosão radical da fome e da insegurança alimentar está diretamente ligada a ambos: a apropriação dos recursos pelos grupos financeiros reduz a capacidade de compra da população, que não tem como pagar pelos alimentos, e a exportação dos alimentos pela agroindústria gera uma escassez no mercado interno e a alta descontrolada de preços. A política econômica se desvinculou dos interesses da nação.

Na era do controle dos principais produtos agrícolas por grandes traders de commodities, a lógica é a do lucro. Deixaram desvalorizar o real, o que favorece a exportação em relação ao mercado interno. Em 2010, por exemplo, um dólar de produto exportado revertia em 2,5 reais para o exportador.

Hoje, um dólar de exportação é revertido em 5,5 reais. O interesse em exportar praticamente dobrou. Além disso, desde 1996, com a Lei Kandir, a produção para exportação é isenta de impostos. "Exportar é o que importa", proclamavam na época. Em outros termos, a produção de alimentos para o âmbito doméstico no país era taxada, mas não a exportação. Esse sistema que perdura reforça ainda mais a deformação gerada pelo câmbio. Acrescente-se a isso a fragilização da capacidade de compra da população e a subida de preços, e eis a crise completa.

No Brasil, considerando o volume de alimentos produzidos e a quantidade de terra disponível, o processo é aberrante, mas ativamente sustentado por um governo determinado a "passar a boiada" por cima do povo. "Bovinocultura e soja foram as atividades mais financiadas pelo Programa Nacional de Fortalecimento da Agricultura Familiar (Pronaf) em 2020, somando 59,9% dos recursos, seguidos pela produção de milho (14,4%). Enquanto isso, para a produção de arroz e feijão foram destinados apenas 2,53% dos recursos do Pronaf Custeio Geral" (Oliveira, 2021).

O Gráfico 1 escancara as prioridades da agricultura brasileira: "Soja é a lavoura com maior valor de produção do Brasil, seguida de cana-de-açúcar, milho e café" (IBGE, 2017). Produtos que alimentam, como feijão e arroz, estão em "outros".

É importante salientar que a desnutrição de crianças, que atinge milhões no Brasil, além do drama humano, terá impacto estrutural e de longo prazo: "A desnutrição está associada à maior recorrência de doenças infecciosas, prejuízos no desenvolvimento psicomotor, menor aproveitamento escolar e menor capacidade produtiva na vida adulta. Adultos que foram desnutridos quando crianças apresentam mais riscos de desenvolver doenças cardiovasculares, diabetes e obesidade" (Bentes & Cerqueira, 2022).

Gráfico 1: Distribuição da produção agrícola brasileira por culturas

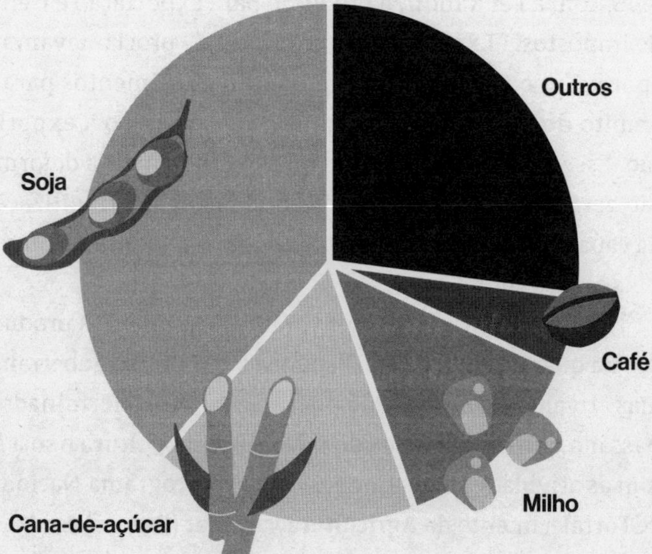

Fonte: IBGE (2017), adaptado

A deformação é planetária, ainda que, no Brasil, tenha atingido proporções aberrantes. A cúpula das Nações Unidas sobre sistemas alimentares de 2021 levou ao seguinte comentário da organização FoodSystems:

> Os sistemas industriais de alimentos, as cadeias globais de abastecimento e o crescente controle corporativo da governança de alimentos são responsáveis pelas ameaças existenciais inextricavelmente interconectadas que enfrentam as nossas populações e o planeta, inclusive a crise climática, o desmatamento, a perda de biodiversidade, a degradação da terra e dos oceanos, a poluição do ar e da água, a fome, a marginalização e

> inúmeras violações de direitos humanos. Um modelo de desenvolvimento extrativista centrado no controle corporativo dos recursos, dos debates das políticas e dos processos de regulação produziu um sistema global de alimentos que, mais recentemente, deixou dois bilhões de pessoas em subnutrição e indigência. Além disso, os produtos industriais ultraprocessados causam má nutrição, doenças não transmissíveis ligadas à dieta e à obesidade. (FoodSystems, 2021)

As evidências são dramáticas e vão muito além da fome. Dados da Organização Mundial da Saúde (OMS) revelam que a indústria do cigarro gera 8,2 milhões de mortes antecipadas, das quais sete milhões por usuários e 1,2 milhão por exposição passiva; a contaminação do ar, ligada às opções energéticas e outros motivos, leva a 4,2 milhões de mortes por ano; a poluição da água, 3,6 milhões; a obesidade mata cerca de cinco milhões de pessoas e gera perda de qualidade de vida a centenas de milhões; o câncer mata em torno de dez milhões de pessoas, em grande parte resultante do cigarro, mas também de agrotóxicos e tanta química descontrolada. As empresas que causam essas mortes conhecem perfeitamente os números e as causas, mas a prioridade é obter mais lucros e dividendos para os acionistas, grandes grupos financeiros. Todos eles assinam os princípios de ESG, que avaliam três eixos de sustentabilidade: ambiental, social e governança. Lembram-se de quantos anos já leva a batalha para retirar o chumbo dos combustíveis? Ou para as empresas de tabaco reconhecerem que sabiam da ligação do cigarro com o câncer? Os que contaminam a água e os alimentos com agrotóxicos estão desinformados?

Trata-se de um sistema planetário que reflete, para muitos países, a reprodução, em pleno século XXI e com tecnologias muito mais avançadas — tanto de produção quanto de comercialização, transporte e dreno financeiro —, do que tem sido corretamente qualificado de tecnofeudalismo, de neocolonialismo, ou ainda de capitalismo extrativista. No essencial, gerou-se uma estrutura planetária de exploração corporativa, com gigantes financeiros, como BlackRock, Bunge, Glencore e semelhantes, orquestrando o conjunto. No plano global, é importante constatar que três grupos privados gestores de ativos, portanto intermediários financeiros e não produtores, administram dezenove trilhões de dólares, o equivalente ao PIB dos Estados Unidos (*The Guardian*, 2021).

Poder econômico desse porte se transforma em imenso poder político. Robert Reich, que foi ministro do Trabalho do presidente estadunidense Bill Clinton, diz o essencial: "Já em 2012, mais de 40% de todo o dinheiro gasto nas eleições federais veio dos mais ricos entre os mais ricos — não o 1% do topo, nem mesmo do décimo deste 1%, mas do 1% do 1%" (Reich, 2022). No governo de Jair Bolsonaro, banqueiros estão no controle direto do Ministério da Economia e do Banco Central. O Ministério da Agricultura está nas mãos de agroexportadores.

Nesse sistema internacional, profundamente articulado com interesses nacionais tanto do agro quanto dos importadores de insumos, dos exportadores de madeira e do próprio governo federal, o Brasil passa a ser simplesmente drenado. O resgate do bom senso econômico e a volta ao Brasil sem fome implicam, portanto, não só políticas internas adequadas como também o resgate da soberania que perdemos com o golpe de 2016. A fome no Brasil não é um acidente, é uma opção.

Referências

ABREU, Allan de & COSTA, Ana Clara. "Paulo Guedes tem offshore milionária em paraíso fiscal", *piauí*, 3 out. 2021.

ASSOCIAÇÃO NACIONAL DOS EXECUTIVOS DE FINANÇAS, ADMINISTRAÇÃO E CONTÁBEIS (ANEFAC). "Taxas de juros janeiro/2021 x janeiro/2022", 2022. Disponível em: https://www.anefac.org/_files/ugd/bed087_91531ab6f6f24849aaada3fe439441fa.pdf.

BANCO CENTRAL DO BRASIL (BCB). "Estatísticas monetárias e de crédito — Todas as publicações", [s.d.]. Disponível em: https://www.bcb.gov.br/estatisticas/historicomonetariascredito.

BENTES, Ariel & CERQUEIRA, Carolina. "Desnutrição infantil: um problema para a vida toda", *Nexo*, 2 fev. 2022.

DOWBOR, Ladislau. *A era do capital improdutivo*. São Paulo: Autonomia Literária/Outras Palavras, 2017.

DOWBOR, Ladislau. "Além do PIB: medir o que importa e de forma compreensível", *Dowbor.org*, 3 fev. 2021.

FOODSYSTEMS. "No to Corporate Food Systems! Yes to Food Sovereignty!", *Civil Society and Indigenous Peoples' Mechanism*, 17 oct. 2021.

INSTITUTO BRASILEIRO DE GEOGRAFIA E ESTATÍSTICA (IBGE). "Censo Agro 2017: resultados definitivos", Rio de Janeiro, 2017.

OLIVEIRA, Caroline. "Produtor familiar de arroz e feijão recebeu apenas 2,5% de recursos do Pronaf. Soja recebeu 26%", *Brasil de Fato*, 17 dez. 2021.

REICH, Robert. "Beware of This Deadly Mix: Oligarchic Economics and Racist Nationalist Populism", *The Guardian*, 13 fev. 2022.

THE GUARDIAN. "The Guardian view on finance failures: manmade errors amplified by machines", 21 mar. 2021.

Ana Paula Ribeiro

é coordenadora nacional do Movimento dos Trabalhadores Sem Teto (MTST) e coordenadora do projeto Cozinhas Solidárias do MTST.

Cozinhas Solidárias: o combate à fome nos territórios e nas ocupações do MTST

A fome está nos jornais e parece que todos querem se informar sobre o tema. Nós, no Movimento dos Trabalhadores Sem Teto (MTST), sentimos isso em diversos projetos, como nas cozinhas solidárias. O MTST já tem quase 25 anos de luta por moradia. Hoje, no Brasil, há um déficit de quase seis milhões de habitações (Lis, 2021) — só em São Paulo, são quase quinhentas mil (Silva, 2019). A luta do MTST se faz na ocupação de terra urbana, dos latifúndios urbanos que estão abandonados e sem função social. Nessas ocupações, a alimentação é uma questão recorrente. Sempre tivemos pessoas que necessitavam de ajuda, por isso contamos com cozinhas comunitárias dentro das ocupações. São as nossas cozinhas centrais que alimentam todos os que vão atrás de uma moradia. Entram com um pedaço de lona e madeira para fazer o seu barraco e acabam se alimentando lá dentro. A cozinha é um símbolo para nós. Um espaço que junta pessoas, em que fazemos nossas reuniões e assembleias. É uma referência.

Sempre nos perguntamos como resolver o problema da fome dentro das ocupações. A questão se acentuou após o golpe de 2016, com o corte de vários programas sociais. Cada vez mais, nossa base passou a pedir ajuda para alimentação. Vimos que, a partir desse momento, e com a desestruturação, a precarização e o desmonte de políticas públicas, nossa população ficou numa situação muito difícil, da qual ainda não saiu — pelo contrário, só se aprofunda nesse buraco. A política de morte do presidente Jair Bolsonaro agravou a destruição. A pandemia de covid-19 chegou já em um cenário de tragédia. Ela não criou os problemas que vemos hoje, mas os agravou. O governo não foi capaz de salvar nem a economia, nem vidas. Já passamos de 650 mil mortes (G1, 2022) e de treze milhões de desempregados (Calixtre & Manzano, 2022).

Percebemos desigualdades aprofundadas e um cenário perverso no chão da periferia. A busca não é só por alimentação mas também por emprego e renda para pagar o aluguel. Entre março de 2020 e agosto de 2021, mais de dezenove mil famílias foram despejadas e mais de 93 mil foram ameaçadas de despejo (IPDMS, 2021). Muitos já foram despejados e estão na rua passando fome. Frequentemente são pessoas que trabalham na informalidade e que, na metade do mês, já não têm mais recursos para se alimentar. Então, procuram doações, vão para a fila do Bom Prato, da Cozinha Solidária, vão atrás da rede familiar, dos amigos. Atendemos muita gente com esse perfil. Por vezes, são famílias inteiras que acabam nas ruas sem condições de pagar aluguel ou se alimentar, em meio ao aumento do preço do botijão de gás e da gasolina que impacta os demais preços.

Tivemos um alívio, o Auxílio Emergencial, que levou seiscentos reais para quase sessenta milhões de pessoas (Máximo, 2021), mas por pouquíssimo tempo frente à manutenção do quadro pandêmico, sem ser pensado como medida complementar às medidas sanitárias e sem criar perspectiva e segurança para as famílias, muitas das quais desatendidas em plena crise. Para piorar, depois do fim do Auxílio Emergencial, o país passou pela terceira onda da pandemia.

Nessa situação alarmante, nós, enquanto movimento social, precisamos criar formas de reorganizar essas famílias. Em 2020, primeiro ano da pandemia, fizemos uma arrecadação que conseguiu dar suporte a cerca de vinte mil famílias com alimento, kit de higiene, máscaras, entre outros itens. Em 2021, organizamos cozinhas solidárias em onze estados e no Distrito Federal. Já somamos 24 cozinhas, cada uma entregando cerca de quinhentas a seiscentas marmitas por semana. Temos uma plataforma para arrecadação de doações, contamos com ajuda de editais e também com a solidariedade de pessoas que se aproximam para auxiliar e pôr a mão na massa. Essas cozinhas, além de entregarem alimentos, promovem atividades culturais e educativas, apoio jurídico e uma série de outras iniciativas que fazem com que nos consolidemos nesses territórios e dialoguemos com essas famílias.

A população negra, a maioria mulheres, muitas com crianças, é a mais afetada pela crise. Por isso, temos dedicado boa parte de 2022 para abrir e consolidar cozinhas, rearranjar essas pessoas dentro da periferia e levar outras mais para a discussão sobre a política de desmonte do combate à fome. Por que, em um país tão grande, com terra, com gente que pode produzir, com capacidade de distribuição, as pessoas passam fome?

Diga-se, aliás, que não só passam fome na periferia, mas também no campo (Carrança, 2021). Por isso, temos feito uma parceria com os pequenos agricultores. É a parceria da roça com a favela para um apoio mútuo, pois sem conseguirmos discutir outra forma de a alimentação saudável chegar à periferia, não seremos capazes de discutir como consolidar o trabalho dos pequenos agricultores.

Não podemos esperar nada do governo federal, muito menos do município ou dos governos estaduais. Nenhum deles investe. Pelo contrário, diminuem as cozinhas e a forma de distribuição de alimento na cidade. Assim, essa é a maneira que encontramos para, no trabalho territorial, discutir o que é a fome e diminuir o sofrimento da nossa população.

Referências

G1. "BRASIL tem 559 mortes por covid-19 em 24 horas; total de óbitos ultrapassa 654 mil", 10 mar. 2022.

CALIXTRE, André & MANZANO, Marcelo. "Desemprego e precarização persistem", *Focus Brasil*, São Paulo, n. 42, p. 21, 24 jan. 2022.

CARRANÇA, Thais. "3 em cada 4 famílias do campo comem mal ou passam fome no Brasil", *BBC News Brasil*, 2 jun. 2021.

INSTITUTO DE PESQUISA, DIREITOS E MOVIMENTOS SOCIAIS (IPDMS). "A pandemia dos despejos no Brasil e a luta popular", *Brasil de Fato*, 13 nov. 2021.

LIS, Laís. "Déficit habitacional do Brasil cresceu e chegou a 5,876 milhões de moradias em 2019, diz estudo", *G1*, 4 mar. 2021.

MÁXIMO, Wellton. "Caixa encerra pagamento do auxílio emergencial após sete meses", *Agência Brasil*, 31 out. 2021.

SILVA, Eduardo. "São Paulo tem déficit de 474 mil moradias, diz estudo", *Folha de S. Paulo*, 7 set. 2019.

Parte IV

GEOGRAFIA DA PRODUÇÃO DE ALIMENTOS

Introdução

Pão ou commodity: geografia da produção de alimentos

Cátedra Josué de Castro

Dispuséssemos as atuais lavouras de soja brasileiras uma ao lado da outra, elas ocupariam área equivalente ao estado do Maranhão — ou mais de três vezes o território de Portugal. As plantações de cana-de-açúcar, por sua vez, já ocupam o dobro da área urbana do Brasil, enquanto as pastagens se espalham por 154 milhões de hectares de Norte a Sul — área 6,2 vezes maior que o estado de São Paulo. Somadas, agricultura e pecuária ganharam 81,2 milhões de hectares nos últimos 35 anos, um crescimento de 44,6%, e a soja representa boa parte disso: foi a cultura que mais se expandiu no período entre 1962 e 2017, saltando de 310 mil para 30 milhões de hectares em área colhida (alta de 9.577%). O aumento de produção foi superior a 29.000%. A cana-de-açúcar teve um crescimento em produção de 2.781% entre 1940 e 2017, com ampliação da área colhida de 53 mil hectares para 9,13 milhões (1.622% mais).

Em sentido inverso, porém, os alimentos basilares da cultura brasileira — arroz e feijão[10] — tiveram redução de suas

10 O feijão está entalhado na cultura brasileira. O grão já foi cantado por Chico Buarque, Zeca Pagodinho, Clara Nunes, Beth Carvalho e Gonzaguinha, entre tantos outros nomes da MPB. O samba "Saco de feijão", de Beth Carvalho, de 1977, tratava da relação perversa entre o valor dos alimentos e a inflação crescente, refletindo o medo da escassez e da fome. No mesmo ano, Clara Nunes e Clementina de Jesus, em "Partido alto", tematizam de maneira semelhante: "Energia nuclear/ O homem subiu à Lua/ É o que se ouve falar/ Mas a fome continua/ É o progresso, tia Clementina/ Trouxe tanta confusão/ Um litro de gasolina/ Por 100 gramas de feijão". Cauby Peixoto, em 1955, tam-

áreas de colheita e também em seu volume de produção nos últimos anos: o feijão ocupa, atualmente, uma área menor do que ocupava em 1960 (tendo caído de 2,5 milhões de hectares para 2,1 milhões); em 1995, eram produzidos 2,95 milhões de toneladas desse grão no Brasil, com um pico de 3,46 milhões em 2006. Em 2017, contudo, a produção caiu para 2,21 milhões de toneladas — abaixo do que era produzido duas décadas atrás. Já o arroz, que nos anos 1960 ocupava 2,97 milhões de hectares em área colhida e cresceu para 4,37 milhões em 1995, caiu para 2,97 milhões em 2006 e ainda mais em 2017: 1,72 milhão de hectares. Em termos de produção, o arroz — após um crescimento entre 1940 e 1995 — se manteve estável, variando entre onze milhões e doze milhões de toneladas até 2017 (Gráfico 1).

Em geral, as culturas destinadas à alimentação animal (como sorgo, soja e milho) e a cana-de-açúcar, uma cultura alimentar e energética, utilizada sobretudo para produção de açúcar, biocombustível e cogeração elétrica, apresentaram aumentos de produção substancialmente maiores do que culturas alimentícias, como arroz, feijão e mandioca. Tudo isso, claro, impacta a mesa do brasileiro e o atual quadro de fome que experienciamos no país.

Em *Geografia da fome*, Josué de Castro já fizera observações sobre esse quadro:

> A fome no Brasil, que perdura apesar dos enormes progressos alcançados em vários setores de nossas atividades, é consequência, antes de tudo, de seu passado histórico, com os seus grupos humanos sempre em luta e quase nunca em harmonia

bém reclamava do preço da dupla popular na marchinha: "O que eu ganho já não chega/ Ai, ai, pobre de mim/ Lá em casa minha nega toda hora diz assim/ Sobe o feijão, sobe o arroz".

Gráfico 1: Evolução da produção de arroz, cana, feijão e soja

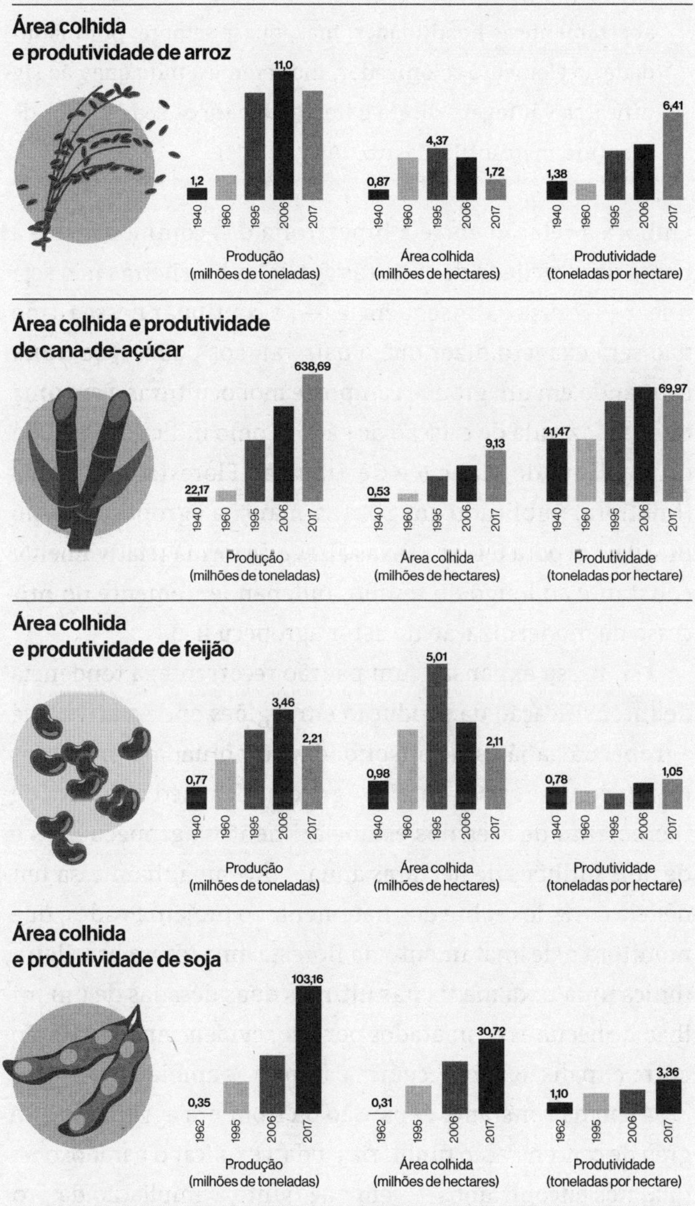

Fonte: IBGE

> com os quadros naturais. Luta, em certos casos, provocada e por culpa, portanto, da agressividade do meio, que iniciou abertamente as hostilidades, mas, quase sempre, por inabilidade do elemento colonizador, indiferente a tudo que não significasse vantagem direta e imediata para os seus planos de aventura mercantil. (Castro, 1984, p. 279)

Embora a relação entre a hipertrofia das commodities e a perda de variedade de culturas agrícolas brasileiras não seja linear — causa e consequência —, a continuar nesse ritmo não será exagero dizer que o país vai, aos poucos, se transformando em um grande campo de monoculturas e em uma imensa fazenda de criação de gado. Como indica um estudo do Instituto de Manejo e Certificação Florestal e Agrícola (Imaflora) publicado em 2021, a mancha agropecuária no Brasil incorpora terras a taxas altas e de forma relativamente constante ao longo do tempo, independentemente do processo de modernização do setor agropecuário.

Há, nessa expansão, um padrão recorrente: a tendência de intensificação da produção em regiões onde a atividade agropecuária já está consolidada, combinada a processos expansionistas na fronteira agrícola. Em média, a taxa de incremento de área dos estabelecimentos agropecuários é de dois milhões de hectares anuais. Acompanham essa tendência os dados sobre desmatamento: o projeto Prodes, que monitora o desmatamento na floresta amazônica brasileira, indica uma taxa média nas últimas duas décadas de um milhão de hectares desmatados por ano, evidenciando a relação entre expansão agropecuária e impactos ambientais.

Além da constante expansão da fronteira agrícola, o alto grau de concentração fundiária ajuda a explicar o paradoxo no qual nos encontramos — em que, junto à ampliação da produtividade (a Companhia Nacional de Abastecimento [Conab] prevê novo recorde para a safra 2021-2022), o Brasil assiste à intensificação do flagelo da fome, com mais da metade da população convivendo com algum grau de insegurança alimentar. Em nosso país, 1% de grandes propriedades concentram aproximadamente 45% da terra, enquanto os 50% menores detêm apenas 2% da área total explorada. Desta forma, historicamente baseada em um modelo colonial, escravocrata e latifundiário, com vocação predominantemente econômica, a agroindústria brasileira não se propôs o desafio nem a meta de solucionar o problema da fome no país, pelo contrário: acaba por amplificá-lo ao se situar no centro das principais crises ambientais do presente: mudanças climáticas, perda de biodiversidade, regulação do ciclo hídrico.[11]

É verdade, então, que a produção agrícola descrita por Josué de Castro nos anos 1940 (tecnologicamente atrasada, desorganizada e ineficiente) se desenvolveu em termos tecnológicos, cresceu de forma impressionante e se tornou competitiva do ponto de vista internacional. Contudo, ao manter seu caráter puramente econômico e altamente concentrado, pouco realizou em termos de distribuição justa de alimentos — e menos ainda quanto a alimentos saudáveis: a cadeia de produção de commodities é indissociável da indústria de alimentos ultraprocessados, tendo um forte impacto na saúde das pessoas. Isso se deve, por um lado, à contaminação da água e da terra devido ao uso abusivo de agrotóxicos, e, por outro, à geração dos insumos de uma produção que

11 Em toda a América Latina podem ser observados números semelhantes de concentração fundiária. Um estudo da Oxfam em quinze países indica que apenas 1% de fazendas ou estabelecimentos rurais latino-americanos concentram mais da metade (51,19%) de toda a superfície agrícola da região. A Colômbia é um dos casos mais extremos: só 0,4% das propriedades concentram mais de 67% da terra produtiva.

resulta em comidas pobres em nutrientes e ricas em gorduras, sais e açúcares.

Entre 1940 e 2017, houve um crescimento populacional de 404% no Brasil. De forma geral, a produção agrícola apresentou taxas de crescimento superiores, o que garantiria a oferta — ao menos em quantidade — de alimentos a toda a população nacional. Porém, voltado à exportação e à produção de ração animal, o *boom* das commodities não resultou em redução da fome. Poderíamos, talvez, atualizar o dilema que Josué de Castro apontou nos anos 1940: no lugar de "pão ou aço",[12] hoje questionaríamos "pão ou soja" ou, ainda melhor, "pão ou commodity". Se, como disse a economista Maria da Conceição Tavares, "o povo não come PIB", tampouco o brasileiro está comendo suas commodities.

Violência no campo

Apesar dos avanços tecnológicos ao longo das últimas décadas, que permitiram o incremento em taxas de produtividade (e de lucro), a lógica de funcionamento do agronegócio se manteve mais ou menos a mesma no país: latifundiária e com monoculturas, preocupada com ganhos econômicos mais que com os eventuais impactos socioambientais de suas atividades. Não falamos apenas dos danos à natureza — expressos em recordes de desmatamento, queimadas e emissões de carbono —, mas também da violência concreta contra agricultores familiares, povos originários e comunidades tradicionais.

12 "Pão ou aço" é parte do subtítulo do livro *Geografia da fome: o dilema brasileiro: pão ou aço*, que Josué de Castro publicou em 1946: "Pão para os homens famintos e impacientes ou aço para as máquinas que depois alimentariam satisfatoriamente os homens".

O Atlas da Violência no Campo de 2020, produzido pelo Instituto de Pesquisa Econômica Aplicada (Ipea), identifica aumento em índices de violência nos territórios com maior taxa de desflorestamento, em especial em municípios da Amazônia Legal. Assim como a taxa de crescimento da mancha agropecuária é constante, também é constante no Brasil a violência contra lideranças que se opõem ao avanço destrutivo da fronteira agrícola: Chico Mendes, Maria do Espírito Santo, Dorothy Stang, o massacre de Eldorado do Carajás — a lista é longa. Um relatório recente da ONG Global Witness estabeleceu o Brasil como o quarto país com mais assassinatos de lideranças ambientais e do direito à terra. No cerne desses conflitos está a expansão agropecuária e de atividades extrativistas, como a mineração e o garimpo.

O Atlas da Violência do Ipea ainda enumera uma série de movimentos legislativos que acendem sinais de alerta para o risco de aumento de conflitos violentos no campo: entre eles, a Medida Provisória (MP) 886/2019, que transfere a identificação e a demarcação de terras indígenas (TI) para a alçada do Ministério da Agricultura; o Projeto de Lei (PL) 191/2020, que autoriza a mineração, o turismo e a pecuária em TIs; e a MP 910/2019, depois transformada em PL 2.633/2020, aprovado pela Câmara dos Deputados, conhecida como "Lei da Grilagem" e que versa sobre regularização fundiária — os críticos denunciam se tratar de "anistia" e "incentivo" a invasões de terra.

O agro e a fome

Para Josué de Castro, a monocultura determinava claramente a forma como se daria a apropriação da terra. Culturas como a da cana-de-açúcar no Nordeste estimulavam ao máximo a monocultura e o latifúndio, gerando um grande ônus para a população local devido à concentração da terra e ao impedimento de um regime alimentar diversificado. Não era a seca, portanto, a culpada pela fome, mas os sistemas econômicos e sociais da região, que beneficiavam grandes proprietários agrícolas, bem como comerciantes e políticos:

> Pelo Brasil afora se tem a ideia apressada e simplista de que o fenômeno da fome no Nordeste é produto exclusivo da irregularidade e inclemência de seu clima. De que tudo é causado pelas secas que periodicamente desorganizam a economia da região. Nada mais longe da verdade. Nem todo o Nordeste é seco, nem a seca é tudo, mesmo nas áreas do sertão. Há tempos que nos batemos para demonstrar, para incutir na consciência nacional o fato de que a seca não é o principal fator da pobreza ou da fome nordestinas. Que é apenas um fator de agravamento agudo dessa situação, cujas causas são outras. São causas mais ligadas ao arcabouço social do que aos acidentes naturais, às condições ou bases físicas da região. (Castro, 1984, p. 258-9)[13]

Com o tempo, deixamos de ser um Brasil rural, exportador de café e importador deficitário na produção da maioria dos produtos agrícolas aqui consumidos. O país passou a ser o maior exportador agrícola e de carne do planeta, com uma sociedade predominantemente urbana. Contudo, o aspecto

13 Contemporaneamente aos escritos de Josué de Castro, o pintor Candido Portinari retratou retirantes nordestinos que buscavam escapar da seca e da fome que assolavam o sertão. Portinari pintou essa temática entre os anos 1930 e o início dos 1960. Hoje, contudo, as pinturas seriam diferentes: a fome se tornou majoritariamente urbana e se espalhou por todo o território nacional. É outra fome e, ainda assim, a mesma: é fome, afinal. O próprio Portinari, aliás, pintou essas transformações, como mostra a coleção *Favela*, dos anos 1950. Dessa forma, para além dos méritos artísticos, as composições de décadas passadas são atuais em sua pertinência: versam sobre um Brasil em que a fome insiste em ficar, ainda que transformada.

principal retratado por Josué de Castro, em sua essência, não mudou: o agro brasileiro continua com a mesma índole, predominantemente econômica. Então, qual foi a mudança efetiva, se a fome já não é a mesma?

Dentro de um período de 75 anos, ocorreram importantes transformações na produção agropecuária brasileira. De 1930 a 1970, o Brasil passou por uma significativa modernização, por conta de um intenso processo de urbanização e de industrialização. Com problemas logísticos, inflação alta e déficit comercial, crises de abastecimento de alimentos persistiam no país, agravadas pela migração rural. Durante as décadas de 1960 e 1970, a alta dos preços internacionais de produtos agrícolas favoreceu as exportações brasileiras, e cultivos agrícolas que tinham como foco o mercado doméstico foram deixados em segundo plano.

O processo de modernização tecnológica iniciado a partir da década de 1970, conhecido como Revolução Verde, combinou processos de expansão e de intensificação de produção, ampliando os efeitos indiretos do agronegócio: o desmatamento e a concentração produtiva, por exemplo, que afetaram de forma distinta os principais cultivos alimentares vegetais do Brasil. Como consequência, há uma explosão do êxodo rural, com o deslocamento de milhões de pessoas do campo para as cidades, gerando uma urbanização desordenada e afetando a agricultura familiar. Os problemas de fome e desnutrição entre as populações mais carentes se agravaram nesse período.

A modernização no campo trouxe aumentos de produção e de produtividade expressivos, especialmente para alguns produtos agrícolas, como demonstramos com a soja e a cana-de-açúcar. A onda liberalizante dos anos 1990 deu início a uma transição na economia do setor agroalimentar, com profundas consequências econômicas, sociais e ambientais que até hoje não foram equacionadas nem compreendidas por completo. Um *boom* das exportações de commodities ocorreu nos anos 2000. Hoje, o Brasil é um dos protagonistas do agronegócio mundial e se autointitula o "celeiro" do mundo. Somos também um dos países mais desiguais do planeta, que, em dezembro de 2021, permitia que 33 milhões de pessoas passassem fome. Como podemos perceber — e Josué de Castro já avisava décadas atrás —, combater a fome por meio do aumento da produção agropecuária não é uma solução automática.

Agricultura familiar e reforma agrária: um horizonte possível?

A agricultura familiar é responsável por boa parte da comida que chega à mesa das famílias brasileiras: 83% da mandioca, 70% do feijão, 58% do leite de vaca e 46% do milho — para ficarmos em alguns exemplos. Em geral, com práticas menos ofensivas que a agropecuária hegemônica, a agricultura familiar traz qualidade, nutrientes e saúde ao prato da população. Contudo, a carência de políticas públicas voltadas a esses produtores tem tido um resultado previsível: a redução da agricultura familiar no país.[14]

14 Em sua crítica aos "reis do agronegócio" — que produzem "alimentos com veneno" —, Chico César já avisava: "Ó donos do agrobis, ó reis do agronegócio/ Ó produtores de alimentos com veneno/ Vocês que aumentam todo ano sua posse/ E que poluem cada palmo de terreno// E que possuem cada qual um latifúndio/ E que destratam e destroem o ambiente/ De cada mente de vocês olhei no fundo/ E vi o quanto cada um, no fundo, mente// E vocês desterram povaréus ao léu que erram/ E não empregam tanta gente como pregam/ Vocês não matam nem a fome que há na terra/ Nem alimentam tanto a gente como alegam".

Apesar de sua importância, projetos bem-sucedidos, como o Programa Nacional de Fortalecimento da Agricultura Familiar (Pronaf) e o Programa de Aquisição de Alimentos da Agricultura Familiar (PAA), têm sofrido com o desmonte e com a desestruturação nos últimos anos. O fechamento de linhas de crédito e a redução de 95% do PAA em oito anos ajudam a explicar o atual quadro da fome no Brasil. Ao mesmo tempo — e apesar dos evidentes impactos socioambientais atrelados ao setor agropecuário, que muito produz, mas pouco alimenta —, os subsídios concedidos à cadeia produtiva da carne bovina no país custaram 123 bilhões de reais aos cofres públicos entre 2008 e 2017. Outros modelos de produção, percebe-se, não obtiveram amparo correspondente.

Além disso, segundo dados do Instituto Nacional de Colonização e Reforma Agrária (Incra) relativos ainda a 2016, há um seleto grupo de 729 proprietários que têm, juntos, uma dívida de duzentos bilhões de reais com a União. As terras pertencentes a esse grupo abrangem mais de 6,5 milhões de hectares, segundo informações constantes no Sistema Nacional de Cadastro Rural. Quantas políticas voltadas à segurança alimentar dos brasileiros poderiam ser financiadas com os recursos dessa dívida?

Há 75 anos, em *Geografia da fome*, Josué de Castro destacava um conjunto de medidas que visavam reformular a economia agrária do país, entre elas o combate ao latifúndio e à monocultura e o incentivo à "poliagricultura". "Poli", em oposição a "mono", é a defesa do autor de um sistema de produção que, de fato, satisfaça as necessidades alimentares do povo — diferente, portanto, do implantado nas grandes propriedades monocultoras. Posto diante do dilema do "pão ou aço" (ou, na versão atual, "pão ou commodity"), Josué de Castro não escondia sua defesa de uma solução sistêmica, como exige o problema da fome — multifacetado e complexo, fértil de expressões culturais, impregnado no imaginário popular brasileiro, tão atroz e urgente. O autor apontava a importância de uma reforma agrária, ainda a ser realizada:

> Concebemos a reforma agrária como um processo de revisão das relações jurídicas e econômicas entre os que detêm a propriedade agrícola e os que trabalham nas atividades rurais. Traduz, pois, a reforma agrária uma aspiração de que se realizem, através de um estatuto legal, as necessárias limitações à exploração da propriedade agrária, de forma a tornar o seu rendimento mais elevado e principalmente mais bem distribuído em benefício de toda a coletividade rural. (Castro, 1984, p. 299)

Enquanto houver incentivo à produção de commodities sem atenção a políticas que, de fato, se ocupem de alimentar com qualidade a população brasileira, colheitas recordes significarão pouco na agenda de combate à fome. Contraditoriamente, a abundância será a causa mesma da penúria.

Referência

CASTRO, Josué de. *Geografia da fome: o dilema brasileiro: pão ou aço*. 10ª ed. revista. Rio de Janeiro: Antares, 1984.

Ana Letícia Sbitkowski Chamma

é mestra em ciências pela Escola Superior de Agricultura Luiz de Queiroz (Esalq) da Universidade de São Paulo (USP) e pesquisadora em geoprocessamento no Grupo de Políticas Públicas (GPP) da Esalq-USP.

Gerd Sparovek

é professor e pesquisador da USP, coordenador do Laboratório de Planejamento de Uso do Solo e Conservação (GeoLab) da Esalq-USP, voltado para o suporte à decisão de governança pública e privada de temas ligados a agricultura e meio ambiente.

De onde vem e para onde vai: o caso do setor agropecuário brasileiro

O Brasil é um dos principais produtores agropecuários do mundo — maior produtor de soja, cana-de-açúcar, café e suco de laranja, e o segundo maior produtor de carne bovina. O agronegócio brasileiro se situa no *global food trade game* como um importante *player* em face de seu tamanho e potencial de oferta de alimentos (Schneider *et al.*, 2020). Contudo, é contraditório o crescimento da insegurança alimentar no país — dezenove milhões de pessoas enfrentavam a fome em 2020 (Rede Penssan, 2021) — quando as exportações brasileiras de produtos agropecuários batem recordes. O volume exportado pelo setor agropecuário cresceu 10% de 2019 para 2020, e o faturamento, 4%, atingindo 101 bilhões de dólares.

Neste texto, apresentamos um breve histórico do desenvolvimento do setor agropecuário no Brasil, visando auxiliar a compreensão de como o país alcançou protagonismo no agronegócio mundial. Apresentamos também dinâmicas territoriais observadas ao longo do tempo, em especial nas últimas quatro décadas, demonstrando que a intensificação da produção agropecuária não pode ser vista como solução única para um caminho produtivo mais sustentável. Por fim, a ênfase é dada a dinâmicas que vêm sendo observadas no campo: a concentração produtiva e a desativação, principalmente, de pequenas propriedades rurais.

O desenvolvimento do setor agropecuário no Brasil começa juntamente com a ocupação da América do Sul pelos portugueses. Há cerca de 520 anos, o ciclo do pau-brasil se iniciava, baseado na devastação de florestas e no abastecimento do mercado externo. Após o declínio da extração da madeira, surgiu o primeiro ciclo agrícola, com a introdução do cultivo da cana-de-açúcar. Com o fim desse ciclo, no século XVIII, o ouro, ou o ciclo da mineração, passou a ser o grande responsável pela dinâmica econômica do país. Com desenfreada exploração, as minas começaram a se esgotar depois de cerca de sessenta anos. Encerrado esse período, o ciclo do café triunfou. O Brasil chegou a produzir cerca de 80% do café mundial no século XIX. Mas a crise de 1929 afetou a exportação brasileira, cujo principal destino eram os Estados Unidos. Com a depressão, a borracha passou a ter destaque econômico.

Nesse momento, segundo Furtado (2000), ocorreu um deslocamento do centro dinâmico da economia brasileira, passando da exportação de produtos primários para a produção voltada ao mercado interno. A industrialização permitiu a modernização da agricultura, principalmente com a mecanização, viabilizando um aumento acentuado da produção a partir da segunda metade do século XX. Contudo, a partir dos anos 1980, teve início um processo de desindustrialização da economia brasileira (por causas ainda não muito claras, e que não são objeto desta discussão), ou seja, a indústria perdeu importância econômica (Oreiro & Feijó, 2010). Os anos 2000 marcaram uma conjuntura de abertura dos mercados, a ascensão da globalização e a valorização dos preços das commodities. Assim, a soja passou a ser o principal produto do agronegócio nacional. Em resumo, os ciclos econômicos brasileiros foram centrados em poucos produtos voltados à exportação no decorrer de todo o seu desenvolvimento. A agricultura tropical se desenvolveu, de forma geral, com a finalidade de produzir algumas poucas culturas de grande valor comercial (Miranda, 2020).

A partir desse contexto, é possível dizer que o setor agropecuário brasileiro não está, e talvez nunca esteve, voltado para solucionar o problema da fome no país, pelo menos internamente (já que exporta grandes volumes de alimentos). Porém, isso não é novidade. Em seu livro *Geografia da fome*, lançado em 1946, Josué de Castro desmistificou a ideia de que a fome resultava da escassez do quantitativo de alimentos e das condições climáticas para tal; ela seria, na verdade, decorrente da estrutura sociopolítica e da má distribuição de terras ou recursos no país. Josué de Castro apontava a estrutura fundiária da época como causa do atraso social e econômico brasileiro, o que contribuía para a miséria e fome da população:

> Do latifúndio decorrem a ínfima percentagem de área cultivada no país — apenas 2% do território nacional —, as práticas agrícolas primitivas, de baixo rendimento e de alto grau de destruição da fertilidade dos solos, a ausência de técnica agronômica e do esforço de capitalização indispensável ao progresso rural. [...]. Por sua vez, o minifúndio significa a exploração antieconômica da terra, a miséria crônica das culturas de subsistência que não dão para matar a fome da família.
>
> Todo esforço de modernização e dinamização de nossa agricultura tropeça nesse arcabouço arcaico da infraestrutura agrária, verdadeira armadura contra o progresso econômico e social do país. (Castro, 1984, p. 298-9)

Hoje, a concentração produtiva e a fragmentação fundiária são consequências do enorme desenvolvimento do setor agropecuário. Diversas mudanças na produção e na distribuição espacial das áreas de agricultura ocorreram no Brasil desde o lançamento do livro de Josué de Castro. O país passou de produtor deficitário e importador de alimentos na década de 1940 a protagonista na produção agropecuária mundial a partir dos anos 2000. A mudança se deu em função da ampliação da área cultivada e, principalmente, de um grande aumento de produtividade, induzidos por fortes investimentos públicos e pela adoção de tecnologia pelos produtores rurais (Pinto & Pinto, 2016). Segundo dados dos censos agropecuários do Instituto Brasileiro de Geografia e Estatística (IBGE), em 1940, cerca de 195 milhões de hectares (Mha) eram ocupados por estabelecimentos agropecuários no país. Em 2017, ano da disponibilização de dados do censo, eram cerca de 351 Mha (aumento de 80%). A produtividade do arroz passou de 1,2 tonelada por hectare ($t.ha^{-1}$) em 1960 para 6,4 em 2017 (+433%); a do feijão, de 0,7 $t.ha^{-1}$ para 1,1 (+57%); a da cana-de-açúcar, de 41,2 $t.ha^{-1}$ para 70 (+70%); e a da soja, de 1,1 $t.ha^{-1}$ para 3,4 (+209%), por exemplo.

Apesar do grande salto tecnológico, especialmente a partir de 1970, com a adoção dos conceitos da Revolução Verde e a criação da Empresa Brasileira de Pesquisa Agropecuária (Embrapa), a estrutura de distribuição fundiária do Brasil não passou por grandes mudanças. A distribuição de terras continua muito desigual. Em 1940, o Índice de Gini (instrumento utilizado para medir o grau de concentração, que varia de 0 a 1, em que 0 representa a situação de igualdade e 1 está no extremo oposto) era de 0,83. Em 2017, o índice era de 0,85 (Luna & Klein, 2019), ou seja, a concentração de terras sofreu pequeno aumento no período. Além disso, mesmo com grande crescimento de produtividade no campo, a incorporação de áreas de agricultura e pastagens não cessou no país.

A área dos estabelecimentos agropecuários aumentou a uma taxa de dois milhões de hectares por ano ($Mha.ano^{-1}$) segundo dados do Censo Agropecuário do IBGE. Em lavouras e pastagens, isoladamente, a incorporação desde 1940 foi de 130

Mha, taxa de 1,7 $Mha.ano^{-1}$, o que é da mesma ordem de grandeza das taxas obtidas entre 2006 e 2017, respectivamente, de 1,6 $Mha.ano^{-1}$ e 1,4 $Mha.ano^{-1}$. Atrelados a isso, dados de desmatamento coletado pelo projeto Prodes do Instituto Nacional de Pesquisas Espaciais (Inpe) também indicam — mesmo no menor valor da série — valores da ordem de 0,5 $Mha.ano^{-1}$ e uma taxa média dos últimos vinte anos de 1 $Mha.ano^{-1}$. Logo, é possível depreender que, no Brasil, terras continuam sendo abertas para a inserção da agropecuária. De forma geral, com o passar do tempo, prevalece a expansão de áreas de pastagem sobre áreas de vegetação nativa, sucedida por expansão de áreas agrícolas sobre áreas de pastagem no Brasil.

Assim, evidencia-se que a economia das áreas para cultivo agrícola não depende apenas da intensificação produtiva. As cadeias agrícolas combinam processos de expansão e retração com ou sem aumento de produtividade em dinâmicas predominantemente intrarregionais (Imaflora, 2021) — ou seja, a afirmativa de que a intensificação levaria a um efeito "poupa terra" é contestável. A dinâmica espacial da produção de soja no país é exemplo disso.

No caso da soja, fica claro o predomínio do *rebound effect*, o aumento de produtividade acoplado à ampliação de área (expansão de terras), ocupando praticamente todas as regiões produtoras e se intensificando ao longo do tempo (ver Figura 1).

No caso da produção de feijão, a dinâmica dos processos de expansão/retração de terras e aumento/diminuição da produtividade se mostrou bastante heterogênea ao longo do tempo (ver Figura 2). Uma hipótese é de que a produção do feijão tenha se concentrado em poucos produtores. De forma geral, a produção de feijão, tradicionalmente realizada em pequenas propriedades rurais (regiões Norte e Nordeste), perde força para a produção mecanizada e especializada, viabilizada pela escala de grandes propriedades (Centro-Oeste).

Figura 1: Distribuição espacial das dinâmicas de expansão ou retração de terras para a produção de soja no Brasil em diferentes períodos, nível microrregional

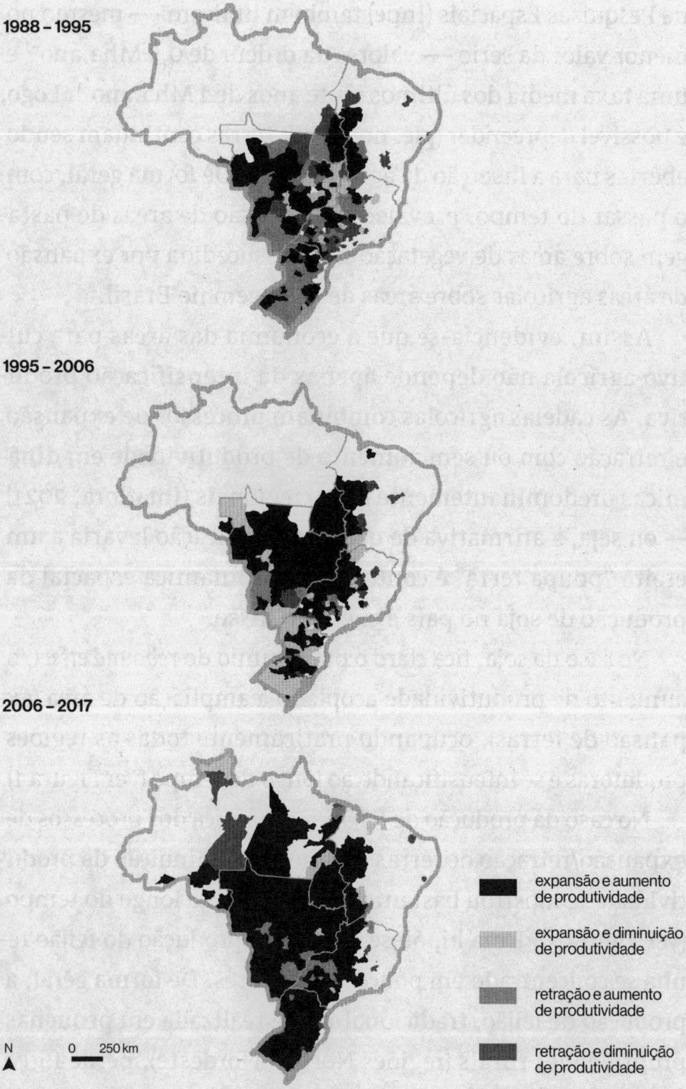

Fonte: Adaptada a partir de dados de PAM/IBGE

Figura 2: Distribuição espacial das dinâmicas de expansão ou retração de terras para a produção de feijão no Brasil em diferentes períodos, nível microrregional

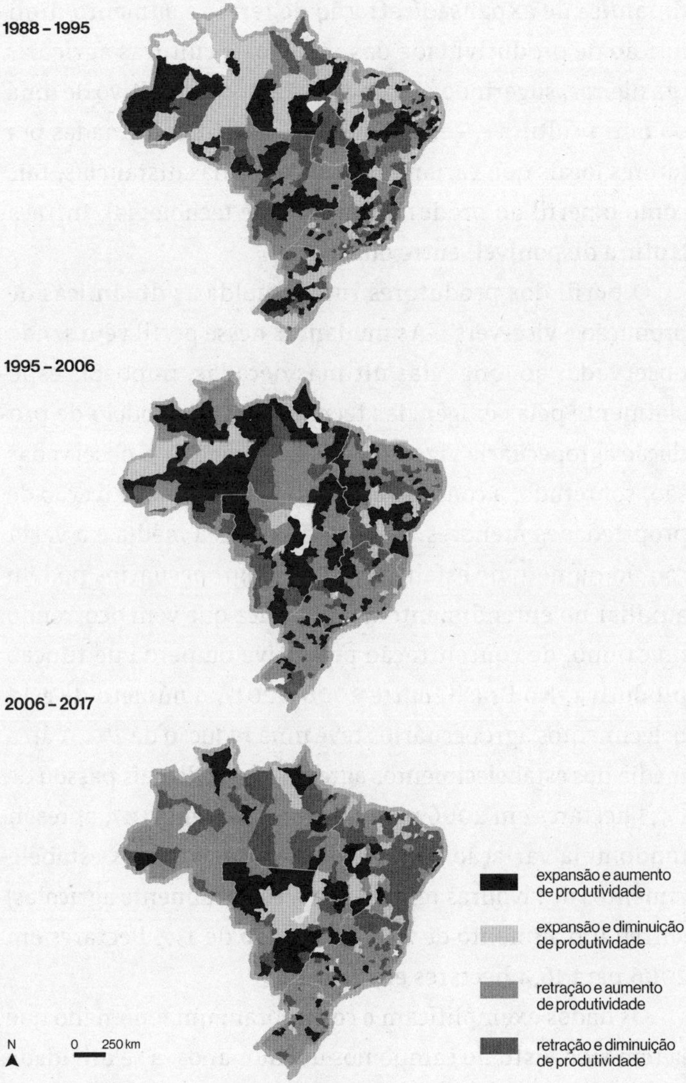

Fonte: Adaptada a partir de dados de PAM/IBGE

Apesar de não ser suficiente para afirmar que há uma compensação regional de perda de produção de determinada cultura, um estudo realizado pelo Instituto de Manejo e Certificação Florestal e Agrícola (Imaflora, 2021) analisou a dinâmica de expansão/retração de terras e aumento/diminuição de produtividade das principais culturas agrícolas brasileiras, sugerindo que as decisões sobre o cultivo de uma ou outra cultura — exceto a soja — são determinadas por fatores locais que variam a curtas e médias distâncias, tais como o perfil do produtor (tamanho e tecnologia), infraestrutura disponível, entre outros.

O perfil dos produtores rurais molda as dinâmicas de produção e vice-versa. As mudanças nesse perfil vêm sendo observadas ao longo das últimas décadas, impostas especialmente pelas exigências tecnológicas do modelo de produção agropecuária vigente. As consequências já observadas são, sobretudo, a concentração produtiva e a desativação de propriedades menores. A variação da área média e a variação no número de estabelecimentos agropecuários podem auxiliar no entendimento da dinâmica que vem ocorrendo no campo, de concentração produtiva ou perda de função produtiva. No Brasil, entre 2006 e 2017, o número de estabelecimentos agropecuários teve uma redução de 2%. A área média dos estabelecimentos agropecuários do país passou de 64,5 hectares em 2006 para 69,2 hectares em 2017, apresentando uma variação de 7,4%. Já a área média dos estabelecimentos de lavouras temporárias (especialmente agrícolas) sofreu um aumento de 22%, passando de 13,5 hectares em 2006 para 16,4 hectares em 2017.

Os dados exemplificam e corroboram um fenômeno que já tem sido visto no campo nos últimos anos: a seletividade social. A crescente complexidade da gestão da atividade agrícola e o alto custo de tecnologias, entre outros fatores, têm levado parte considerável dos produtores a desistir da atividade agropecuária. Os pacotes tecnológicos e o padrão de comercialização, hoje adotados pela maioria dos produtores nas principais cadeias, são bastante adequados a grandes empreendimentos que se viabilizam pelo ganho em escala. Em pequenas propriedades, apesar de os sistemas resultarem em ganhos semelhantes por unidade de área em comparação com grandes propriedades, o valor líquido total auferido ao final de um ano agrícola não satisfaz às necessidades básicas de uma família, que se vê compelida a buscar atividades complementares para melhorar sua renda.

Apesar dessa concentração e fragmentação de estabelecimentos, a produção agrícola brasileira não foi comprometida em termos quantitativos. Produz-se mais e de forma mais eficiente do que há trinta anos. A produção agrícola foi realocada no espaço e entre produtores e culturas de alimentação básica, como arroz e feijão, resultando numa concentração de produção comparável à das grandes commodities globais, como soja e milho. Segundo dados do Censo Agropecuário de 2017, 56% da produção de feijão é realizada em propriedades de mais de quinhentos hectares, que representam apenas 0,3% das propriedades com cultivo de feijão no país.

Em outras palavras, a produção equivalente de quinhentos pequenos produtores de feijão da região Nordeste de trinta anos atrás está, hoje, abaixo de apenas um grande pivô de irrigação operando em três safras anuais na mesma região — ou seja, grandes propriedades também produzem alimentos básicos e contribuem para a garantia da segurança alimentar (interna ou externamente). De forma geral, ainda não sabemos os aspectos positivos e negativos dos desdobramentos que isso trará para o desenvolvimento rural brasileiro.

Referências

CASTRO, Josué de. *Geografia da fome: o dilema brasileiro: pão ou aço*. 10ª ed. revista. Rio de Janeiro: Antares, 1984.

FURTADO, Celso. *Formação econômica do Brasil*. São Paulo: Publifolha, 2000.

INSTITUTO DE MANEJO E CERTIFICAÇÃO FLORESTAL E AGRÍCOLA (IMAFLORA). "Produção de alimentos no Brasil: geografia, cronologia e evolução", Piracicaba, 2021.

LUNA, Francisco Vidal & KLEIN, Herbert S. "Transformações da agricultura brasileira desde 1950", *História Econômica & História de Empresas*, v. 22, n. 2, 2019.

MIRANDA, Rubens Augusto de. "Breve história da agropecuária brasileira". *In*: LANDAU, Elena Charlotte *et al*. (ed.). *Dinâmica da produção agropecuária e da paisagem natural no Brasil nas últimas décadas: cenário histórico, divisão política, características demográficas, socioeconômicas e ambientais*. v. 1. Brasília: Embrapa, 2020. p. 31-57.

OREIRO, José Luis & FEIJÓ, Carmem A. "Desindustrialização: conceituação, causas, efeitos e o caso brasileiro", *Brazilian Journal of Political Economy*, v. 30, n. 2 (118), p. 219-32, abr./jun. 2010.

PINTO, Luís Fernando Guedes & PINTO, Luís Carlos Guedes. "Uma análise dos avanços e contradições da agricultura brasileira", *Imaflora*, n. 3, p. 1-28, nov. 2016.

REDE BRASILEIRA DE PESQUISA EM SOBERANIA E SEGURANÇA ALIMENTAR (REDE PENSSAN). "VigiSAN — Inquérito Nacional sobre Insegurança Alimentar no Contexto da Pandemia da Covid-19 no Brasil", Rio de Janeiro, 2021.

SCHNEIDER, Sergio *et al*. "Os efeitos da pandemia da covid-19 sobre o agronegócio e a alimentação", *Estudos Avançados*, v. 34, n. 100, p. 167-88, 2020.

VEIGA, José Eli da. "Destinos da ruralidade no processo de globalização", *Estudos Avançados*, v. 18, n. 51, 2004.

Arilson Favareto

é sociólogo, doutor em ciência ambiental, professor de análise econômica no Programa de Pós-Graduação em Planejamento e Gestão do Território da Universidade Federal do ABC (UFABC) e coordenador do Núcleo de Pesquisas e Análises sobre Meio Ambiente, Desenvolvimento e Sustentabilidade do Centro Brasileiro de Análise e Planejamento (Cebrap).

Os efeitos territoriais da produção de commodities agropecuárias no Brasil

Quando Josué de Castro escreveu sua obra clássica, *Geografia da fome*, o Brasil ensaiava uma trajetória de modernização, impulsionada pela urbanização e pela industrialização. Sobre as áreas rurais, havia uma opção a ser feita: continuar privilegiando a produção em larga escala de commodities agropecuárias ou apostar na democratização da terra, no fortalecimento do mercado consumidor interno e em seu abastecimento, inclusive como uma condição para transformar velhas estruturas e tornar o país menos vulnerável e dependente em suas formas de inserção externa. Três quartos de século depois, é importante analisarmos quais têm sido os efeitos da escolha feita, que apostou claramente na primeira opção.

As críticas a esse modelo são bastante conhecidas. Há um custo econômico, pois a ideia de que o setor agropecuário seria portador das "vantagens comparativas" do país tem sido usada para minimizar a necessidade de uma maior diversificação e complexificação da estrutura produtiva. Apesar de todo o esforço desenvolvimentista empreendido em meados do século XX, desde os anos 1980 o Brasil tem passado por um processo de "reprimarização" econômica, com o setor industrial tendo regredido à mesma participação relativa que tinha no PIB quase cem anos atrás. Como já preconizava a obra de outro brasileiro ilustre, Celso Furtado, a não solução da questão agrária brasileira produziu um rápido e intenso êxodo rural que levou ao inchaço das cidades — que cresceram sem planejamento —, a um aumento do custo de vida nas metrópoles, à constituição de uma classe operária urbana com patamares salariais rebaixados devido à abundância de oferta de mão de obra pouco qualificada e mal remunerada e, como corolário, à formação de um mercado consumidor interno frágil, insuficiente para internalizar ciclos de reinvestimento e de acumulação de riquezas em bases mais desconcentradas, diversificadas e inclusivas. Nosso projeto de modernização se mostrou parcial e incompleto. Uma das chaves para a compreensão disso está justamente nas opções feitas pelo país sobre o que fazer com a terra ou, mais amplamente, com as formas de acesso e uso de seus recursos naturais.

Na dimensão ambiental, a lista de problemas é extensa: uso excessivo de agrotóxicos, riscos de desertificação em certas áreas, má gestão de recursos hídricos, emissão de gases de efeito estufa, desmatamento e erosão da biodiversidade. Lembrando mais um autor clássico — Ignacy Sachs —, talvez o Brasil seja o país mais bem posicionado para liderar o que ele costumava chamar de estratégias de transição para o século XXI. A recente ascensão dos debates sobre bioeconomia, Green New Deal, Big Push Ambiental, entre outras expressões, mostra que Sachs estava certo; porém, até aqui, essa potencialidade tem sido desperdiçada ou, pelo menos, minimizada pela sedutora promessa de abastecer o mundo com grãos e carnes, apesar de todos os alertas quanto aos riscos embutidos nessa aposta — vários deles, a esta altura, já evidentes. Mesmo as ações que buscam explorar novas formas de uso da natureza privilegiam com frequência a parte ambiental da equação, mas têm apresentado bastante dificuldade em associar esses requisitos de sustentabilidade à necessidade de incluir as populações mais vulneráveis, ampliando também a inclusão social e econômica.

Nessa dimensão social, por fim, também não são poucos os problemas históricos, os conflitos recorrentes envolvendo o uso da terra, das águas e das florestas, o aumento das desigualdades resultantes do caráter concentrador da terra e da produção, o crescimento da pobreza devido ao descarte de trabalho, fruto da intensa mecanização da produção em larga escala, um déficit brutal de infraestrutura e enorme dificuldade no acesso a serviços e equipamentos públicos — basta lembrar que a assistência técnica chega a apenas 20% dos produtores e que 70% dos estabelecimentos agropecuários, já na terceira década do século XXI, ainda não contam com acesso à internet.

É claro que esses problemas não são generalizados: são espacialmente diferenciados, e essa diferenciação está na base do argumento dos defensores desse modelo para justificar os problemas verificados. Isso vale sobretudo para críticas relacionadas à insustentabilidade ambiental e ao caráter excludente do modelo de desenvolvimento agrícola brasileiro. Se, por um lado, eles têm razão em dizer que não é possível igualar todos os produtores rurais no Brasil, por outro essas diferenciações têm servido de guarida para práticas mais nocivas.

Um argumento muito recorrente para justificar e minimizar os problemas apontados é que os comportamentos fora da lei seriam residuais, e que, quando feito dentro da lei, o desmatamento seria uma espécie de "custo do progresso". Em entrevista realizada com uma liderança do agronegócio brasileiro em uma das regiões mais pujantes de produção de soja, ela dizia: "O agronegócio é muito criticado, e é verdade que existe desmatamento", para, logo em seguida, trazer a conhecida ponderação: "Mas o desmatamento ilegal não somos nós que fazemos, esse passivo não é nosso; quem faz isso é grileiro, não é produtor. O produtor tem interesse em seguir a lei. Quando a gente tira floresta, é dentro da lei, dentro da legalidade. O agronegócio produz dentro da lei. Agora, dentro da lei, a gente tem que desmatar, porque, senão, não há como produzir, para gerar riqueza, gerar emprego". Outra frase, extraída de uma entrevista à revista *Exame* em julho de 2020 concedida pela então ministra da Agricultura Tereza Cristina — embora ela não seja a única a dizê-la —, afirma que "o Brasil não precisa da Amazônia para produzir soja". Como indicativo disso, produtores apresentam dados que apontam como o aumento da produção tem decorrido, predominantemente, da crescente melhoria na produtividade, e não da expansão da área cultivada.

O que há de verdade nesses argumentos? Que evidências podem ser mobilizadas para pôr pelo menos um grão de sal nessas afirmações e levar a sociedade brasileira a avaliar melhor as escolhas que o país tem feito? Enfrentar esse tipo de questão é fundamental, porque a opinião pública segue vendo o agronegócio brasileiro como algo essencialmente positivo, simplesmente endossando aqueles argumentos já mencionados. Daí se extrai uma legitimidade que se assenta, como será demonstrado a seguir, em pés de barro. Esse tipo de raciocínio é nocivo para o país — pois práticas deletérias e efeitos negativos que poderiam ser corrigidos seletivamente são ignorados — e para o próprio agronegócio, pois acabam pairando sobre o setor expectativas que sequer poderiam ser cumpridas. Não se trata, portanto, de demonizar o agronegócio, mas, sim, de separar o joio do trigo, sem maniqueísmos nem dicotomias que simplificam em excesso a realidade.

Duas “meias verdades” não fazem uma verdade inteira

Em síntese, é possível dizer que duas das afirmações exemplares de defesa incondicional do agronegócio, mencionadas anteriormente, representam “meias verdades”.

Sobre a primeira — segundo a qual o aumento da produção de commodities tem ocorrido predominantemente a partir de ganhos de produtividade e que, portanto, não se pode atribuir a ele o aumento do desmatamento —, é fato que a produção e a produtividade aumentaram significativamente ao longo das últimas décadas, enquanto a curva da área cultivada cresceu de maneira bem mais modesta — ainda que tenha crescido. Também é sabido que esse crescimento de área, mesmo que tenha se dado em zonas de pastagens, tem efeitos indiretos sobre o desmatamento, à medida que impulsiona a abertura de novas áreas, em um conhecido ciclo de desmatamento e retirada de madeira, conversão dessas áreas em pastagens e, finalmente, uso dessas mesmas áreas para cultivos agrícolas. Ou seja, não faz sentido olhar para dados isolados e de forma estática: é preciso compreender, de maneira interdependente, a dinâmica do uso do solo, o deslocamento de atividades, os fatores de valorização da terra e a substituição de cultivos. Assim, fica evidente a impossibilidade, mesmo com a concentração do aumento da produção em ganhos de produtividade, de afirmar que não existe relação entre produção agropecuária e desmatamento.

Por outro lado, dados sobre desmatamento revelam que, entre 2005 e 2012, houve um intervalo na trajetória de crescimento das taxas de retirada da cobertura florestal, ascendente nos últimos cinquenta anos. Mesmo nesse período, entretanto, não houve abalo na tendência de crescimento da produção agropecuária. Eis a demonstração de que é possível conciliar conservação e geração de riquezas. Por que, então, não há condenação veemente das lideranças do agronegócio àqueles que se opõem à adoção de políticas ambientais vigorosas? Esse tema será retomado mais adiante.

Quanto ao caráter ilegal ou não do desmatamento, Raoni Rajão *et al.* (2020) mostram que pelo menos um quinto das exportações brasileiras de soja está, sim, ligado a desmatamento ilegal, embora apenas 2% dos estabelecimentos agropecuários respondam por 60% do desmatamento ilegal no Brasil. Logo, aqui está outra "meia verdade". Esses dados indicam que a realidade é muito complexa — ou seja, se é verdade que uma parte do agronegócio não desmata, também é inegável que uma parte expressiva da riqueza gerada pelo agronegócio brasileiro carrega consigo as marcas do desmatamento.

O "custo do progresso"

Será mesmo verdade que a expansão do agronegócio significa progresso? Há alguns anos, procuramos responder a isso por meio de um estudo de caso, publicado em um pequeno livro, tendo como foco a área de Cerrado entre Maranhão, Tocantins, Piauí e Bahia conhecida como Matopiba (Favareto, 2019). Por que nos concentramos, naquele momento, nessa região? Por se tratar de uma área que é vitrine do agronegócio no Brasil. No estudo, reunimos evidências sobre pelo menos três aspectos importantes para responder a essa pergunta.

O primeiro é que, quando consideramos o conjunto dos municípios do Matopiba, podemos dizer que há neles muito mais pobreza e desigualdade do que riqueza e bem-estar.

Naquele trabalho, produzimos uma tipologia comparando riqueza e bem-estar nesses municípios, e pudemos observar que, dos 337 municípios do Matopiba, em apenas 45 a alta produção de riqueza era acompanhada de indicadores sociais acima da média de cada um dos quatro estados. Mais do que isso, havia 67 municípios nos quais se verificava altíssima produção de riqueza, mas os indicadores sociais eram piores do que a média dos respectivos estados. O que predominava, no caso do Matopiba, era o grupo formado por 196 municípios em que não havia produção de riquezas nem indicadores sociais melhores do que a média. O que queremos destacar é que a produção de riqueza associada à melhoria da qualidade de vida da população era realidade apenas para pouco mais de 10% dos municípios do Matopiba.

Alguém poderia levantar a objeção de que seria uma questão de tempo até que os bons indicadores transbordassem de alguns poucos municípios virtuosos para seu entorno. Por isso, tratamos também de analisar a dinâmica regional e mostramos que não é uma questão de tempo, mas de modelo. Nesse estudo, abordamos a dinâmica de várias das cidades campeãs de produção de soja no Matopiba e demonstramos como, para cada Luís Eduardo Magalhães (município-símbolo da pujança daquela região e caso exemplar das chamadas "cidades do agronegócio"), existiam várias Formosa do Rio Preto (também uma cidade campeã de produção, mas com indicadores sociais muito piores do que a média estadual da Bahia). O mesmo se dá no Tocantins. Havia um município típico com bons indicadores, Pedro Afonso, mas também vários outros nos quais a alta produção coexiste com indicadores sociais muito ruins, como Campos Lindos. No Piauí, o cenário é o mesmo: alguns poucos municípios parecidos com Bom Jesus, apresentando indicadores de produção e indicadores sociais positivos, e vários outros, como

Baixa Grande do Ribeiro, que eram exímios produtores de riqueza, mas com indicadores sociais bem piores do que a média do estado.

Isso se explica pelo fato de que, resumidamente, como a produção é muito concentrada, a riqueza não circula em todos os municípios produtores. A elite econômica é pequena e se concentra em uns poucos municípios-polo nos quais há mais oferta de bens e serviços. Como o volume de emprego na produção agropecuária é pequeno, não é pela via do trabalho que os municípios produtores conseguem reter a renda e ativar circuitos econômicos locais. Trata-se de um dado que corrobora estudos renomados da economia do desenvolvimento, de Amartya Sen a Thomas Piketty, que demonstram a existência de uma relação direta entre desigualdade e bloqueio a dinâmicas que gerem ampliação de oportunidades.

Terceira constatação importante, ainda sobre o Matopiba: existe um risco de que, no próximo período, haja uma depleção ainda maior dos recursos naturais. Isso se relaciona ao movimento recente de aumento expressivo dos custos de produção, como agrotóxicos e fertilizantes. Uma das formas de fazer frente a isso, para os produtores, é expandir a área de produção para, com os ganhos de escala, compensar o aumento dos gastos com insumos. Isso cria um processo de exclusão seletiva entre produtores. O que essa dificuldade de competição nas áreas mais importantes da produção de soja pode ocasionar? Para explicar isso, é preciso entender a diferenciação espacial básica que existe no Matopiba. A produção da lavoura de soja, algodão e milho se concentra nas áreas altas, mais aptas à mecanização, as chamadas chapadas. Nas áreas baixas, os baixões, é onde ainda se faz a agricultura familiar e vivem as populações mais tradicionais, que antes ocupavam todo o território. Com a pressão sobre a margem de lucro, os agricultores mais capitalizados das áreas altas, onde se encontra produção de soja, têm afirmado que será necessário promover uma integração das modernas lavouras com pecuária. Mas essa integração não ocorrerá nas áreas altas, aptas para os cultivos de maior rendimento. Se for feita, ela provavelmente avançará para as áreas baixas, o que pode ocasionar mais conflitos fundiários, mais deslocamento de comunidades tradicionais e mais impacto sobre os recursos hídricos, porque é ali que correm os rios dessa região.

Além disso, essa pressão pode resultar em outro aspecto tremendamente importante. Um produtor entrevistado ouviu a seguinte pergunta: "O que vocês vão fazer se ficar impossível competir com esse aumento dos custos da produção?". A resposta foi:

> A gente tenta compensar esse aumento do custo com melhoria da produção e produzindo mais. Melhores insumos, integração com pecuária. Se não for suficiente, eu vendo a terra aqui na Bahia, que está muito valorizada, e, com esse dinheiro, compro três, quatro, cinco vezes mais terras lá para a frente. É assim que a gente toca a vida. Meu pai fez assim. Meu avô fez assim. Se precisar, eu faço assim também.

A expressão "lá para a frente" significa, é claro, a fronteira da expansão da agropecuária na Amazônia. No período mais recente, tem sido noticiado o lançamento de uma iniciativa chamada Amacro, que promete ser uma espécie de Matopiba na Amazônia, na confluência das fronteiras de Amazonas, Acre e Rondônia. Ela vem apresentada como um projeto de desenvolvimento sustentável, mas vale lembrar uma frase, publicada em órgãos de imprensa meses atrás, do presidente da Federação da Agricultura no Acre, muito emblemática: "Desmatamento, para nós, é sinônimo de progresso, por mais que isso possa chocar as pessoas. O Acre não tem minério, não tem potencial turístico, o que tem são as melhores terras do Brasil. Só que essa terra tem um problema: floresta em cima".

O que tudo isso significa quando lido em conjunto? Que a dinâmica de competitividade no agronegócio empurra o movimento da fronteira e está diretamente relacionado com o desmatamento da Amazônia. E aqui podemos retomar a pergunta que ficou pendente: por que o desmatamento continua se o aumento da produtividade, com ganhos tecnológicos, poderia garantir o aumento da produção, sem necessidade de incorporação de novas áreas?

Isso se deve ao fato de que o desmatamento e a abertura de novas áreas para produção funcionam como uma válvula de escape à tendência estruturalmente concentradora, mesmo entre os produtores de soja já estabelecidos. Basta ver que, nos locais onde se está começando a produzir soja no Amapá ou na Amacro, são produtores vindos de outras regiões os responsáveis por esses negócios, e não a população local. Essa válvula de escape de enormes custos sociais e ambientais também ajuda a entender por que as diferenças internas ao setor patronal da agricultura brasileira não aparecem tanto quanto deviam: os setores arcaico e moderno estão estruturados com muitos vasos comunicantes e diversas interdependências.

Essa é uma realidade exclusiva do Matopiba? Mencionamos a seguir as principais constatações de um estudo que acabamos de publicar, no qual tentamos expandir a análise feita naquela região para o conjunto de municípios brasileiros que produzem soja (Favareto *et al.*, 2022a).

Primeira constatação relevante: o que acontece com os campeões de produção do agronegócio no Brasil? Olhamos para os vinte municípios com os melhores indicadores de produção

Quadro 1: Desempenho de indicadores sociais selecionados nos vinte municípios campeões de produção de commodities

Ranking	UF	Município	Desigualdade	Pobreza	Desemprego
1	**BA**	Formosa do Rio Preto	Pior média estado	Pior média estado	Pior média estado
2	**MT**	Campo Novo dos Parecis	Melhor média estado	Melhor média estado	Melhor média estado
3	**MT**	Nova Ubirata	Pior média estado	Pior média estado	Melhor média estado
4	**BA**	São Desidério	Pior média estado	Pior média estado	Melhor média estado
5	**MT**	Sapezal	Melhor média estado	Melhor média estado	Melhor média estado
6	**MT**	Diamantino	Melhor média estado	Melhor média estado	Pior média estado
7	**MS**	Ponta Porã	Pior média estado	Pior média estado	Melhor média estado
8	**MT**	Campo Verde	Pior média estado	Melhor média estado	Pior média estado
9	**BA**	Barreiras	Pior média estado	Pior média estado	Melhor média estado
10	**MT**	Primavera do Leste	Pior média estado	Melhor média estado	Melhor média estado
11	**MT**	Campos de Julio	Pior média estado	Pior média estado	Melhor média estado
12	**MT**	Nova Mutum	Pior média estado	Melhor média estado	Melhor média estado
13	**MS**	Sidrolândia	Pior média estado	Pior média estado	Pior média estado
14	**GO**	Rio Verde	Pior média estado	Pior média estado	Melhor média estado
15	**MT**	Sorriso	Pior média estado	Pior média estado	Melhor média estado
16	**PE**	Petrolina	Pior média estado	Pior média estado	Pior média estado
17	**MS**	Maracaju	Pior média estado	Pior média estado	Melhor média estado
18	**GO**	Jataí	Pior média estado	Pior média estado	Melhor média estado
19	**GO**	Cristalina	Pior média estado	Pior média estado	Pior média estado
20	**MT**	Lucas do Rio Verde	Melhor média estado	Melhor média estado	Melhor média estado

Fonte: Favareto *et al.* (2022a)

— dezenove deles, produtores de soja; a única exceção é Petrolina. No Quadro 1, podemos observar que, neles, o indicador de desigualdade só é melhor do que a média do respectivo estado em quatro lugares — ou seja, onde há predominância da alta produção de soja, há mais desigualdade. Na terceira coluna há um quadro similar quanto ao indicador de pobreza: em sete dos municípios, temos indicadores melhores do que a média do estado, e em dois terços deles, um resultado pior. O único indicador que aparece um pouco melhor aqui é o desemprego, mas ele também pode ter relação com uma dinâmica de deslocamento da população para outras regiões.

Quando expandimos isso para além dos vinte campeões, olhando agora para todos os municípios produtores de soja no Brasil, podemos notar também que não há indicadores sociais positivos na maioria deles. O grupo A, no Quadro 2, representa o grupo dos municípios nos quais a alta produção de soja vem acompanhada de indicadores sociais melhores do que a média do respectivo estado: é claramente a minoria. O que isso sinaliza? Que não dá para afirmar que a expansão ou a predominância da produção de commodities vêm acompanhadas da melhoria dos indicadores de bem-estar da maior parte da população. Logo, o principal argumento mencionado no início desta exposição, e que se encontra na base da legitimidade do agronegócio frente a boa parte da opinião pública brasileira — a saber, o de que a elevação da produção representa progresso —, não se sustenta nos dados disponíveis, nem é possível argumentar que se trata de uma questão de tempo para que os efeitos amadureçam.

Por outro lado, tampouco podemos afirmar que a pura e simples ausência do agronegócio ou do modelo do agronegócio de apropriação do espaço e dos recursos naturais signifique bons indicadores nessas regiões. É inegável que a produção de commodities tem importância para a economia brasileira; o

Quadro 2: Desempenho dos indicadores sociais nos municípios relevantes em produção de soja

Estado	Proporção soja + média					
	Grupo A		Grupo B		Grupo C	
	n. AMC	% estado	n. AMC	% estado	n. AMC	% estado
Distrito Federal	0	0%	0	0%	1	100%
Goiás	11	6%	32	19%	7	4%
Mato Grosso	12	11%	20	18%	0	0%
Mato Grosso do Sul	1	1%	15	22%	6	9%
Bahia	0	0%	2	18%	4	36%
Ceará	0	0%	1	100%	0	0%
Maranhão	2	6%	6	17%	5	14%
Piauí	0	0%	11	41%	4	15%
Acre	0	0%	7	100%	0	0%
Amazonas	0	0%	1	100%	0	0%
Pará	0	0%	6	18%	2	6%
Rondônia	0	0%	8	31%	5	19%
Roraima	0	0%	1	9%	0	0%
Tocantins	12	14%	15	18%	3	4%
Minas Gerais	17	12%	24	17%	2	1%
São Paulo	10	4%	33	12%	23	9%
Paraná	39	11%	79	21%	34	9%
Rio Grande do Sul	25	6%	116	27%	53	12%
Santa Catarina	6	4%	21	12%	46	27%

Grupo A — Percentual de municípios relevantes na produção de soja nos quais a maior parte dos indicadores sociais apresenta desempenho superior à média do estado

Grupo B — Percentual de municípios relevantes na produção de soja nos quais aproximadamente metade dos indicadores sociais apresenta desempenho superior à média do estado

Grupo C — Percentual de municípios relevantes na produção de soja nos quais a maior parte dos indicadores sociais apresenta desempenho inferior à média do estado

Fonte: Favareto *et al.* (2022a)

Figura 1: Municípios produtores de soja e tipologia das áreas rurais brasileiras

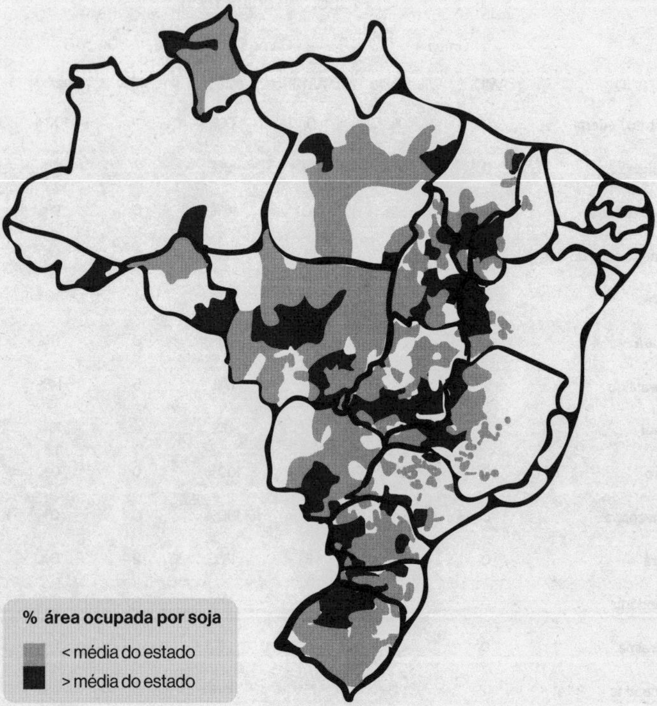

Fonte: Favareto *et al.* (2022a)

que ocorre é que seus efeitos são mais ambíguos e contraditórios do que o discurso simplista deixa transparecer. É preciso entender que há uma diversidade muito grande do Brasil rural.

Na impossibilidade de detalhar, aqui, este último aspecto, deixo, apenas como exemplo, dois mapas. Em um deles há uma tipificação das regiões rurais brasileiras. Dois aspectos merecem ser destacados: o primeiro envolve o contraste entre o mapa dos municípios relevantes para a produção da soja, e o outro retrata a diversidade regional. Temos municípios

Figura 2: Tipologia dos espaços rurais brasileiros

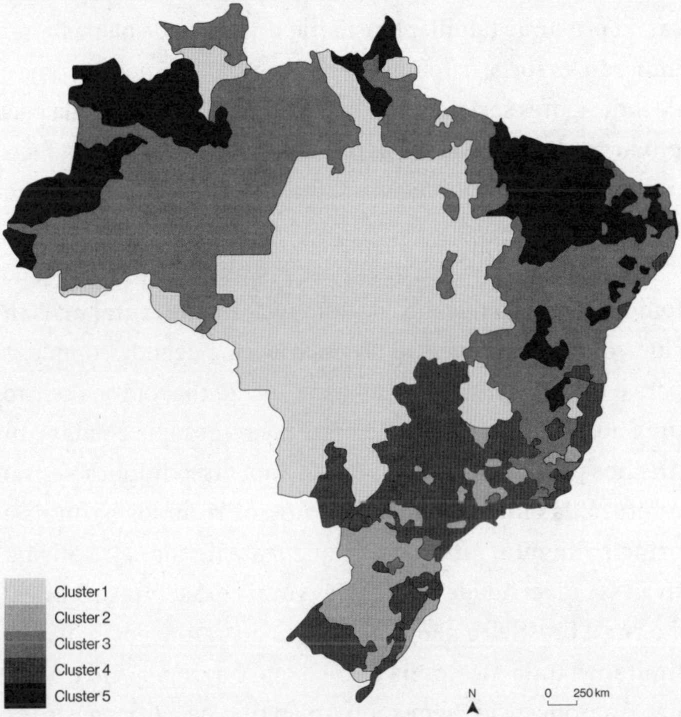

TIPO 1
microrregiões da agricultura patronal altamente produtiva e com a produção voltada predominantemente à comercialização.
TIPO 2
microrregiões em que predomina a agricultura familiar altamente produtiva e a produção é fortemente voltada à comercialização.
TIPO 3
microrregiões em que predomina uma agricultura familiar precária e com a produção predominantemente destinada à comercialização.
TIPO 4
microrregiões em que predominam os médios produtores e a produção é fortemente voltada à comercialização.
TIPO 5
microrregiões de agricultura familiar dependente de políticas sociais e com a produção fortemente destinada ao consumo próprio.

Fonte: Favareto *et al.* (2022b)

relevantes na produção de soja no Cerrado, nas bordas da Amazônia, nos quais predominam as grandes propriedades, assim como uma concentração importante naquelas áreas típicas da produção familiar brasileira, no Sul, onde há melhores indicadores sociais. Temos problemas gravíssimos de fome e de indicadores sociais nessa área que ainda não é afetada pela produção da soja, que são as que ainda têm uma importância muito grande da agricultura familiar e da agricultura familiar mais vulnerável.

Logo, a conclusão é que, para enfrentar o problema da fome e dispor de modelos de desenvolvimento rural mais inclusivos e sustentáveis, é necessária uma agenda complexa para o desenvolvimento brasileiro, que tenha, em seu centro, uma boa reflexão sobre para onde queremos que o país caminhe nos próximos vinte ou trinta anos. Isso implica pensar o futuro das formas de uso dos nossos recursos naturais e, principalmente, uma agenda que trate de maneira afirmativa essa diversidade das regiões rurais brasileiras. O Brasil e o rural brasileiro não se resumem ao agronegócio, não se limitam a uma dicotomia entre o que é agronegócio e o que não é agronegócio, nem a um único tipo de agronegócio.

Há uma enorme heterogeneidade sobre a qual ainda precisamos refletir bastante. Desmontar mitos, como aquele contido na ideia de que "o agro carrega o Brasil nas costas", é parte importante disso. O que foi dito até aqui vai nessa direção, mas é preciso mais, e uma chave importante está no trato afirmativo da diversidade que ainda é um trunfo para o futuro do Brasil rural e para os destinos do país nas próximas décadas do século XXI.

Referências

FAVARETO, Arilson (coord.). *Entre chapadas e baixões do Matopiba: dinâmicas territoriais e impactos socioeconômicos na fronteira da expansão agropecuária no Cerrado*. São Paulo: Ilustre, 2019.

FAVARETO, Arilson *et al*. "Campeões em produção, campeões em desenvolvimento? Uma análise dos indicadores socioeconômicos em territórios de produção da soja no Brasil", *Trade, Development and the Environment Hub*, 2022a.

FAVARETO, Arilson *et al*. *Relatório inclusão produtiva no Brasil rural e interiorano 2022*. São Paulo: Cebrap/Fundação Arymax/Fundação Tide Setubal/ Instituto Humanize, 2022b.

RAJÃO, Raoni *et al*. "The Rotten Apples of Brazil's Agribusiness", *Science*, v. 369, n. 6501, p. 246-8, 2020.

Walter Belik

é professor titular aposentado do Instituto de Economia da Universidade Estadual de Campinas (Unicamp) e diretor do Instituto Fome-Zero.

Dilemas do abastecimento e da distribuição de alimentos no Brasil

O ponto inicial deste capítulo é mostrar que o debate sobre a fome no Brasil, inaugurado por Josué de Castro nos anos 1940, foi alterado na mesma medida em que a estrutura econômica e social do país foi se transformando.

Com as suas primeiras publicações e durante as duas décadas seguintes, Josué de Castro acompanhou esse debate, registrando os problemas de alimentação vividos nas grandes cidades em função de sua rápida urbanização. De acordo com os termos utilizados na época, considerava-se que havia uma crise decorrente da falta de alimentos, quando, devido às estruturas arcaicas de distribuição, eles não chegavam às cidades. A partir desse cenário, a abordagem para o problema da fome flertava com o neomalthusianismo, reintroduzindo a discussão sobre a impossibilidade de o campo alimentar as urbes.

Retrospectivamente, constatamos que, nos anos 1960, influenciados pelas dificuldades de abastecimento e pela escalada de preços, os movimentos políticos no campo estabeleciam a necessidade de realizar reformas de base, entre elas a reforma agrária. Essas reformas poderiam mover os obstáculos estruturais que promoviam o latifúndio e, ao mesmo tempo, a agricultura de subsistência em pequenos lotes de terra. Já nos anos 1970, os militares no poder procuraram superar esses entraves com uma modernização conservadora da produção agropecuária e dos sistemas de abastecimento. Assim, entre o fim dos anos 1960 e meados dos 1970, foi criado o Sistema Nacional de Centrais de Abastecimento (Sinac) que conhecemos hoje. Ele buscava, à época, promover não somente a aproximação entre produtores rurais e comerciantes de alimentos como também a renovação de todo o abastecimento alimentar do varejo.

Nesse mesmo período, com o maior desenvolvimento técnico das lavouras, elevaram-se a produção e a oferta de alimentos, mas não foi possível evitar, nos anos seguintes, a disparada da inflação. Com a crise, ficou claro para os administradores e para a população que o problema da carestia não decorria da falta de alimentos. De fato, não havia o chamado desabastecimento, mas o alimento chegava à cidade com preços cada vez mais altos.

Como sabemos, o problema da alta dos preços não foi enfrentado por nenhum governante em nível federal. Naquela época, havia um mito de que tudo poderia ser resolvido pela política econômica geral de combate à inflação, mas vimos que o tema voltou com força total nos movimentos contra a carestia dos anos 1990 — devido a outras questões ligadas ao acesso a uma dieta nutritiva. Para termos ideia do drama vivido pela população, apenas como comparação, observou-se que, apesar da estabilização de preços promovida pelo Plano Real, a inflação dos alimentos medida pelo Índice de Preços ao Consumidor (IPC) da Fundação Instituto de Pesquisas Econômicas (Fipe) na cidade de São Paulo foi de 20,4% entre 1995 e 1999, contra o rendimento médio dos assalariados formais e informais do setor público e privado, medido pelo Departamento Intersindical de Estatística e Estudos Socioeconômicos (Dieese) também na cidade de São Paulo, que variou apenas 2,3% no mesmo período.

Já nos anos 2000, as mudanças políticas estabelecem o combate à fome como prioridade, e o Fome Zero é lançado em 2003 com mais de cinquenta programas visando à segurança alimentar e nutricional. Os resultados não tardam a aparecer, com a erradicação da fome em poucos anos. Todavia, avançando um pouco mais na história, com a desmobilização de recursos e o desmonte de programas a partir da crise política desencadeada em 2016, o Brasil volta ao Mapa da Fome na segunda metade da década.

A partir desse breve resumo, podemos observar a trajetória do debate e das abordagens sobre o problema da fome nos últimos setenta ou oitenta anos. Vimos que a discussão foi pautada basicamente, em um primeiro momento, pela preocupação em relação à produção, e que, em seguida, se retoma a questão do acesso. Nos tempos atuais, não há dúvida de que não faltam alimentos no Brasil e que o país tem capacidade de alimentar toda a sua população. Na realidade, o que falta é renda para uma parcela enorme do povo, além de garantia de acesso ao alimento via políticas públicas, seja esse acesso físico direto, seja pelo poder de compra dessa população para aquisição do alimento.

Em retrospecto, cabe sublinhar que, nos anos 1940 e 1950, tínhamos dois grandes pensadores que apresentavam um diagnóstico semelhante com relação à fome: Josué de Castro, já citado, e Ignácio Rangel.

Josué de Castro levantava a questão do imperialismo como obstáculo ao desenvolvimento em uma época — o pós-guerra — em que as grandes potências ainda mantinham impérios coloniais e tentavam controlar a produção agrícola mundial, tanto pela via da produção quanto pela do comércio internacional. Ele apontava a monocultura como traço marcante da nossa economia, convivendo em simbiose com uma agricultura de subsistência. O autor se refere a uma economia predatória dedicada unicamente à exportação, e é nesse contexto que se apresentam a questão urbana e sua interface com o êxodo rural. Decorre dessa sequência a necessidade de um projeto de desenvolvimento integrado. Castro tentou pôr em prática suas observações com o lançamento do Projeto Tracunhaém, uma pequena localidade a setenta quilômetros de Recife, com oitocentos habitantes à época. Esse projeto, desenvolvido no início dos anos 1960 com apoio de agências internacionais, buscava um desenvolvimento integrado, com uma transformação agrária e uma preocupação extrema com o acesso dessa população a uma nutrição mais saudável.

Ignácio Rangel apresentava seus argumentos pela necessidade de um projeto de desenvolvimento na mesma linha. Rangel, maranhense, e Castro, pernambucano, foram contemporâneos, mas praticamente não tiveram contato. Não há uma interlocução entre esses dois gigantes sobre agricultura e alimentação no Brasil, talvez porque Josué de Castro fosse filiado ao Partido Trabalhista Brasileiro (PTB) e Ignácio Rangel, ao Partido Comunista Brasileiro (PCB). É possível que tenha havido algum afastamento político por trás, mas o fato é que Rangel também levantou as questões da dualidade e da necessidade de superar a crise agrária por meio de aumento de renda e desenvolvimento do mercado interno. Os dois concordam que as grandes reformas que deveriam ser feitas nesse sentido eram a reforma agrária e a quebra de estruturas arcaicas e anacrônicas de comercialização.

Para mostrar que o debate é antigo, embora continue atual, selecionei dois artigos que saíram na imprensa em épocas diferentes. O primeiro é uma pequena nota de 1968, em *O Estado de S. Paulo*, em que se preconiza a necessidade de aumentar a produção agrícola do Brasil para melhorar a oferta de alimentos. Nesse texto, o jornal conservador dirigido pela elite agrária paulista defendia a necessidade de aumentar a produção agrícola do país em nada menos que dez vezes. Essa pequena nota se encontra no site da Empresa Brasileira de Pesquisa Agropecuária (Embrapa) e é destacada como um marco histórico (Embrapa, [s.d.]). O outro artigo, mais recente, evoca novamente o neomalthusianismo: nesse texto do *New York Times*, é veiculada a ideia de que o mundo não terá capacidade de alimentar a sua população, que deve ultrapassar os nove bilhões de indivíduos (Bittman, 2014). Nesse caso, o artigo aparece em outros canais de notícias internacionais; aqui no Brasil, a caixa de ressonância é a Embrapa, que nos apresenta a necessidade de aumentar a produção agrícola em 60% ou 70% para alimentar o mundo até 2050 (Galera, 2021). Essas posições ufanistas sobre a nossa capacidade de aumentar a produção, em contraste com a grande quantidade de cidadãos passando fome, voltam ao discurso acrítico do agronegócio a todo instante.

A ideia de aumento de produção para a solução dos problemas da fome continua presente no dia a dia, mas o que mudou na produção agrícola nos últimos 75 anos? Se tomarmos os dados do Instituto Brasileiro de Geografia e Estatística (IBGE) entre 1940 e 1950, veremos que a produção estava altamente concentrada em poucas culturas. Na época, eram o café, a cana-de-açúcar, o milho e o algodão, basicamente. Essas quatro culturas representavam quase 70% do que se produzia no Brasil, com base no valor bruto da produção (VBP). Tomando-se o último dado de 2020 pela Pesquisa Agrícola Municipal (PAM) do IBGE, é possível depreender que a concentração continua, mas agora com base na soja, que representa hoje de 40% a 50% do VBP do setor de lavouras de produção vegetal do Brasil, além de milho, café e algodão — totalizando 75% do VBP.

Quando analisamos as exportações, o quadro de concentração parece ser o mesmo, embora em menor proporção. Os primeiros dados regulares de balança comercial que tivemos foram levantados pelo IBGE e pela Fundação Getúlio Vargas (FGV). Em 1953, por exemplo, 70% da exportação agrícola era composta de café, ou seja, a agricultura brasileira, nos anos 1950, era basicamente o café, pois esse produto dominava a pauta de exportações. O Brasil só conseguiu superar a predominância do café na cesta de produtos de exportação na década de 1960.

Em anos mais recentes, a soja ocupou o papel do café na pauta de exportações. Contudo, ela não tem destaque equivalente ao que teve o café nas décadas anteriores a 1960. O fato é que a soja em grão representa, atualmente, 13% da nossa exportação, algo em torno de 28 bilhões de dólares, em dados de 2020 (Brasil, [s.d.]). Segundo lideranças ruralistas, as exportações do agronegócio representariam cem bilhões de dólares, ou seja, quase 50% da nossa pauta de exportações, mas, se tomarmos o dado da agropecuária isolada e restrita, essa exportação cai para 43 bilhões de dólares (Brasil, [s.d.]). O que queremos registrar com essas comparações é que, apesar da concentração na produção agropecuária e da crescente dependência em relação à soja para geração de divisas, a agricultura brasileira é diversificada e garante oferta suficiente para o abastecimento do mercado interno. No cômputo geral, se compararmos a produção primária direta, o mercado externo representa apenas 10% da oferta. Com exceção da soja e da laranja, o destino predominante dos produtos da agropecuária é o mercado interno.

Acrescente-se a isso um dado da Organização das Nações Unidas para a Alimentação e a Agricultura (FAO) que apresenta o Brasil como um país de razoável vulnerabilidade alimentar (FAO, 2021). O resultado surpreende, mas pode ser explicado pela concentração tanto dos produtos em relação ao mercado externo — criando uma certa dependência — quanto do valor proteico que o brasileiro consome em função de uma dieta monótona.

Essa vulnerabilidade também pode ser justificada pela concentração no elo da distribuição de alimentos. Efetivamente, temos uma concentração na demanda por alimentos que acaba impactando a comercialização de produtos no Brasil. Segundo a Pesquisa de Orçamentos Familiares (POF) do IBGE, pouca gente consome muito alimento, e muita gente consome pouco alimento no país. Em função dessa realidade, a indústria de alimentos naturalmente direciona a sua ação de mercado para o público de alta renda, que proporcionalmente consome mais que o público de baixo poder aquisitivo. Isso faz com que a composição do produto e o tipo de produto que é posto para o consumo do brasileiro tentem emular um padrão que existe nas classes de mais alta renda. Observa-se que 29% das famílias gastam 46% de tudo que é consumido com alimentos no Brasil, segundo a POF de 2017-2018. É evidente que temos um desbalanceamento que reflete exatamente as desigualdades do nosso país. O gasto com alimentos das famílias de mais alta renda, acima de 25 salários mínimos, é 456% maior do que o de famílias de baixa renda (Belik, 2020). Em paralelo a isso, e como consequência da concentração de renda, houve também uma concentração no formato dos equipamentos de distribuição. Os alimentos que eram comercializados em feiras, em pequenos mercadinhos, em ambulantes e em mercados municipais passaram a ser adquiridos de forma massiva em supermercados.

Estima-se que, atualmente, entre 10% e 20% dos alimentos no Brasil sejam comprados em feiras livres e mercados tradicionais, pequenas vendas, mercearias e quitandas — ou seja, no varejo tradicional.[15] Decorre daí que o maior volume de compras de alimentos se dê no canal do autosserviço, sobretudo nos supermercados. Por outro lado, o comércio de alimentos é o principal negócio dos supermercados: uma proporção de 78% do seu faturamento está voltada unicamente para a alimentação (ABRAS, 2020).

Hoje, sabemos que o avanço dos supermercados está diretamente ligado à perda de densidade do sistema atacadista público de alimentos, que abastecia com os seus fluxos os pequenos comércios tradicionais urbanos. Toda a estrutura pública montada nos anos 1970 para resolver os problemas de abastecimento e aproximar os produtores rurais do pequeno varejo urbano ficou obsoleta (Cunha & Belik, 2015).

Hoje, temos 74 Centrais Estaduais de Abastecimento (Ceasa) no Brasil, que, em sua maioria, ficaram paradas no tempo. Os dados mostram que não há um crescimento da oferta de produtos via atacado das Ceasas. Essas centrais de abastecimento representam apenas 20% das vendas de atacado de alimentos, considerando o faturamento de todos os atacadistas de alimentos do Brasil.[16] É muito pouco, e isso faz com que a Ceasa concentre seus esforços em algumas operações e alguns produtos *in natura*. Ainda existem pequenos produtores que fornecem até cem toneladas/mês para as Ceasas, estabelecidos em 2.149 municípios — ou seja, 68% dos municípios do Brasil, o que implica um papel

15 Estimativa baseada na comparação do faturamento dos supermercados e autosserviços apresentada pelo Ranking Abras e pela Pesquisa Anual do Comércio (PAC) do IBGE. Ver também o relatório "Successful Strategies in Traditional Trade Around the Globe" da Nielsen para 2016 (The Nielsen Company, 2016), que apresenta uma participação de 35% das lojas convencionais para todas as categorias de varejo.

16 Estimado na comparação dos dados da Associação Brasileira de Distribuidores (Abad) com as estatísticas de movimentação das Ceasas, calculadas pelo Programa Brasileiro de Modernização do Mercado Hortigranjeiro (Prohort) da Companhia Nacional de Abastecimento (Conab).

muito importante na economia local. Esse total de produtos oferecidos representa apenas 4% de tudo aquilo que esses equipamentos compram, mas, para os municípios vendedores, ainda é um grande mercado. Na outra ponta, produtores que fornecem mais de mil toneladas/mês para as Ceasas estão localizados em 247 municípios e representam 72% da oferta, ou seja, o grosso do que é comercializado nas Ceasas.[17] Evidentemente, há uma concentração da oferta em poucos municípios, diminuindo a diversidade, aprofundando a sazonalidade e reduzindo a competição. Tudo isso gera dificuldades na comercialização, principalmente quando as grandes redes de supermercados se voltam ao consumidor de maior renda.

Um caso ilustrativo é o da cidade de São Paulo, que foi detalhado por Kasinski (2020). De um lado, o autor mapeou os desertos alimentares — espaços nos quais não há oferta de produtos frescos para o consumo. De outro, estão os pântanos — que são áreas nas quais há uma superoferta de alimentos ultraprocessados e de fast-food. Em ambos os casos, os mapas demonstram uma concentração em regiões de baixa renda.

Para concluir, grandes desafios estão colocados. Por certo, é fundamental retomar as políticas de segurança alimentar, mas buscando avanços dos programas de abastecimento. Podemos dizer que, até então, a nossa intervenção nos programas de abastecimento tem sido tímida. Precisamos repensar esses programas e buscar novas estruturas capazes de dar conta de atender a população que enfrenta obstáculos físicos e econômicos de acesso ao alimento. É preciso discutir circuitos curtos de produção e consumo, por exemplo. É possível restabelecer alguma conexão entre essas interfaces?

17 Com base em dados disponíveis até 2018.

É possível trabalhar com plataformas digitais para comercialização de alimentos da agricultura familiar? Muitos agricultores já estão fazendo a ligação direta entre a sua produção e os mercados consumidores. Finalmente, temos de levar em conta as grandes questões que cercam a modernidade na distribuição de alimentos, mas que, fora da teoria, estão presentes há anos nas práticas de mercado: certificação, rotulagem, regionalização da oferta, educação alimentar e consumo consciente.

Referências

ASSOCIAÇÃO BRASILEIRA DE SUPERMERCADOS (ABRAS). "Ranking Abras 2020", *Superhiper*, v. 46, n. 526, maio 2020.

BELIK, Walter. *Estudo sobre a cadeia de alimentos*. Rio de Janeiro: Ibirapitanga/Imaflora, 2020.

BITTMAN, Mark. "Don't Ask How to Feed the 9 Billion", *The New York Times*, 11 nov. 2014.

BRASIL. Ministério da Agricultura, Pecuária e Abastecimento. "Indicadores Gerais Agrostat", [s.d.]. Disponível em: https://indicadores.agricultura.gov.br/agrostat/index.htm.

CUNHA, Altivo R. de Almeida & BELIK, Walter. "Abastecimento no Brasil: o desafio de alimentar as cidades e promover o desenvolvimento rural". *In*: GRISA, Catia & SCHNEIDER, Sergio (org.). *Políticas públicas de desenvolvimento rural no Brasil*. Porto Alegre: Editora da UFRGS, 2015.

EMPRESA BRASILEIRA DE PESQUISA AGROPECUÁRIA (EMBRAPA). "Trajetória da agricultura brasileira", [s.d.]. Disponível em: https://www.embrapa.br/visao/trajetoria-da-agricultura-brasileira.

GALERA, Vinicius. "Potencial para abastecer o mundo", *Canal Agro*, 27 out. 2021.

KASINSKI, Daniel. *Desertos alimentares no município de São Paulo*. Dissertação (Mestrado em Agronegócio) — Fundação Getulio Vargas, Escola de Economia de São Paulo, São Paulo, 2020.

ORGANIZAÇÃO DAS NAÇÕES UNIDAS PARA A ALIMENTAÇÃO E A AGRICULTURA (FAO). "El estado mundial de la agricultura y la alimentación 2021: lograr que los sistemas agroalimentarios sean más resilientes a las perturbaciones y tensiones", Roma, 2021.

THE NIELSEN COMPANY. "Successful Strategies in Traditional Trade Around the Globe", 2016.

Maria Emília Lisboa Pacheco

é antropóloga, assessora da Federação de Órgãos para Assistência Social e Educacional (FASE) e integrante dos núcleos executivos da Articulação Nacional de Agroecologia (ANA) e do Fórum Brasileiro de Soberania e Segurança Alimentar e Nutricional (FBSSAN).

Agricultura familiar, povos e comunidades tradicionais: disputa por terra e território e afirmação de identidades

Existem no Brasil 10,1 milhões de pessoas ocupadas com agricultura familiar, ou seja, 67% de todo o pessoal que trabalha com agropecuária no país. Esse segmento representa 77% dos estabelecimentos rurais, o que significa 23% da área total. É a base da economia local de 90% dos municípios com até vinte mil habitantes, assumindo a renda de 40% da população economicamente ativa do país (IBGE, 2017). Dos 5,07 milhões de estabelecimentos rurais brasileiros, 81%, ou seja, 4,11 milhões, estavam, no período do levantamento, sob gestão masculina, e 18,7%, ou seja, 946 mil, sob gestão feminina (Hora, Nobre & Butto, 2021).

A importância da agricultura familiar e camponesa e de seus diferentes segmentos para a produção da diversidade dos alimentos de qualidade, que respondem às diferentes culturas alimentares, as quais, por sua vez, protegem a nossa biodiversidade e conservam o meio ambiente e suas várias formas associativas e democráticas, precisa ser devidamente reconhecida com garantia de salvaguardas.

Em nome da coerência de quem defende o direito humano à alimentação e nutrição adequadas (DHANA) e do princípio de soberania alimentar, precisamos contestar a visão do Brasil como celeiro do mundo. Essa visão produtivista se distancia das manifestações da fome. Não aborda as desigualdades, a violação de direitos, os impactos socioambientais da concentração da terra e da renda e o adoecimento da população pelos efeitos da liberação crescente de venenos. Essa visão também não reconhece o papel socioeconômico e ecológico dos segmentos do campesinato na produção dos alimentos. Nega ainda a visão das culturas e geografias da alimentação, como nos ensinou Josué de Castro.

Em vários períodos de nossa história, volta à tona o debate sobre o papel da agricultura familiar e camponesa. Em 1993, por exemplo, na proposta "Por um novo programa agrário", falava-se em projetos de colonização, reforma agrária em áreas especiais como o Semiárido e cobrança de imposto territorial rural. Dizia-se que os produtores não integrados aos complexos agroindustriais (CAI), especialmente no Norte e no Nordeste, estavam condenados a atividades marginais, à produção de autoconsumo e, quando muito, ao fornecimento direto às populações locais com um nível tecnológico rudimentar (Silva, 1993).

Naquela ocasião, fiz crítica ao que caracterizei como darwinismo econômico e afirmei que as lutas e mobilizações dos vários segmentos do campesinato revelavam a insurgência contra a categorização genérica de "pobres do campo" e "barrados do baile" que lhes era imputada, assim como a visão que reduzia a reforma agrária a "política social", sem o reconhecimento do potencial dinâmico dos diversos segmentos e suas iniciativas criativas. Chamei atenção para os riscos de segmentação da questão agrária, agrícola e ambiental. Afirmei o papel da diversidade dos mercados locais e regionais, especialmente onde as atividades agrícolas conformam o perfil das cidades e a importância das lutas socioambientais dos diferentes sujeitos de direitos (Pacheco, 1993).

Presentes na cena política com uma trajetória marcada por avanços e recuos, conquistas e derrotas, os camponeses continuam tendo enorme importância política no cenário dos movimentos sociais. A cada momento, esses sujeitos políticos expressam formas de opressão, miséria e violação de direitos. Expressam também, por meio de críticas e novas formas de luta e organização, alternativas de contestação e construção de nova historicidade, à luz de princípios e valores como bens comuns, reciprocidade, solidariedade e diversidade étnico-cultural.

As conquistas da afirmação do direito à diferença e dos direitos étnicos

Rememorando os tempos de redemocratização e promulgação da Constituição de 1988, uma conquista importante da cidadania foi o reconhecimento das teorias do pluralismo jurídico, segundo as quais o direito produzido pelo Estado não é o único. Foi contemplado o direito à diferença, enunciando-se o reconhecimento dos direitos étnicos.

A afirmação dos sujeitos de direitos ampliou-se e ganhou visibilidade. As terras indígenas foram definidas como bens da União e destinadas à posse permanente dos povos indígenas. Houve a distinção das terras dos remanescentes de quilombos, que foram reconhecidas no artigo 68 das "Disposições transitórias da Constituição" como propriedade definitiva.

A Constituição cunhou o conceito de "terras tradicionalmente ocupadas":

> São terras tradicionalmente ocupadas pelos índios, as por eles habitadas em caráter permanente, as utilizadas para suas

> atividades produtivas, as imprescindíveis à preservação dos recursos ambientais necessários a seu bem-estar e as necessárias a sua reprodução física e cultural, segundo seus usos, costumes e tradições. (Brasil, 1988, art. 231, § 1º)

Desde 1988, esse conceito ampliou seu significado e tornou-se um preceito jurídico para a legitimação de territorialidades específicas e etnicamente construídas:

> Para sua efetivação, um significativo exemplo nos vem da mobilização de movimentos sociais de identidade coletiva, como o movimento das "quebradeiras de coco babaçu" na luta pelo "babaçu livre", reconhecido como direito em várias leis municipais. O movimento dos seringueiros, também, conquistou o reconhecimento das reservas extrativistas como "espaços territoriais destinados à exploração autossustentável e conservação dos recursos naturais renováveis por população extrativista". (Brasil, 1990)

Povos e comunidades tradicionais que se dedicam historicamente ao extrativismo, ao artesanato, à pesca e à agricultura de base familiar desenvolveram estratégias de sobrevivência associadas à utilização de bens da natureza, apoiados na consciência ambiental por oposição aos empreendimentos econômicos que devastam o meio ambiente.

Na primeira década dos anos 2000, foram reconhecidas cerca de 28 comunidades tradicionais, até então invisíveis, caracterizadas como:

> Grupos culturalmente diferenciados e que se reconhecem como tais, que possuem formas próprias de organização social, que ocupam e usam territórios e recurso naturais como condição para sua reprodução cultural, social, religiosa, ancestral

> e econômica, utilizando conhecimentos, inovações e práticas gerados e transmitidos pela tradição [...]. [E seus territórios tradicionais foram definidos como] os espaços necessários à reprodução cultural, social e econômica dos povos e comunidades tradicionais, sejam eles utilizados de forma permanente ou temporária. (Brasil, 2007)[18]

A longa tradição de uso comum das terras e dos recursos naturais no Brasil é fundamental para assegurar a reprodução social desses segmentos e seus modos de vida. A defesa dos bens comuns foi potencializada. Refiro-me aqui a bens comuns no sentido de sistemas sociais e regras consuetudinárias adotadas pelas populações para a gestão compartilhada dos bens da natureza de maneira justa e sustentável. Entretanto, em uma sociedade autoritária, com fundamentos coloniais, escravistas e patriarcais, bloqueios e cercamentos vêm se intensificando.

Privatização de terra pública e novos cercamentos

Vivemos um tempo de flexibilização da legislação fundiária e ambiental concomitantemente à paralisação de ações de desapropriação de terras, à criação de assentamentos e ao reconhecimento de direitos territoriais: um verdadeiro caos fundiário. Não é possível avançarmos no debate sobre quais sistemas alimentares e qual democracia queremos construir sem relacionar a problemática ambiental, a estrutura fundiária e de ocupação e o uso da terra no país.

18 Em 2016, o Decreto 8.750 especificou as identidades das comunidades tradicionais.

O governo brasileiro vem criando medidas que, cada vez mais, inviabilizam o reconhecimento dos direitos territoriais dos povos e das comunidades tradicionais, assim como o cumprimento dos determinantes constitucionais que asseguram o acesso à terra. É verdade que, historicamente, o modelo vigente se apoiou na ausência de uma política efetiva de reforma agrária e de desconcentração da propriedade da terra, mas, hoje, o permanente avanço sobre novas fronteiras agrícolas e a mineração acirram os conflitos e a disputa por terras públicas. Novos cercamentos vão se expandindo, com iniciativas que afetam os direitos dos agricultores.

A entrega de títulos de propriedade em assentamentos de reforma agrária é um exemplo. A Lei 13.465, de 2017 (Brasil, 2017a), expandiu as possibilidades de apropriação de terras públicas e criou mecanismos que facilitam os critérios de titulação e antecipam a consolidação dos assentamentos. O artigo 47 do Decreto 9.311, de 2018 (Brasil, 2018), que regulamenta essa lei,[19] passou a considerar como consolidado/emancipado o projeto de assentamento que conta com quinze anos de implementação, independentemente do cumprimento dos requisitos de concessão de créditos de instalação e da conclusão dos investimentos previstos pelas legislações anteriores. O poder público se desobriga de oferecer, por meio de políticas públicas, as condições para que os assentamentos se desenvolvam e se tornem autossuficientes. Com o título da terra, o agricultor passa a ter de buscar crédito em bancos, a juros mais altos, o que pode levar a um endividamento e à consequente perda de sua terra (Malerba, 2021).

19 Promoveu alterações substanciais na Lei 8.629/1993, que regulamenta os dispositivos constitucionais relativos à reforma agrária, e modificou comandos normativos que tratam especificamente dos assentamentos.

Nas modalidades de assentamentos ambientalmente diferenciados, como os Projetos de Assentamento Agroextrativistas (PAE), há o apossamento coletivo que relaciona as dimensões ambiental, social e cultural. Nesses casos, o ideal é que seja emitido um Contrato de Concessão de Direito Real de Uso (CCDRU) coletivo para a associação. A assinatura desse contrato é essencial para que o acesso à terra seja de fato proporcionado às famílias e garanta autonomia no uso dos recursos naturais. Essa orientação significaria assegurar os meios de vida para a segurança alimentar e nutricional. Sem esse procedimento, acaba sendo estimulada a desestruturação das dinâmicas coletivas do território tradicional (Benatti & Silva, 2021).

A proposta do Programa Adote um Parque: unidades de conservação (UCs) de proteção integral ou de uso sustentável — Decreto 10.623/2021 (Brasil, 2021a) — privatiza e transfere a responsabilidade pública para pessoas físicas e jurídicas privadas, nacionais e estrangeiras, para atender às corporações da indústria alimentícia no contexto de mudanças climáticas. Heineken, Carrefour e Coca-Cola foram as primeiras corporações a assinar protocolos de intenção. Os movimentos sociais denunciam a desresponsabilização do Estado em gerir as UCs e a ausência de diálogo com a população e com comunidades tradicionais diretamente impactadas, que são apenas informadas das adoções pela imprensa, ferindo o direito à consulta livre, prévia e informada, conforme prevê a Convenção 169 da Organização Internacional do Trabalho (OIT, 1989). Além disso, o programa inclui UCs que possuem situação de sobreposição com áreas indígenas, quilombolas e de povos e comunidades tradicionais (Pontes, 2021).

O Cadastro Ambiental Rural (CAR) também tem sido denunciado pelos movimentos sociais como uma espécie de grilagem digital, já que, em muitos casos, a autodeclaração se sobrepõe a comunidades da agricultura familiar e terras tradicionalmente ocupadas.

Há ainda, *neste momento*, várias propostas de projetos de lei na Câmara e no Senado que incentivam a ocupação e a dispensa do licenciamento ambiental, favorecendo o desmatamento e a arrecadação de terra pública pelo mercado.

Não estamos diante de conflitos agrários no sentido estrito. São conflitos sociais que têm uma dimensão ambiental, cultural, identitária e étnica. A disputa pela afirmação dos direitos dos agricultores nos assentamentos da reforma agrária e dos direitos territoriais de comunidades e povos tradicionais em suas lutas de resistência contra a desterritorialização vai na contracorrente da expansão do agronegócio, da privatização das terras e da financeirização da natureza.

O registro dos conflitos pela Comissão Pastoral da Terra (CPT) nos estimula a pensar e a agir em defesa da reforma agrária e dos direitos territoriais. Em 2020, ocorreram 2.054 conflitos, envolvendo 914.144 pessoas em 77.442.957 hectares. Um total de 477 famílias foram impedidas de acessar áreas coletivas (Centro de Documentação Dom Tomás Balduíno, 2020).

Outras ameaças com a reconfiguração da agricultura familiar

Programas inovadores, caracterizados como um novo ciclo de políticas públicas para a segurança alimentar e nutricional e a promoção da agroecologia, que afirmaram o papel da agricultura familiar camponesa e agroextrativista, foram conquistas importantes na primeira década dos anos 2000.

A Política Nacional de Segurança Alimentar e Nutricional e a Política Nacional de Agroecologia e Produção Orgânica não foram plenamente executadas. Alguns de seus programas, como o Programa de Aquisição de Alimentos, o aperfeiçoamento do Programa Nacional de Alimentação Escolar, a Política de Garantia de Preços Mínimos para os Produtos da Sociobiodiversidade, a Política de Assistência Técnica e Extensão Rural, o Programa de Inclusão Produtiva para as Mulheres, entre outros, foram extintos ou substituídos, ou tiveram drástica redução de orçamento no governo de Jair Bolsonaro.

Esse processo de desmonte das políticas públicas vem acompanhado também da flexibilização dos critérios de definição da força de trabalho e da composição das formas associativas, reconfigurando a agricultura familiar com reflexo no acesso às políticas públicas.

Segundo o Decreto 10.688, de 2021 (Brasil, 2021b), o quadro social das organizações da agricultura familiar — cooperativas e associações — passa a ser constituído de, no mínimo, 50% de agricultores familiares com inscrição ativa no cadastro da agricultura familiar, em lugar do índice de 60% definido em 2017 — Decreto 9.064 (Brasil, 2017b). Essa proporção vem sendo reduzida após as normativas da primeira década de 2000. Isso significa abrir margem para concentrar a representação de um público mais amplo do ponto de vista econômico.

Entre os requisitos para o enquadramento como Unidade Familiar de Produção Agropecuária (UFPA), denominação que passou a ser usada recentemente, houve a substituição de "utilizar, no mínimo, metade da força de trabalho familiar" por utilizar "predominantemente" mão de obra familiar, um termo subjetivo de difícil mensuração. Isso também abre precedente para enquadramento de mais público. Essas mudanças seguramente terão impacto, por exemplo, nas aquisições públicas de segmentos mais empobrecidos da agricultura familiar, como o Programa Nacional de Alimentação Escolar, que já vem revelando processo de concentração de compras.

O papel da agricultura familiar no governo de Jair Bolsonaro não é considerado, como demonstram os vetos aos projetos de lei 735 e 823 — que previam auxílio emergencial para a agricultura familiar com propostas de fomento, crédito, seguro agrícola e proposta emergencial de compra pública. A aplicação da Lei Assis de Carvalho, que acabou sendo sancionada após a derrubada dos vetos, ainda não se efetivou. O governo chama de agricultura de pequeno, médio e grande portes, e insiste em dizer que não há uma agricultura familiar; o que distingue é o tamanho. É a negação da lógica própria de um segmento da sociedade que produz alimentos diversos.

Uma concepção plural da economia

Uma concepção plural da economia como economia humana, ecológica e feminista, e a relação entre economia e sociedade são percepções que devem se traduzir em práticas necessárias para o aprofundamento da democracia. Karl Polanyi (1980) nos convida a ver os laços entre pluralidade econômica e crítica política à redução da economia ao mercado. Foram abertos caminhos para uma análise crítica das relações de poder com ocultação da economia não mercantil e das trocas não monetárias. Além do mercado, a reciprocidade, a redistribuição e a administração doméstica são princípios de uma abordagem não determinista e não economicista que tem inspirado o diálogo com a economia feminista, que nos permite reconhecer e valorizar o papel da agricultura familiar e camponesa com ênfase no papel das mulheres.

Indicadores usualmente utilizados para representar e comparar o mundo do trabalho e a riqueza produtiva não consideram as mulheres como sujeitos econômicos e sociais ativos. No Censo de 2017, de um total de 3.897.408 estabelecimentos da agricultura familiar, 541 mil, com até quatro módulos fiscais, não foram classificados como agricultura familiar, ou devido ao predomínio da renda familiar de atividades fora do estabelecimento, ou em razão do crescimento do uso de mão de obra contratada (Del Grossi *et al. apud* Hora, Nobre & Butto, 2021).

Uma análise com a abordagem feminista nos indica que tanto há necessidade permanente de políticas que fortaleçam as mulheres como agricultoras como é preciso considerar que o predomínio de renda não agrícola e de fora do estabelecimento pode se dar pelo registro insuficiente da produção para o autoconsumo e circuitos não monetários de troca, em geral de responsabilidade das mulheres. A produção das mulheres, considerada "miudeza", embora com diversidade de itens, também pode se perder no registro censitário (Hora, Nobre & Butto, 2021). As análises feministas chamam atenção para o papel histórico das mulheres na defesa de bens comuns, na relação trabalho produtivo/reprodutivo, bem como em relação à ética e à economia do cuidado.

Na perspectiva da pluralidade da economia e da economia popular, ganham sentido significativo as formas associativas, que contribuem para alimentar o debate e as reivindicações de regulação e redistribuição públicas com a mobilização de recursos para ações coletivas solidárias e horizontais.

Um plano de reconstrução e transformação do país requer a centralidade estratégica do direito humano a alimentação e nutrição adequadas como um caminho para a soberania alimentar. Um pacto ecológico supõe o compromisso com a promoção da agroecologia, o respeito e a garantia dos direitos da agricultura familiar e camponesa, dos povos e das comunidades tradicionais e das mulheres do campo, da floresta, das cidades e das águas.

Referências

BENATTI, José Helder & SILVA, Antonio Felipe Cunha da. "Direitos territoriais dos povos e comunidades tradicionais e a lei de regularização fundiária", Heinrich Böll Stiftung, 23 nov. 2021.

BRASIL. "Constituição da República Federativa do Brasil de 1988", Brasília, 1988.

BRASIL. "Decreto n. 98.897, de 30 de janeiro de 1990. Dispõe sobre as reservas extrativistas e dá outras providências", Brasília, 1990.

BRASIL. "Decreto n. 6.040, de 7 de fevereiro de 2007. Institui a Política Nacional de Desenvolvimento Sustentável dos Povos e Comunidades Tradicionais", Brasília, 2007.

BRASIL. "Lei n. 13.465, de 11 de julho de 2017. Dispõe sobre a regularização fundiária rural e urbana, sobre a liquidação de créditos concedidos aos assentamentos da reforma agrária e sobre a regularização fundiária no âmbito da Amazônia Legal; institui mecanismos para aprimorar a eficiência de alienação de imóveis da União", Brasília, 2017a.

BRASIL. "Decreto n. 9.064, de 31 de maio de 2017. Dispõe sobre a Unidade Familiar de Produção Agrária, institui o Cadastro Nacional da Agricultura Familiar e regulamenta a Lei n. 11.326, de 24 de julho de 2006, que estabelece as diretrizes para a formulação da Política Nacional da Agricultura Familiar e empreendimentos familiares rurais", Brasília, 2017b.

BRASIL. "Decreto n. 9.311, de 15 de março de 2018. Regulamenta a Lei n. 8.629, de 25 de fevereiro de 1993, e a Lei n. 13.001, de 20 de junho de 2014, para dispor sobre o processo de seleção, permanência e titulação das famílias beneficiárias do Programa Nacional de Reforma Agrária", Brasília, 2018.

BRASIL. "Decreto n. 10.623, de 9 de fevereiro de 2021. Institui o Programa Adote um Parque, com a finalidade de promover a conservação, a recuperação e a melhoria das unidades de conservação federais por pessoas físicas e jurídicas privadas, nacionais e estrangeiras", Brasília, 2021a.

BRASIL. "Decreto n. 10.688, de 26 de abril de 2021. Altera o Decreto n. 9.064, de 31 de maio de 2017, que dispõe sobre a Unidade Familiar de Produção Agrária, institui o Cadastro Nacional da Agricultura Familiar e regulamenta a Lei n. 11.326, de 24 de julho de 2006, que estabelece as diretrizes para a formulação da Política Nacional da Agricultura Familiar e empreendimentos familiares rurais", Brasília, 2021b.

CENTRO DE DOCUMENTAÇÃO DOM TOMÁS BALDUÍNO. "Conflitos no campo Brasil 2020", Comissão Pastoral da Terra, Goiânia, 2021.

HORA, Karla; NOBRE, Miriam & BUTTO, Andrea. *As mulheres no censo agropecuário 2017*. São Paulo: Friedrich Ebert Stiftung (FES) / Associação Brasileira de Reforma Agrária (Abra), 2021.

INSTITUTO BRASILEIRO DE GEOGRAFIA E ESTATÍSTICA (IBGE). "Censo Agro 2017", Rio de Janeiro, 2017.

MALERBA, Julianna. "Desmonte da reforma agrária aprofundará a concentração fundiária no país", Heinrich Böll Stiftung, 29 nov. 2021.

ORGANIZAÇÃO INTERNACIONAL DO TRABALHO (OIT). "Convençao n. 169 da OIT sobre povos indígenas e tribais", 1989.

PACHECO, Maria Emília Lisboa. "O joio e o trigo na defesa da reforma agrária", *Proposta*, Rio de Janeiro, v. 17, n. 57, p. 24-33, jul. 1993.

POLANYI, Karl. *A grande transformação*. Rio de Janeiro: Campus, 1980.

PONTES, Mariana. "Leilão de unidades de conservação na Amazônia avança com o programa 'Adote um Parque'", Grupo Carta de Belém, *Brasil de Fato*, 24 maio 2021.

SILVA, José Graziano da. "Por um novo programa agrário", Desep/CUT, 1993 (mimeo).

Parte V

GEOGRAFIA DA CRISE SOCIOAMBIENTAL E ALIMENTAR

Introdução

Que braseiro, que fornalha: a crise socioambiental e alimentar

Cátedra Josué de Castro

> Será a calamidade da fome um fenômeno natural, inerente à própria vida, uma contingência irremovível como a morte? Ou será a fome uma praga social criada pelo próprio homem?
>
> **— Josué de Castro, *Geopolítica da fome***

A ONU declarou, em 2021, que Madagascar é o primeiro país no mundo a apresentar fome decorrente das mudanças climáticas. Mudanças climáticas que, por sua vez, decorrem da ação humana e, em grande medida, da forma como nos relacionamos com a terra, como produzimos nossos alimentos e nossa energia. É o mundo ao avesso: chegamos a uma situação tão paradoxal que a própria forma como produzimos comida produz, no fim das contas, fome.

Evidentemente, nos referimos aqui a um tipo específico de produção de alimentos: baseado em monoculturas, que põe em risco a diversidade e que, expansivo, tomou para si boa parte do território nacional. Josué de Castro identificava nesse modelo de produção resquícios do período colonial e escravocrata — algumas das raízes da desigualdade, da pobreza e da fome brasileiras. Hoje, 75 anos depois de *Geografia da fome*, e 68 anos depois de *Geopolítica da fome*, podemos acrescentar à conta dos herdeiros do colonialismo — os latifúndios de monoculturas e a pecuária extensiva de baixa tecnologia —, entre outros embaraços, o agravamento da crise climática.

Com crescimento de 44,6% na área ocupada nos últimos 35 anos, a agricultura e a pecuária, somadas, avançaram sobre mais 10% da área total do Brasil, para além do que já ocupavam. A expansão não se dá sem efeitos colaterais: por onde avança, o atual sistema produtivo deixa rastros de violência. Por exemplo, a pecuária e as atividades próprias da agroindústria (como o uso de agrotóxicos, os monocultivos, a extração de madeiras) respondem, sozinhas, por mais da metade dos conflitos identificados pela Fiocruz em seu projeto Mapa de Conflitos, que rastreia territórios em que há contendas socioambientais. Entre os impactados pela expansão agropecuária estão agricultores familiares, assentados da reforma agrária, povos originários, comunidades periféricas, pescadores artesanais, quilombolas, ribeirinhos e seringueiros.

Não é por acaso, pois, que o Brasil vem registrando recordes funestos ano após ano. Em 2020, o país perdeu 158 hectares de floresta (o equivalente a um parque do Ibirapuera) por hora; houve, ao todo, um aumento de 14% na área desmatada em relação a 2019, que já havia registrado altas históricas. A área total desmatada no país foi de 13,8 mil quilômetros quadrados em 2020 — com destaque para o estado do Pará, na região amazônica. A estimativa do Instituto Nacional de Pesquisas Espaciais (Inpe) é de que, sem melhora no atual cenário, a taxa de desmatamento — que cresce ininterruptamente desde 2017 — alcance 15 mil quilômetros quadrados somente na Amazônia Legal em 2022. O ano de 2020 também marcou recordes no número de queimadas: em relação ao ano anterior, a alta em focos de incêndios no território nacional foi de 15%. Em 2019, a alta já havia sido de 47%. Em média, entre 1985 e 2020, o Brasil queimou uma área maior que a Inglaterra por ano.

Figura 1: Área ocupada pela agropecuária em cada bioma

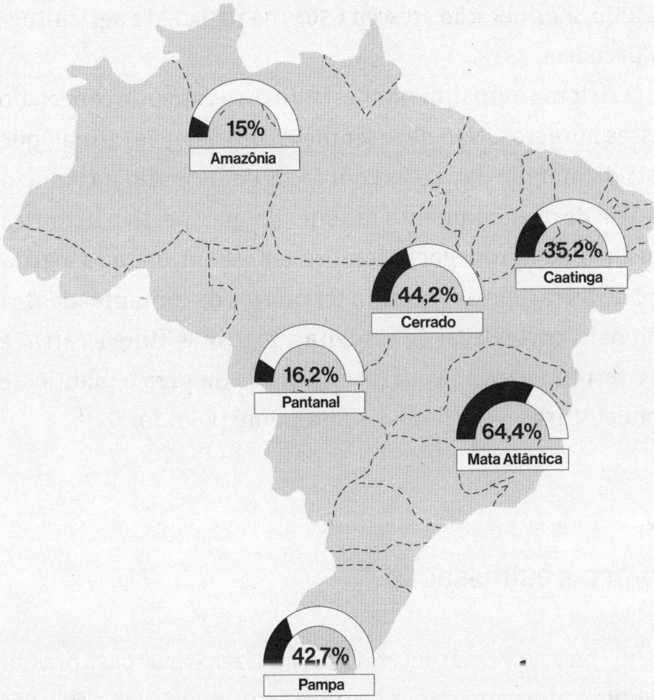

A terra arde, assim como ardia a terra cantada na clássica "Asa branca", de Luiz Gonzaga e Humberto Teixeira, lançada em 1947, um ano depois de *Geografia da fome*. A canção ressalta a severidade da seca no sertão, a desesperança e a diáspora. Hoje, contudo, não é só o sertão que virou braseiro. Os efeitos da crise climática (e da ação humana que a desencadeia) são sentidos em outras regiões, como evidenciam a desertificação da Caatinga e do Cerrado (o surgimento do deserto de Gilbués, no Piauí, é um bom exemplo) e o crescente desmatamento das regiões de floresta em todos os biomas brasileiros. A Amazônia perdeu, entre 1985 e 2020, uma área de sua cobertura vegetal natural equivalente ao Chile, segundo dados da rede do Projeto de Mapeamento Anual do Uso e Cobertura da Terra no Brasil (MapBiomas). No mesmo período, a mineração cresceu 656% na região, e a agricultura e a pecuária, 151%.

O sistema agroalimentar está intrinsecamente conectado a esses números. Não deve ser mera coincidência, afinal, que mais da metade das áreas com focos de incêndio na Amazônia seja de desmatamento recente. Em perspectiva histórica, o avanço do agronegócio sempre esteve entrelaçado a grilagem de terras, pressão contra territórios de comunidades tradicionais, corte ilegal de madeiras, fogo que "limpa a área" e abre terreno para a pecuária expansiva ou para o plantio de monoculturas — atividades altamente poluidoras.[20]

Florestas estressadas

Assim, onde havia árvores, frutas, raízes e pessoas, passou a ter boi e alimento para boi e outros animais, como frangos e porcos, que comem rações à base de grãos — soja e milho, especialmente. Estima-se que apenas 2% da soja plantada no mundo seja destinada ao consumo humano — com os 98% restantes se faz, principalmente, ração animal, embora óleo, tinta e pneu também estejam entre os destinos do grão.

20 De acordo com a Rede MapBiomas, em 2020, a área desmatada com indícios de ilegalidade no Brasil foi de 98,9%. Ainda assim, até abril de 2021, apenas 5% da área desmatada com evidências de ilegalidade havia sido objeto de autuação ou embargo pelo Instituto Brasileiro do Meio Ambiente e dos Recursos Naturais Renováveis (Ibama), que sofre com o desmonte das políticas públicas e ambientais e conta, atualmente, segundo a Coordenação-Geral de Gestão de Pessoas do próprio instituto, com apenas 26,6% dos analistas necessários para ações de fiscalização. Mais de um terço dos desmatamentos em 2020 teve sobreposição com áreas de reserva legal, área de proteção ambiental ou nascentes — todas protegidas pelo Código Florestal.

Do que fica para o consumo humano, boa parte ainda vira alimento ultraprocessado, de baixo teor nutricional e que mantém, mesmo após toda a transformação que sofre, rastros de agrotóxicos usados em seu cultivo, conforme revela um estudo do Instituto Brasileiro de Defesa do Consumidor (Idec), que identificou a presença de venenos em 27 ultraprocessados populares no dia a dia dos brasileiros, como bisnaguinha e bolacha — produtos que têm, ainda por cima, forte apelo infantil.

São diversos os impactos ambientais provenientes da alteração na composição territorial: um deles é na emissão de gases de efeito estufa. A mudança no uso da terra (como é o caso do desmatamento para implantação de pastagens) e a agropecuária são os grandes responsáveis pelas emissões desses gases no Brasil. Somados, representaram 73% das emissões em 2020, alçando-nos a uma posição desproporcionalmente alta e desconfortável no ranking dos países que mais contribuem para a crise climática. Além disso, os próprios impactos ambientais da alimentação do brasileiro cresceram nos últimos trinta anos — muito devido à dieta baseada em ultraprocessados: foram registrados aumentos de 21% na emissão de gases do efeito estufa, 22% na pegada hídrica e 17% na pegada ecológica.

Um estudo do Inpe assinala outra sequela ambiental grave: devido às queimadas e ao desmatamento, a Amazônia passou a ser fonte de carbono — ou seja, a floresta (ou o que resta dela) vem perdendo sua capacidade de mitigar as mudanças climáticas, passando, na realidade, a contribuir com a emissão de carbono para a atmosfera, o que também aumenta a suscetibilidade da vegetação ao fogo. As regiões da Amazônia com 30% ou mais de desmatamento ficaram mais secas, mais quentes e com temporadas de estiagem mais longas, gerando um período de grande estresse para a floresta. Essas regiões apresentaram emissão de carbono dez vezes maior do que aquelas com desmatamento inferior a 20%, aponta a pesquisa.

Levemos em conta ainda as altas quantidades de agrotóxicos usadas nas lavouras de monocultura Brasil afora — agrotóxicos que, aliás, obtiveram liberações recordes nos últimos dois anos: em 2019 e 2020, foram quase mil novos tipos aprovados pelo governo.

Como que a exemplificar a política indulgente para com os agroquímicos, o Instituto de Pesquisa Econômica Aplicada (Ipea) identificou uma série de altas: (i) no número de estabelecimentos agrícolas que utilizam agrotóxicos; (ii) no volume de comercialização dessas substâncias; (iii) no número de novos registros concedidos a venenos; e, por fim — e como consequência dessa lista —, (iv) na intoxicação por agrotóxicos de uso agrícola.

Os efeitos danosos dessa prática não são sentidos apenas por agricultores, pecuaristas ou trabalhadores das indústrias de agrotóxicos. Toda a população é suscetível à intoxicação por meio do consumo de alimentos e de água contaminados. Ainda em 2015, a Associação Brasileira de Saúde Coletiva (Abrasco) estimava que cada brasileiro consumia, em média, 7,3 litros de agrotóxicos por ano. Entre as doenças oriundas da contaminação por esses pesticidas estão asma brônquica, fibrose pulmonar, diferentes tipos de câncer, arritmias cardíacas, doença de Parkinson, dermatites, neuropatias periféricas, lesões hepáticas e renais.

O glifosato — agrotóxico mais popular no Brasil, comumente utilizado na plantação de soja — está associado ao aumento da mortalidade infantil, segundo estudo realizado por pesquisadores das universidades de Princeton, Fundação Getúlio Vargas (FGV) e Insper: a disseminação do glifosato nas lavouras de soja levou a uma alta de 5% na mortalidade infantil em municípios do Sul e do Centro-Oeste que recebem água de regiões sojicultoras. A pesquisa indica que o glifosato está associado a 503 mortes infantis por ano.

Os venenos agrícolas também circulam pelo ar: a Agência Pública e a Repórter Brasil revelaram recentemente que, nos últimos dez anos, cerca de trinta mil hectares de vegetação nativa da floresta amazônica foram atingidos por agrotóxicos despejados por aviões, com o intuito de acelerar o desmatamento de grandes áreas e abrir espaço para a soja e o gado. A área corresponde a trinta mil campos de futebol. Esses foram os casos que o Ibama conseguiu fiscalizar: é provável que a quantidade de agrotóxico jogado dos céus tenha sido maior.

Outro paradoxo irrompe: a agropecuária, a maior causadora de mudanças climáticas e alterações ecológicas nos biomas brasileiros, é também a atividade econômica mais diretamente atingida em termos de impactos e perdas. Afinal, ela depende da chuva e do equilíbrio natural — ao mesmo tempo que produz a seca e o desequilíbrio.

Da monocultura ao "monoconsumo"

O ciclo de violência que amplifica a crise climática — grilagem de terras, desmatamento, queimadas, agrotóxicos — está atrelado a uma cadeia produtiva mais extensa que, muitas vezes, ignoramos: financiadores, distribuidores, supermercados e indústrias de processamento alimentício que fazem uso de produtos originados em terras invadidas e que produzem de forma danosa e mesmo ilegal.

A indústria dos alimentos ultraprocessados, por exemplo, demanda grandes quantidades de commodities, incentivando monoculturas como a soja, o milho e a cana-de-açúcar. Ao depender desse tipo de matéria-prima para produzir, de forma massiva, alimentos com baixa qualidade nutricional — e ricos em sais, açúcares, gorduras e aditivos alimentares — e sem preservar a matriz alimentar original, ela incentiva o uso predatório da terra com baixíssimos retornos, ampliando o risco à biodiversidade e às culturas locais, além de acarretar prejuízos à saúde humana.

A fabricação desses produtos envolve ainda o uso intensivo de água e energia, e tem como consequência a geração de uma grande quantidade de resíduos, como embalagens plásticas. O Brasil é o quarto maior produtor de lixo plástico do mundo, com prejuízo calculado de 5,7 bilhões de reais todo ano por não lidar de maneira adequada com esse problema.

Existe a estimativa de que a adesão de toda a população brasileira a uma dieta adequada e saudável reduziria as emissões de carbono em 45 milhões de toneladas anualmente. Contudo, o que se percebe é o oposto. Um estudo recente mostra que apenas dez produtos, sozinhos, concentram mais de 45% do consumo alimentar dos brasileiros de distintas classes sociais de Norte a Sul do país: arroz, feijão, pão francês, carne bovina, frango, banana, leite, refrigerantes, cervejas e açúcar. Tal padronização alimentar preocupa, pois representa uma perda da cultura alimentar — da nossa grande biodiversidade alimentar — e sinaliza uma maior concentração de poder entre poucos produtores, indo, portanto, na direção oposta à de uma alimentação adequada e saudável.

As diferenças alimentares parecem ter perdido as suas características geográficas, e se antes os hábitos alimentares estavam conectados à história, à cultura regional, às condições climáticas e à diversidade de cada lugar — como assinalava Josué de Castro —, hoje as distinções são marcadas por questões de renda e de classe. Tal homogeneização do consumo em âmbito nacional (os pobres do Sul comem o mesmo que os pobres do Norte; os ricos do Nordeste comem da mesma maneira que os ricos do Centro-Oeste) acaba impactando diretamente a agrobiodiversidade e a multiplicidade de espécies vegetais e animais em cada território.

Ao fim dessa cadeia, percebe-se como são poucas as empresas que controlam o modo como o alimento é produzido e processado no mundo, ou como a fome é produzida e (ultra)processada.

A sindemia global e a ecologia como "parâmetro civilizatório"

"Sindemia" significa a ação conjunta de duas ou mais doenças — ou de um ou mais problemas socioeconômicos —, o que provoca o agravamento global do estado de saúde ou da estrutura socioeconômica das populações. De modo que, reconhecendo o entrelaçamento da crise climática com o agravamento da fome e da insegurança alimentar e a devastação da agrobiodiversidade em todo o planeta, assim como a obesidade proveniente de uma cadeia alimentícia global baseada em alimentos ultraprocessados, podemos afirmar que esse tripé — mudanças climáticas, insegurança alimentar e obesidade — constitui uma verdadeira sindemia global. De causas e consequências múltiplas, ela também deve ser enfrentada com a mesma pluralidade de ações e propostas de soluções interconectadas.

Ora, existem alternativas à agricultura de alto impacto das monoculturas atrelada a uma rede alimentícia global de ultraprocessados. É o caso da agricultura familiar, responsável por boa parte da mandioca, do arroz e do feijão que chega à mesa das famílias brasileiras. Os assentamentos da reforma agrária — medida necessária para superarmos a crise atual, defendia Josué de Castro — são grandes centros produtores agroecológicos, opondo-se ao modelo de produção hegemônico. Durante a pandemia e o cenário de agravamento da fome, inclusive, o Movimento dos Trabalhadores Rurais Sem Terra (MST) formou uma rede de solidariedade junto a outras organizações que, até julho de 2021, havia doado mais de cinco mil toneladas de alimentos de qualidade em periferias urbanas e rurais do Brasil.

Contudo, políticas de incentivo à agricultura familiar têm sido sistematicamente esvaziadas. A liberação de crédito e a compra de alimentos da sociobiodiversidade por intermédio de mercados institucionais — como o Programa Nacional de Fortalecimento da Agricultura Familiar (Pronaf) e o Programa de Aquisição de Alimentos (PAA) — representaram um avanço fundamental para a valorização de culturas locais e espécies nativas em seu potencial ambiental e nutricional. Mais do que isso, serviram também para articular cadeias de produção e renda para a agricultura familiar e as comunidades tradicionais, fomentando um sistema agroalimentar socialmente mais justo e sustentável. Entretanto, no orçamento de 2021, o Pronaf perdeu 1,35 bilhão de reais, enquanto o PAA enfrentou uma redução de 92,5% na verba em 2020.

A demarcação de terras indígenas e a garantia de direitos de comunidades tradicionais também estão incluídas entre as medidas mais eficazes de proteção ambiental: segundo a Rede MapBiomas, menos de 1% do desmatamento no Brasil entre 1985 e 2020 ocorreu em terras indígenas. Os povos originários se provaram, ao longo dos séculos, os verdadeiros guardiões da biodiversidade brasileira, junto ao campesinato, aos quilombolas e a outras comunidades tradicionais espalhadas pelo país. Ainda assim, não são reconhecidos como tais: o governo de Jair Bolsonaro não só manobrou para travar a demarcação de terras indígenas, como certificou fazendas em áreas que aguardam demarcação — isso tudo em meio a discussões como a possibilidade de perdão a grileiros de terras e de um "marco temporal" que desconsidera o histórico esbulho sofrido pelos povos originários.

Josué de Castro morreu em 1973. Não testemunhou o agravamento da crise climática. Ainda assim, já apontava a ecologia como "novo parâmetro civilizatório". Equilíbrio socioambiental, fortalecimento das culturas locais e respeito à agrobiodiversidade: décadas atrás, o autor já via no horizonte as saídas para a inevitável crise do nosso modelo de produção e de desenvolvimento. O pensamento ecológico de Josué de Castro deslocou o problema do desenvolvimento do aspecto puramente quantitativo (crescer ou não crescer) para o exame da qualidade do crescimento. "Crescer é uma coisa; desenvolver é outra", escreveu, na revista *Courier*, da Organização das Nações Unidas para Educação, Ciência e Cultura (Unesco), em janeiro de 1973. "Crescer é, em linhas gerais, fácil. Desenvolver equilibradamente, difícil. Tão difícil que nenhum país do mundo conseguiu ainda. Dessa perspectiva, o mundo todo continua mais ou menos subdesenvolvido."

Ricardo Abramovay

é professor sênior do Programa de Pós-Graduação em Ciência Ambiental (Procam) do Instituto de Energia e Ambiente (IEE) da Universidade de São Paulo (USP), autor de *Amazônia: por uma economia do conhecimento da natureza* (Elefante, 2020) e *Infraestrutura para o desenvolvimento sustentável da Amazônia* (Elefante, 2022).

Ampliar a diversidade biológica é o maior desafio para o sistema alimentar global

"Correlacionar os fenômenos naturais e culturais que ocorram à superfície da terra": essa proposta singela, contida no prefácio à nona edição de *Geografia da fome*, resume a mais importante contribuição metodológica de Josué de Castro. Sua atualidade fica evidente quando examinada, por exemplo, sob o prisma do relatório de Partha Dasgupta (2021), no qual podemos ler que, "não muito tempo atrás, quando o mundo era muito diferente do que é agora, as questões econômicas que precisavam de respostas urgentes podiam ser estudadas mais produtivamente excluindo a natureza dos modelos econômicos". Josué de Castro não elabora modelos econômicos, mas estuda os fenômenos sociais à luz da natureza (dos solos, das chuvas, dos rios, das secas, das cheias) e também à luz da natureza humana (tirando proveito de sua formação médica) e das diferentes formas de organização social. Seu livro clássico expõe a diversidade dos sistemas alimentares no Brasil, reunindo elementos referentes à geografia, ao povoamento, aos hábitos e às estruturas sociais das quatro áreas que aborda: Amazônia, Nordeste açucareiro, sertão do Nordeste e Centro-Sul.

O método de Josué de Castro tem hoje uma dupla atualidade. A primeira se refere à análise de algo que ele não conheceu e que começou a emergir ao final de sua vida, com a Revolução Verde. "Sistema alimentar" é um termo empregado hoje, predominantemente, no singular. Essa singularidade se exprime no fato de que o espetacular aumento da produção agrícola e animal a partir dos anos 1960 se apoiou em sementes selecionadas, cujos potenciais se revelam com o uso em larga escala de fertilizantes nitrogenados, agrotóxicos e, sobretudo, com a simplificação das paisagens produtivas e a monotonia tanto de variedades de sementes quanto de raças utilizadas na produção animal.

O uso do método de Josué de Castro é um convite à análise organicamente articulada das consequências dessa simplificação na oferta agropecuária, na biodiversidade, na saúde humana e na saúde animal. A Organização Mundial da Saúde (OMS), a Organização Mundial da Saúde Animal (OIE) e a Organização das Nações Unidas para a Alimentação e a Agricultura (FAO) trabalham juntas em torno da noção de *one health* (algo como "a saúde é uma só"). Como mostram Morand, Guégan e Laurans (2020), multiplicam-se as iniciativas que procuram compreender e elaborar políticas juntando padrões de consumo alimentar, produção agropecuária, saúde humana, saúde animal e meio ambiente. O desafio global da atualidade não é tanto aumentar a produção, e sim fazê-lo propiciando bem-estar (humano e animal), alimentação diversificada e formas produtivas que contribuam com a regeneração dos tecidos socioambientais que, até aqui, o crescimento da produção agropecuária tem destruído.

Entretanto, o método de Josué de Castro exige, igualmente, que os sistemas alimentares continuem sendo enunciados no plural: o resgate e a valorização da biodiversidade (não apenas florestal mas também agropecuária), os hábitos alimentares e culinários locais, a cultura material de diferentes povos, traduzida em suas cozinhas e em seus cultivos, bem como os movimentos sociais e as políticas públicas que se voltam a salvar essa riqueza, também aí a abordagem conjunta dos "fenômenos naturais e culturais" (para usar a expressão de Josué de Castro) é fundamental.

Produzir mais, para quê?

O crescimento agropecuário contemporâneo é reconhecido pela Plataforma Intergovernamental sobre Biodiversidade e Serviços Ecossistêmicos (IPBES) como o principal vetor global de destruição da biodiversidade (Brondizio *et al.*, 2019). É verdade que esse crescimento contribuiu para a redução da fome no mundo (FAO, 2015) a partir dos anos 1970, mas o próprio Norman Borlaug (Offenheiser, 2020), protagonista da Revolução Verde e ganhador do Nobel da Paz em 1970, reconhecia os limites de sua criação. Borlaug tinha consciência de que a capacidade de aumento da produção resultante das tecnologias por ele estimuladas não era infinita. A Revolução Verde correspondia a "comprar tempo" (25 ou 30 anos, a partir de 1970) até que a população mundial parasse de crescer.

O que ele não sabia era o quanto esses limites seriam acentuados pelas mudanças climáticas. A segunda parte do Sexto Relatório de Avaliação do Painel Intergovernamental das Nações Unidas sobre Mudança do Clima (IPCC), publicado em outubro de 2021, no capítulo referente a agricultura, floresta, pesca e aquicultura, mostra que o aquecimento global "reduziu o aumento da produtividade agrícola nos últimos cinquenta anos [...] afetando a qualidade das colheitas e dos pastos" (Kerr, Hasegawa & Lasco, 2021). O relatório indica que os eventos climáticos extremos têm provocado "secas, inundações e ondas de calor marinho, que contribuem a reduzir a disponibilidade alimentar e a aumentar os preços dos alimentos, ameaçando a segurança alimentar em várias regiões" (Kerr, Hasegawa & Lasco, 2021).

O relatório da McKinsey (Woetzel *et al.*, 2020) estabelece a relação entre a simplificação das paisagens produtivas da agricultura global e diversos riscos sistêmicos. O texto mostra os perigos da "alta concentração geográfica da produção nas cadeias de valor extensas e na alta dependência de importações de alguns países, sobretudo os países em desenvolvimento" (Woetzel *et al.*, 2020). Mais do que isso, 90% da alimentação global se concentra em somente quinze produtos. Trigo, milho e soja correspondem a 50% da oferta. Nada menos que 60% da oferta agrícola global se encontra em apenas cinco países. O trabalho de Khoury *et al.* (2014) também prova que a expansão global da oferta de calorias, proteínas e gorduras nos últimos cinquenta anos se baseou na similaridade crescente da composição da oferta alimentar global. A revista *The Economist*, em abril de 2020, quando os impactos da pandemia de covid-19 se mostraram devastadores nas unidades de processamento de carnes, revelou a impressionante concentração econômica nesse setor.

É claro que esses riscos estão ligados ao que Rachel Carson (2021) não se cansou de denunciar: "A monocultura agrícola não se beneficia do princípio a partir do qual a natureza trabalha. É a agricultura como um engenheiro a conceberia. A natureza introduziu grande variedade na paisagem, mas o homem manifesta uma paixão para simplificá-la".

Não será essa simplificação a premissa para que o aumento da produção contribua para reduzir a fome no mundo? É justamente para responder a essa pergunta que a ideia de sistema agroalimentar se torna estratégica. A ideia de sistema alimentar global não pode ser confundida com a noção de agronegócio ou de sistema agroindustrial, tal como criada por Davis e Goldberg (1957). Não se trata de analisar a cadeia de interligações e interesses que vinculam os segmentos a montante e a jusante da agricultura. O mais importante (e é o que se procura fazer ao estudar o sistema agroalimentar global) é entender as razões, os custos e as consequências do propósito de aumentar permanentemente a oferta agropecuária global. O estudo do sistema agroalimentar embute o cerne da filosofia ética que consiste em questionar os valores, os propósitos das ações humanas, o que está completamente afastado do horizonte analítico do estudo do agronegócio, tal como formulado desde o texto de Davis e Goldberg (1957).

Por isso é tão importante responder à pergunta: aumentar a produção para quê? Embora a expansão produtiva global tenha contribuído para reduzir a fome no mundo, os métodos nos quais ela se apoiou trouxeram consequências socioambientais destrutivas, das quais duas são aqui ressaltadas.

A primeira é a pandemia de obesidade e seus impactos sobre a saúde humana. O relatório da Food and Land Use Coalition (2019) calcula o valor de mercado da oferta alimentar global em dez trilhões de dólares (valores de 2018). Como, todavia, a oferta de bens e serviços (em qualquer setor) tem custos embutidos que não fazem parte do sistema de preços, o relatório fez um cálculo para avaliar a real contribuição do sistema agroalimentar à riqueza contemporânea. O resultado é que, quando se atribuem preços (evidentemente fictícios) aos efeitos do sistema alimentar sobre a saúde e ao uso de recursos ecossistêmicos dos quais a produção depende — e que ela sistematicamente destrói —, os custos do sistema alimentar global superam os preços de mercado daquilo que ele oferece à sociedade. Só os custos para a saúde pública da pandemia de obesidade são estimados em 2,7 trilhões de dólares.

Essa obesidade é explicada, em grande parte, pelo consumo em larga escala de alimentos ultraprocessados, que, nos Estados Unidos, correspondem a mais da metade da ingestão calórica da população. Rauber *et al.* (2020) mostram o vínculo entre obesidade e consumo de produtos ultraprocessados na Grã-Bretanha. É importante assinalar que a diversidade de cores, sabores, aromas, texturas e embalagens contida no que se encontra nas prateleiras dos supermercados é composta, com imensa frequência, por alguns poucos produtos agrícolas, oriundos normalmente das plantações homogêneas características dos métodos agronômicos que a Revolução Verde consolidou e aprofundou — e que, ao mesmo tempo, contribuem, por sua dependência de fertilizantes nitrogenados, com as mudanças climáticas, sofrendo igualmente os impactos dos eventos extremos por elas desencadeados (Leite *et al.*, 2022).

A segunda consequência está no fato de que entre 70% e 80% da superfície terrestre é usada para abastecer cadeias produtivas em cuja ponta está a oferta de proteínas animais (Dasgupta, 2021). A simplificação das paisagens em que a oferta de grãos voltados à alimentação animal predomina é condição para seu barateamento e, assim, para a redução dos preços dos produtos animais. Além disso, transformações na genética animal permitiram aumentar os rendimentos de seu consumo de grãos. O programa estadunidense Chicken of Tomorrow, lançado nos anos 1950, contribuiu decisivamente para reduzir a quantidade de raças e padronizar a produção avícola (Bennett *et al.*, 2018). A genética animal contemporânea é dominada por três empresas globais (Saladino, 2022). Uma das mais graves consequências dessas tecnologias é que elas supõem criações concentracionárias cuja reprodução é altamente dependente do consumo de antibióticos. Nada menos que 70% dos antibióticos produzidos hoje se destinam ao consumo animal (UN Environment Programme, 2017). Os métodos convencionais de análise da poluição da água não permitem detectar a presença de resíduos desses medicamentos, mas, recentemente, alguns relatórios revelaram uma situação preocupante nesse sentido (Wilkinson *et al.*, 2022). O aumento da resistência antimicrobiana é um de seus efeitos mais perigosos.

O fato de que a oferta de carnes é o principal vetor da organização do sistema agroalimentar global até aqui se torna ainda mais preocupante quando se sabe que os ruminantes (e, fundamentalmente, a pecuária bovina), se fossem um país, estariam em segundo lugar nas emissões globais, logo atrás da China e à frente dos Estados Unidos. O resultado dessa organização global fica bem evidente no fato de que parte expressiva da população mundial consome carnes numa quantidade bastante superior a suas necessidades proteicas, o que provoca doenças e acarreta custos para a saúde humana.

Vaidyanathan (2021) sintetizou diversos trabalhos voltados a estabelecer o que seria uma "saudável dieta planetária". Em todas as partes do mundo, com exceção da África Subsaariana e do Sul da Ásia, o consumo de carnes é muito superior às necessidades humanas, mas, quando se trata de vegetais, frutas, plantas proteicas e cereais integrais, o consumo fica sistematicamente abaixo das recomendações de uma dieta saudável.

A urgência de diversificar a produção e o consumo de alimentos

O Sexto Relatório do IPCC revela que a simplificação das paisagens agrícolas, a drástica redução das raças, a concentração dos animais de criação e o nível de dependência em que agricultura e pecuária se encontram de produtos químicos nocivos à saúde humana e à biodiversidade vêm acarretando o colapso do atual sistema alimentar mundial. Em seu capítulo 5, o relatório preconiza a agroecologia e as atividades agroflorestais como meios de ampliar a resiliência da oferta alimentar, diante do avanço das mudanças climáticas. O desafio está em aumentar a matéria orgânica do solo, fortalecer a conservação da água (e do solo) e diversificar os sistemas produtivos (Kerr, Hasegawa & Lasco, 2021).

Essa abordagem é coerente com a urgência de que seja ampliada a diversidade do consumo alimentar contemporâneo. O "State of the World's Plants and Fungi", publicado pelo Royal Botanic Gardens [s.d.], aponta que as plantas comestíveis catalogadas globalmente pela ciência chegam ao impressionante número de 7.039. Destas, 417 são consideradas cultiváveis. As descobertas de novas plantas não cessam. Só em 2019, os botânicos registraram 1.942 novas plantas e 1.866 fungos que ainda não conheciam. No Brasil, duas novas espécies de mandioca selvagem foram catalogadas. O contraste com o reduzido número de plantas que entram nas dietas alimentares atuais (e suas consequências e ameaças para a saúde humana e os ecossistemas) é flagrante.

Os caminhos pelos quais o colapso do sistema alimentar mundial será enfrentado são evidentemente variados. O avanço tanto da agricultura vertical quanto das carnes cultivadas é uma tentativa de responder a esses problemas. Essas alternativas vêm recebendo investimentos gigantescos, vindos de atores que não pertencem ao leque de empresas que compõem o sistema agroindustrial. Mesmo que essas alternativas avancem, é claro que a agricultura e a pecuária permanecerão como atividades econômicas fundamentais. Isso significa que essas atividades terão de ser compatibilizadas com a melhoria do bem-estar humano e do bem-estar animal, e com a urgente regeneração socioambiental por meio de técnicas como a agroecologia, que já se tornou política pública na União Europeia e é preconizada no relatório do IPCC.

Referências

BENNETT, Carys E. *et al.* "The Broiler Chicken as a Signal of a Human Reconfigured Biosphere", *Royal Society Open Science*, v. 5, n. 12, dez. 2018.

BRONDIZIO, Eduardo *et al.* (ed.). *Global Assessment Report on Biodiversity and Ecosystem Services of the Intergovernmental Science-Policy Platform on Biodiversity and Ecosystem Services*. Bonn: IPBES, 2019.

CARSON, Rachel. *Man's War against Nature*. Londres: Penguin, 2021.

CASTRO, Josué de. *Geografia da fome: o dilema brasileiro: pão ou aço*. 10ª ed. revista. Rio de Janeiro: Antares, 1984.

DASGUPTA, Partha. *The Economics of Biodiversity: The Dasgupta Review*. Londres: HM Treasury, 2021.

DAVIS, John H. & GOLDBERG, Ray A. *A Concept of Agribusiness*. Boston: Division of Research/Graduate School of Business Administration/Harvard University, 1957.

KERR, Rachel Bezner; HASEGAWA, Toshihiro & LASCO, Rodel (coord.). "Chapter 5: Food, Fibre, and Other Ecosystem Products", *IPCC WGII Sixth Assessment Report*, 2021.

KHOURY, Colin K. *et al.* "Increasing Homogeneity in Global Food Supplies and the Implications for Food Security", *PNAS*, v. 111, n. 11, p. 4001-6, 3 mar. 2014.

LEITE, Fernanda Helena Marrocos *et al.* "Ultra-Processed Foods Should Be Central to Global Food Systems Dialogue and Action on Biodiversity", *BMJ Global Health*, v. 7, n. 3, 2022.

MORAND, Serge; GUÉGAN, Jean-François & LAURANS, Yann. "From One Health to Ecohealth, Mapping the Incomplete Integration of Human, Animal and Environmental Health", *Issue Brief* n. 4, IDDRI, maio 2020.

OFFENHEISER, Raymond. "The Green Revolution: Norman Borlaug and the Race to Fight Global Hunger", *PBS*, 3 abr. 2020.

ORGANIZAÇÃO DAS NAÇÕES UNIDAS PARA A ALIMENTAÇÃO E A AGRICULTURA (FAO). "The State of Food Insecurity in the World 2015", Roma, 2015.

RAUBER, Fernanda *et al*. "Ultra-Processed Food Consumption and Indicators of Obesity in the United Kingdom Population (2008-2016)", *PlosOne*, v. 15, n. 5, 1º maio 2020.

ROYAL BOTANIC GARDENS. "State of the World's Plants and Fungi", [s.d.]. Disponível em: https://www.kew.org/science/state-of-the-worlds-plants-and-fungi.

SALADINO, Dan. *Eating to Extinction: The World's Rarest Foods and Why We Need to Save Them*. Nova York: Farrar, Straus and Giroux, 2022.

THE FOOD AND LAND USE COALITION. "Juntos para um crescimento mais sustentável: dez transições fundamentais para transformar os sistemas alimentares e de utilização dos solos", set. 2019.

UN ENVIRONMENT PROGRAMME. "Frontiers 2017: Emerging Issues of Environmental Concern", 2017.

VAIDYANATHAN, Gayathri. "What Humanity Should Eat to Stay Healthy and Save the Planet", *Nature*, 1º dez. 2021.

WILKINSON, John L. *et al*. "Pharmaceutical Pollution of the World's Rivers", *PNAS*, v. 119, n. 8, 14 fev. 2022.

WOETZEL, Jonathan *et al*. "Will the World's Breadbaskets Become Less Reliable?", McKinsey Global Institute, mar. 2020.

Ane Alencar

é diretora do Instituto de Pesquisa Ambiental da Amazônia (Ipam), geógrafa pela Universidade Federal do Pará (UFPA), mestra em sensoriamento remoto pela Universidade de Boston e doutora em conservação dos recursos naturais pela Universidade da Flórida. Nas últimas duas décadas, tem se dedicado a entender a relação entre mudanças climáticas, fogo e desmatamento com a degradação florestal da Amazônia e do Cerrado.

A crise socioambiental na Amazônia: causas e consequências para a segurança alimentar

Quando falamos de Amazônia, estamos falando de uma região que ocupa metade do território nacional (49%). Metade dessa região é ocupada por áreas protegidas, incluindo terras indígenas e unidades de conservação; cerca de um quarto são áreas destinadas aos imóveis e assentamentos rurais, de uso privado; e o restante, terras públicas ainda não destinadas, sejam elas florestas públicas registradas no Cadastro Nacional de Florestas, mas que ainda não foram destinadas para um uso florestal ou de conservação, ou outras áreas públicas sem destinação (Alencar *et al.*, 2020). A Figura 1 representa a distribuição de terras na Amazônia.

É importante entendermos também quem são os habitantes da Amazônia. Quando falamos em Amazônia, tendemos a pensar nos indígenas, nos fazendeiros, nos agricultores familiares e, mais recentemente, nos garimpeiros, mas, em termos populacionais, a Amazônia é principalmente urbana. Cerca de 70% das pessoas vivem nas cidades amazônicas: pequenos municípios interioranos ou grandes cidades. Os outros 30% vivem na área rural, entre eles os mais de 450 mil indígenas espalhados em pelo menos quatrocentas terras indígenas, os mais de 250 mil extrativistas e ribeirinhos vivendo dentro das unidades de conservação e os mais de três milhões de

Figura 1: Proporção do bioma Amazônia ocupado por distintas categorias fundiárias e proporção dos alertas de desmatamento em 2019, 2020 e 2021 (janeiro-outubro)

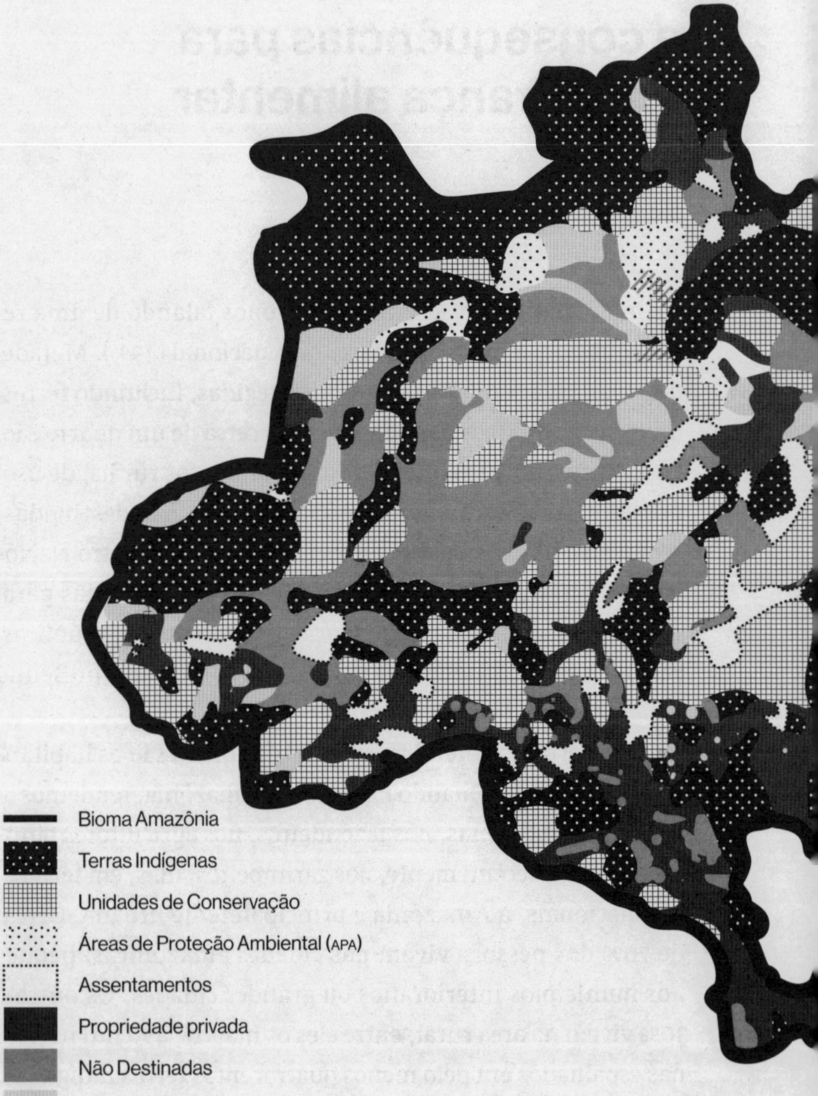

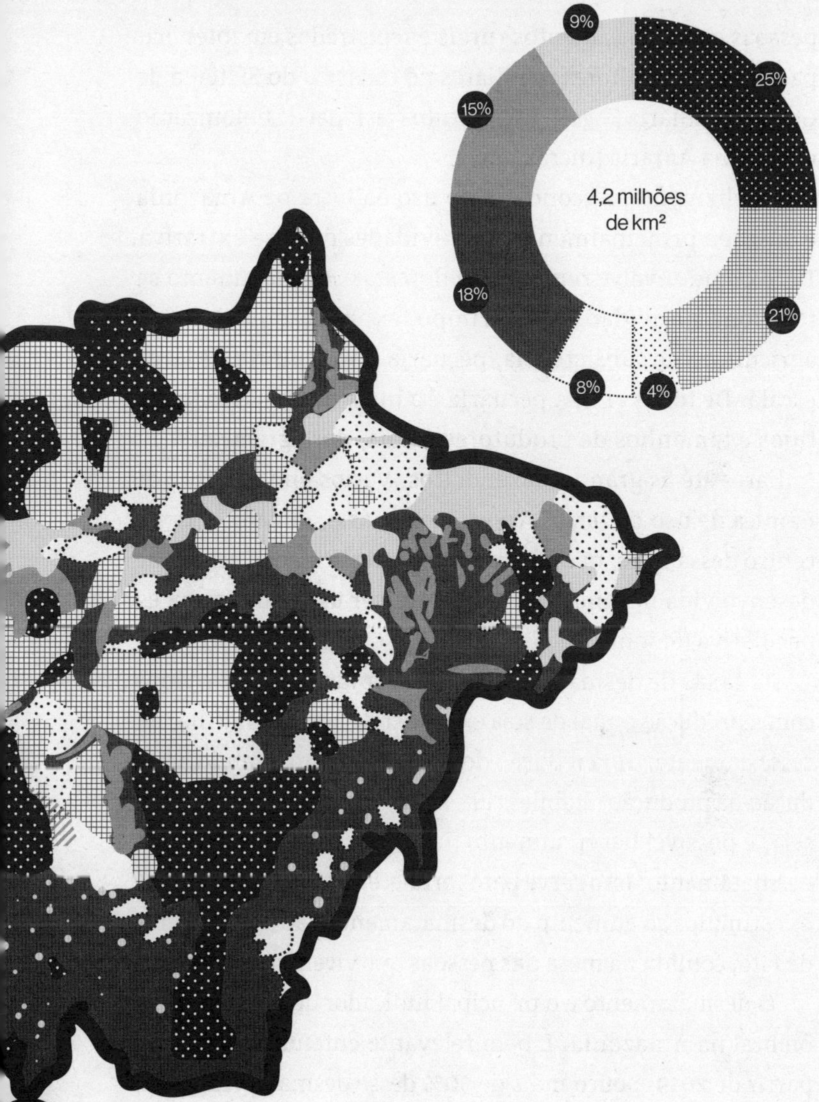

Fonte: Instituto Nacional de Pesquisas Espaciais (Inpe) (2021)

pessoas em assentamentos rurais e registrados em lotes ocupados por agricultores familiares no cadastro do Sistema de Gestão Fundiária (Sigef) do Instituto Nacional de Colonização e Reforma Agrária (Incra).

Infelizmente, a economia do uso da terra na Amazônia é baseada principalmente em atividades de base extrativa. Tudo o que envolve remoção de floresta e desmatamento se relaciona a atividades de garimpo, exploração madeireira, agricultura de subsistência, pecuária e agricultura de larga escala. De todas elas, a pecuária é a mais comum a todos os tipos e tamanhos de produtores rurais, dos agricultores familiares até os grandes fazendeiros. Vários têm nela sua dinâmica de uso da terra. Assim, a pecuária, de fato, está no centro dessa crise, não só por se tratar da principal atividade desenvolvida na Amazônia, mas por ser usada de forma especulativa (Salomão *et al.*, 2021).

As taxas de desmatamento anuais, quando contrastadas com a produção anual de soja e carne, revelam que não há, necessariamente, uma redução do desmatamento quando há redução na produção (Stabile *et al.*, 2020) — ver Gráfico 1 —, ou seja, é possível haver aumento da produção com redução do desmatamento. Isso serve para fortalecer o argumento de que os estímulos ao aumento do desmatamento não podem gerar, de fato, comida na mesa das pessoas que vivem na Amazônia.

O desmatamento é o principal indicador de qualidade ambiental na Amazônia. É bem relevante entendermos que, a partir de 2019, pouco mais de 50% desse desmatamento tem ocorrido em terras públicas; outra parte, cerca de um quarto, em assentamentos rurais; e um quarto em imóveis rurais, sejam eles pequenos, médios ou grandes (Alencar *et al.*, 2021) — ver Gráfico 2. É preocupante que metade do desmatamento se dê em terras públicas e 32%, em florestas públicas não destinadas, revelando o principal problema atual do desmatamento

Gráfico 1: Taxa anual de desmatamento na Amazônia, produção de soja e carne entre 1996 e 2021

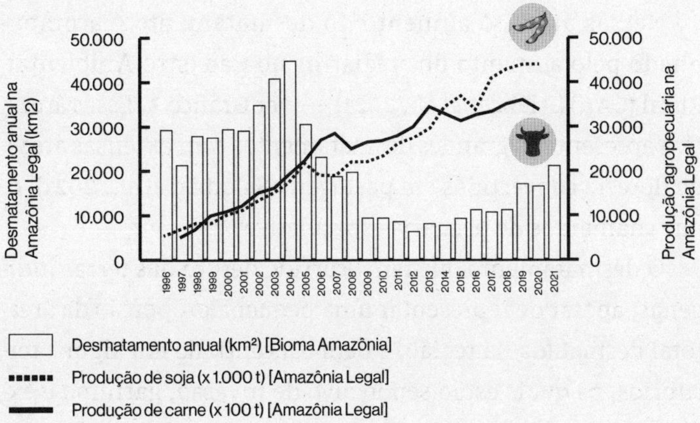

(A) Área desmatada nas florestas públicas não destinadas (FPND) dentro e fora das áreas em sobreposição com o CAR.

(B) Área de sobreposição de CAR com FPND estaduais e federais.

Fonte: Inpe (2021) e IBGE (2021)

Gráfico 2: Desmatamento por tipo de categoria fundiária na Amazônia

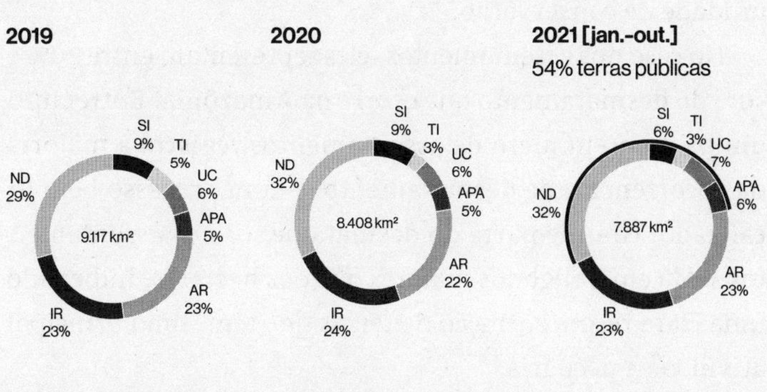

na região, que é a ocupação ilegal de terras na Amazônia, sobretudo em áreas de florestas públicas não destinadas (Alencar *et al.*, 2022).

Nessas áreas, o aumento do desmatamento é acompanhado pelo aumento dos registros no Cadastro Ambiental Rural (CAR) (Alencar *et al.*, 2021) — ver Gráfico 3. Essas áreas têm apresentado grandes desmatamentos com extensas áreas de floresta convertidas em pastagem (Salomão *et al.*, 2021), o que chamamos de pecuária especulativa.

O desmatamento que tem ocorrido dentro das terras indígenas, apesar de representar uma pequena proporção da área total desmatada na região, é bem concentrado em alguns territórios, os quais estão sendo alvo de invasão, garimpo e exploração ilegal de madeira (Fellows *et al.*, 2021). De acordo com a Rede MapBiomas, o garimpo cresceu mais de 495% nos últimos dez anos dentro de terras indígenas.

O avanço do desmatamento, principalmente em consequência da pecuária, em unidades de conservação e de uso sustentável também é gritante. O grande exemplo é a Reserva Extrativista (Resex) Chico Mendes, onde os seringueiros, os pequenos produtores e os agricultores familiares estão deixando o extrativismo e migrando para a pecuária. Isso é muito grave, pois acaba descaracterizando o propósito da unidade de conservação.

No caso dos assentamentos, eles representam entre 20% e 30% do desmatamento que ocorre na Amazônia. Entretanto, um pequeno número de assentamentos registra a maioria das ocorrências de desmatamento — um processo bem localizado. Grande parte do desmatamento nos assentamentos se dá em polígonos maiores que dez hectares, indicando uma clara reconcentração de terras que têm como principal atividade a pecuária.

Gráfico 3: Evolução no desmatamento e registros no CAR

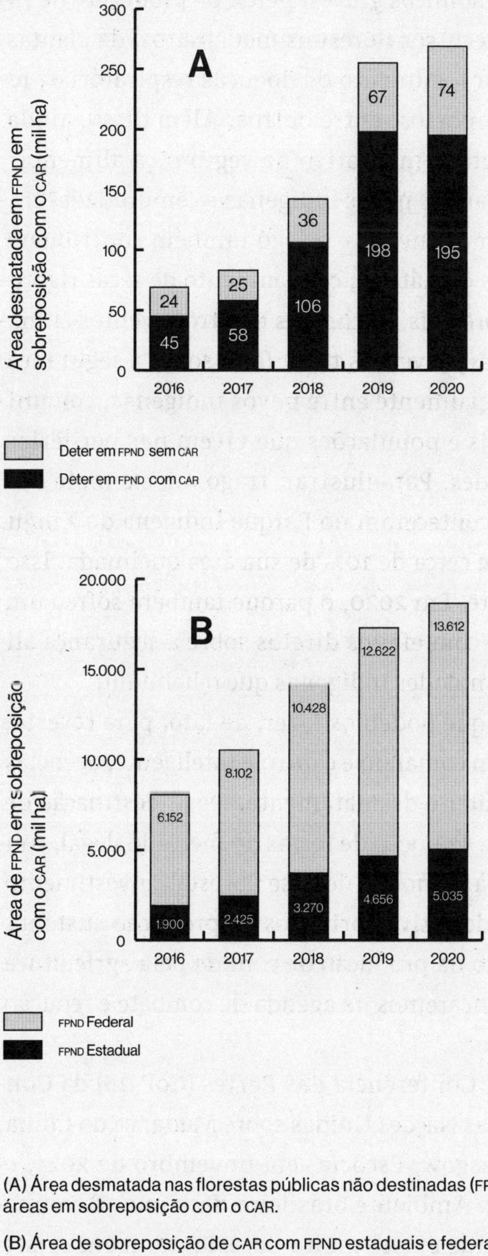

(A) Área desmatada nas florestas públicas não destinadas (FPND) dentro e fora das áreas em sobreposição com o CAR.

(B) Área de sobreposição de CAR com FPND estaduais e federais.

Toda essa dinâmica do desmatamento gera fogo. O fogo tem impactos econômicos graves: perda de produção, de infraestrutura, de recursos florestais madeireiros, de plantas medicinais, de caça, aumento de doenças respiratórias, fechamento de aeroportos, entre outros. Além disso, ainda exerce um impacto significativo na segurança alimentar, principalmente para os povos indígenas e comunidades tradicionais. O desmatamento e o fogo também contribuem para as mudanças climáticas, com aumento de secas rigorosas, incêndios florestais, enchentes e outros eventos climáticos adversos. Esses eventos têm efeito sobre a segurança alimentar, principalmente entre povos indígenas, comunidades tradicionais e populações que vivem nas periferias das grandes cidades. Para ilustrar, trago um exemplo das queimadas que aconteceram no Parque Indígena do Xingu, em 2019, que teve cerca de 10% de sua área queimada. Isso tem sido frequente. Em 2020, o parque também sofreu um grande incêndio, com efeitos diretos sobre a segurança alimentar das comunidades indígenas que o habitam.

Por último, o que podemos fazer, de fato, para reverter essa situação? Sem comando e controle inteligente, agências fortes para combater o desmatamento ilegal, destinação de florestas públicas, remoção de terras do mercado ilegal, consolidação e apoio à economia de base florestal, investimento em conservação dos ativos privados na produção sustentável e investimento na produção de comida pela agricultura familiar, não avançaremos na agenda de combate e redução do desmatamento.

Durante a 26ª Conferência das Partes (CoP-26) da Convenção-Quadro das Nações Unidas sobre Mudança do Clima, realizada em Glasgow, Escócia, em novembro de 2021, o ministro do Meio Ambiente brasileiro declarou: "Reconhecemos [...] que onde existe muita floresta, também existe muita pobreza". É missão nossa, da comunidade acadêmica, nos debruçarmos sobre essas palavras e entendermos o que, de fato, é essa pobreza e o que gera fome na Amazônia. Com certeza, não é a floresta.

Referências

ALENCAR, Ane *et al.* "Amazônia em chamas: o fogo e o desmatamento em 2019 e o que vem em 2020", Nota técnica n. 3, Brasília, Instituto de Pesquisa Ambiental da Amazônia (Ipam), 22 abr. 2020.

ALENCAR, Ane *et al.* "Amazônia em chamas: desmatamento e fogo nas florestas públicas não destinadas", Nota técnica n. 7, Brasília, Instituto de Pesquisa Ambiental da Amazônia (Ipam), 30 abr. 2021.

ALENCAR, Ane *et al.* "Amazônia em chamas: o novo e alarmante patamar do desmatamento na Amazônia", Nota técnica n. 9, Brasília, Instituto de Pesquisa Ambiental da Amazônia (Ipam), fev. 2022.

FELLOWS, Marta *et al.* "Amazônia em chamas: desmatamento e fogo em terras indígenas", Nota técnica n. 6, Brasília, Instituto de Pesquisa Ambiental da Amazônia (Ipam), mar. 2021.

SALOMÃO, Caroline S. C. *et al.* "Amazônia em chamas: desmatamento, fogo e pecuária em terras públicas", Nota técnica n. 8, Brasília, Instituto de Pesquisa Ambiental da Amazônia (Ipam), out. 2021.

STABILE, Marcelo C. C. *et al.* "Solving Brazil's Land Use Puzzle: Increasing Production and Slowing Amazon Deforestation", *Land Use Policy*, v. 91, fev. 2020.

Elaine Azevedo

é nutricionista e doutora em sociologia política, vinculada ao Departamento de Ciências Sociais da Universidade Federal do Espírito Santo (Ufes). Coordena a Escola Livre ComidaETC e é autora do podcast Panela de Impressão.

Colonialidade alimentar

> A escravatura atual chama-se fome.
>
> — **Carolina Maria de Jesus**

Sabemos que, por trás da fome, existe um sistema agroalimentar hegemônico e predador, e que, por trás desse sistema agroalimentar, estão outros sistemas: o capitalismo e o neoliberalismo. São eles que movem os fios do fantasma da fome e da desigualdade social — principal causa desse flagelo.

Entretanto, o capitalismo não é um substantivo singular. Há muitos tipos de capitalismo, e vários países capitalistas no mundo superaram a fome e as desigualdades sociais. Algumas nações, como as escandinavas, ampliaram as premissas do capitalismo clássico (que têm o âmbito econômico como central) ao assumir o que chamam de capitalismo compassivo — uma economia do cuidado que, para além do âmbito econômico, incorpora questões humanas, sociais e ambientais.

O capitalismo no Brasil é ainda mais perverso, por possuir duas outras qualidades já discutidas pelo argentino Sergio Bagú (1949) e por Caio Prado Júnior (1966): trata-se de um capitalismo colonial e racial. O colonialismo brasileiro teve início em 1500 com a invasão portuguesa, e, enquanto Estado e nação, seguimos desqualificando as questões estruturais responsáveis pela fome e pelo sofrimento social do povo brasileiro. Como o nosso capitalismo é colonial e racial, nosso sistema agroalimentar, fruto desse capitalismo, também assume essas qualidades.

Alguns elementos ainda nos conectam ao colonialismo e constroem a nossa colonialidade alimentar. Colonialidade é o termo usado para analisar as repercussões presentes do colonialismo, ou seja, do passado colonial. Desde a invasão portuguesa, fortalecemos a monocultura nas terras que, até hoje, estão concentradas nas mãos das elites privilegiadas pela Coroa. Algumas dessas famílias estão há 520 anos no poder, como bem mostra o sociólogo Ricardo Costa de Oliveira (2018). O açúcar e o melaço da monocultura colonial não se destinavam à alimentação do povo; eram artigos para estimular o tráfico de escravos e a exportação, ou seja, mercadorias. Depois vieram o café e a pecuária; seguimos com a cana para o agrocombustível, e os grãos, especialmente a soja, para produzir proteína animal para o mundo.

Daí a manutenção da racionalidade colonizadora de fortalecer a monocultura e as mercadorias, em vez de pôr comida no prato do povo, e de enviar grande parte da nossa soberania alimentar para mãos estrangeiras. Hoje, há um elemento novo no cenário mundial: usamos esses produtos da monocultura para alimentar a indústria dos ultraprocessados, que produz, além de comida de baixa qualidade, doenças. Não bastasse a elite econômica do agronegócio, que mantém seus interesses desde a invasão, o mercado — que controla o Estado — faz hoje o papel dos nossos colonizadores. Portugal virou Brasília com a mesma mentalidade de exploração do povo.

Nesse quesito, quem está por trás de Brasília — outro elemento novo nessa análise colonialista — são os czares da alimentação, ou seja, as corporações agroalimentares. Aquelas que dominam o sistema agroalimentar hegemônico que se inicia com a destruição de biomas, expulsando os povos ancestrais como a colonização sempre fez. O sistema continua com o uso dos insumos e das tecnologias agrícolas, bases do agronegócio. Depois, caminhões de grãos são estacionados nos pátios dos frigoríficos e das indústrias alimentares que usam os produtos da monocultura: soja, açúcar, trigo, milho e carne de baixa qualidade. Esses, uma vez maquiados pela indústria química de aditivos sintéticos, transformam-se em ultraprocessados que desembocam, finalmente, nos supermercados. Mas, na verdade, esse processo culmina mesmo é no sistema farmacêutico-médico-tecnológico-hospitalocêntrico que lucra com as doenças produzidas por esse sistema que é um só — como o casamento entre a Bayer e a Monsanto ironicamente nos revelou (Azevedo, 2021).

Atualmente, esse mesmo sistema agroalimentar hegemônico continua a seduzir o comedor com o apelo do alimento saudável e ambientalmente correto, sem escapar da mesma racionalidade de concentração de terras e renda e da destruição da autonomia — e da existência — do agricultor familiar que produz comida de verdade. Ilude produzindo ultraprocessados high-tech: fibras proteicas a partir de impressoras 3D e proteína à base de insetos, bactérias e microrganismos nos laboratórios e startups. Dissimula seus reais objetivos com o desenvolvimento de fazendas verticais hidropônicas e "ambientalmente menos impactantes que a agricultura", produzindo alimentos "sem agrotóxicos" mas, ainda assim, contaminados por doses enormes de fertilizantes. Ilude, inclusive, ativistas alimentares desavisados, oferecendo alimentos orgânicos ultraprocessados e hambúrgueres veganos de um futuro que se manterá insustentavelmente colonial.

Na analogia do sociólogo Jessé de Souza (2017), a racionalidade do capitão-do-mato, filho bastardo da negra estuprada, sempre servindo os senhores de engenho, se mantém na classe média que ainda apoia a elite da monocultura, vive de suas migalhas e se volta contra o povo, contra a reforma agrária, contra a educação libertadora, na esperança de chegar à casa-grande como filho legítimo do sistema.

Já a colonialidade alimentar segue explorando e se apropriando da natureza — base do sistema agroalimentar e outra grande vítima dele. Além do domínio da natureza, mantivemos a militarização das relações humanas presentes em todo tipo de colonialismo: as mesmas forças de segurança criadas para proteger os interesses dos senhores e da Coroa continuam defendendo a elite do agronegócio, a concentração de terras e os interesses do Estado. Essa militarização colonial cala ativistas e mata líderes indígenas, quilombolas, ambientalistas e assentados nos conflitos fundiários.

Existe também, nesse sistema agroalimentar colonial, o que chamamos de colonialidade alimentar cultural. A comida é um patrimônio cultural imaterial, e destruir essa cultura também é uma forma de enfraquecer o povo e dominá-lo. Assim, amendoim, arroz, feijão, mandioca, milho, taioba, frutas do Cerrado foram sequestrados pelos ultraprocessados, pelo trigo, pela maçã e pela alface-americana. O milho ameríndio é a perda cultural alimentar mais emblemática.

A verdadeira história da gastronomia brasileira ainda não foi contada. Está sendo esboçada e não é um *melting pot* de três influências harmônicas — branca, negra e indígena —, como enfatizaram Câmara Cascudo (1967) e Gilberto Freyre (1984). Trata-se de uma história de invisibilidades e destruição da cultura alimentar dos nativos e dos negros.

A erosão da nossa cultura alimentar resulta em menos saúde, pois ela é o maior e mais eficiente elemento definidor de uma dieta saudável, interferindo em nossa soberania ao promover insegurança alimentar. Quem não tem comida padece do medo mais antigo que a humanidade conhece: o medo de morrer de fome, causado pelo desejo de poder e de controle sobre outros seres humanos. Nas palavras da artista portuguesa Grada Kilomba: "O colonialismo é a política do medo" (Oliveira, 2019).

A fome no Brasil é secular, colonial e tem etnia, tem cor. Sabemos, sim, como controlá-la, e fizemos isso no início do século XXI. Mas não usamos esse breve período de miradas à esquerda para explorar profundamente o nosso passado colonial, e os avanços se desfizeram.

A fome também tem a ver com valores humanos individuais. Como dizia Josué de Castro (1984), ela é um flagelo não natural, fabricado pelos homens contra outros homens. É preciso lembrar, sempre, que o sistema agroalimentar predatório e o capitalismo são feitos e mantidos por pessoas. E são os nossos desejos e valores que mantêm esses sistemas. Então, para erradicar a fome no Brasil, é preciso pensar além do sistema agroalimentar, pois a racionalidade colonizadora dos invasores permanece entre nós em muitas instâncias.

A educação, por exemplo, ainda repousa em uma estrutura acadêmico-científica e em referências bibliográficas estrangeiras que desqualificam os saberes tradicionais, locais e leigos, e legitimam uma ciência hierarquizante e pouco inclusiva, e universidades cujos representantes privilegiam o campus, com pouca disponibilidade para conhecer a realidade do campo.

Outro âmbito que evidencia a nossa herança colonial é a religião. O pensamento cristão colonial ainda é hegemônico e continua moldando a sociedade da resignação, da ideia da caridade e da filantropia para amenizar a fome dos pobres e garantir as boas ações — e o reino do céu —, em vez de promover justiça social e mudanças estruturais. As nossas relações cotidianas, trabalhistas e pessoais também revelam um passado colonial, escravagista e racista.

Muitos comedores privilegiados mantêm uma dieta à base de ultraprocessados com alto consumo de proteína animal, apoiando, assim, o sistema agroalimentar que promove a fome e a degradação ambiental.

Uma nação que, em pleno século XXI, elegeu líderes que apoiam o agronegócio, o militarismo, a destruição da nossa sociobiodiversidade, da cultura e da educação, a matança de indígenas e negros, e que não se levanta diante da fome de 33 milhões de pessoas claramente não conseguiu superar a perspectiva colonial que a anestesia há 520 anos.

Assim, é bom pensarmos que a responsabilidade da fome é de todos nós. De alguma forma, cabe a cada um de nós refletir, repensar nossas ações individuais e coletivas, nossa relação com a natureza e com todos os seres vivos, analisar nossas crenças e valores morais, o formato da nossa educação, nosso entendimento de ética, progresso e futuro e o nosso entendimento do que seja dividir.

Referências

AZEVEDO, Elaine de. "Ultraprocessados, ultraesfomeados e o sistema agroalimentar moderno", *Le Monde Diplomatique Brasil*, 3 maio 2021.

BAGÚ, Sérgio. *Economía de la sociedad colonial: ensayo de historia comparada de América Latina*. Buenos Aires: El Ateneo, 1949.

CÂMARA CASCUDO, Luís da. *História da alimentação no Brasil*. Rio de Janeiro: Editora Nacional, 1967.

CASTRO, Josué de. *Geografia da fome: o dilema brasileiro: pão ou aço*. 10ª ed. revista. Rio de Janeiro: Antares, 1984.

FREYRE, Gilberto. *Casa-grande & senzala*. Rio de Janeiro: José Olympio, 1984.

OLIVEIRA, Joana. "Grada Kilomba: 'O colonialismo é a política do medo. É criar corpos desviantes e dizer que nós temos que nos defender deles'", *El País*, 11 set. 2019.

OLIVEIRA, Ricardo Costa de. *Família importa e explica: instituições políticas e parentesco no Brasil*. São Paulo: Liber Ars, 2018.

PRADO JÚNIOR, Caio. *A revolução brasileira*. São Paulo: Brasiliense, 1966.

SOUZA, Jessé de. *A elite do atraso: da escravidão à Lava Jato*. São Paulo: Leya, 2017.

Tasso Azevedo

é engenheiro florestal, consultor e empreendedor social em sustentabilidade, floresta e clima. É coordenador do Sistema de Estimativa de Emissões de Gases de Efeito Estufa (Seeg) do Observatório do Clima e do Projeto de Mapeamento Anual da Cobertura e Uso do Solo no Brasil (MapBiomas).

Expansão da área agropecuária, distanciamento da segurança alimentar: uma análise sobre a ocupação do solo brasileiro

Desde 2013, o Observatório do Clima mantém o projeto Sistema de Estimativas de Emissões e Remoções de Gases de Efeito Estufa (Seeg). Resumidamente, a ferramenta calcula a emissão de cada gás (dióxido de carbono, óxido nitroso, metano etc.) e converte o montante para a medida equivalente de carbono. É por meio do Seeg que foi feita a estimativa de que, em 2020, o Brasil teria emitido 2,17 bilhões de toneladas (Gton) de gases de efeito estufa, distribuídos pelos setores de energia, agropecuária, resíduos e indústria, além do uso da terra ou das mudanças de uso da terra — em que a principal fonte de emissão é o desmatamento.

As análises via Seeg permitem constatar que mais de 95% do desmatamento é ocasionado pela conversão da terra para agricultura e pecuária. Somando isso às emissões específicas da agropecuária — como a fermentação entérica, ou seja, os gases resultantes da digestão animal —, a conclusão é de que o setor representa mais de 70% das emissões de gases de efeito estufa no Brasil. Quinto maior emissor do planeta, a situação brasileira difere, portanto, dos quatro maiores poluidores — China, Estados Unidos, Índia e Rússia —, cujas emissões provêm majoritariamente da queima de combustíveis fósseis. As emissões brasileiras de carbono, por sua vez, surgem de alterações de cobertura e uso do solo.

Frente a esse cenário, foi desenvolvido um novo projeto para monitorar e acompanhar o que acontece com o uso do território no Brasil. Para além do entendimento sobre o processo do desmatamento, monitorado já há muitos anos, a intenção é entender o que acontece com o uso da terra depois do desmatamento e como ele evolui ao longo do tempo: entender a dinâmica do que se transforma em pastagem, pecuária, garimpo e atividade de mineração, e o que é restaurado e reflorestado.

A partir daí, foi montado um consórcio de organizações envolvendo ONGs, universidades e startups de tecnologia que faz aplicação de inteligência artificial ao sensoriamento remoto a partir de imagens de satélite. O resultado prático dessa parceria é uma plataforma que possibilita a visualização da história territorial do Brasil: em resumo, o território nacional foi dividido em vários pequenos pedaços de trinta metros quadrados (o que gerou cerca de 9,5 bilhões de fragmentos de Brasil), que correspondem a um pixel da imagem LANDSAT utilizada no projeto. Cada pedaço foi processado por algoritmos de inteligência artificial. Com isso, foi possível reconstruir a história de cada pedaço nos últimos 35 anos — de 1985 até 2020.

Reunidos em uma plataforma, os dados de todos os pedaços de território e suas histórias podem ser analisados e comparados. Por exemplo, é possível selecionar um ponto no mapa e identificar até que momento na linha do tempo ele era floresta e quando foi convertido em pastagem ou agricultura. Assim, contando a história territorial pixel por pixel, podemos descobrir o histórico de ocupação e seu desenvolvimento em todo o território brasileiro.

Um exemplo prático é a rápida transformação pela qual passou o Mato Grosso entre 1985, 2000 e 2020, com a conversão de áreas naturais para zonas antropizadas, em especial pastagens e cultivos agrícolas. Como o cálculo é feito pixel a pixel, é possível fazer diversos recortes territoriais, por bioma, estado, município, áreas protegidas, assentamentos, entre outros. Também podem ser feitas perguntas específicas, como qual parcela territorial era cultivo de soja e virou pasto, ou quanto de pasto virou cidade, ou ainda que áreas da cidade viraram áreas de regeneração, e assim por diante. Uma ferramenta com esse grau de detalhamento fornece uma perspectiva bastante completa da maneira como o território nacional está — e foi — ocupado.

A realidade atual do Brasil é que dois terços do país são cobertos por vegetação não nativa, e 31% do território é destinado à atividade agropecuária (sem contar os campos naturais, onde também há pecuária, ainda que em menor ênfase, como nos Pampas e no Pantanal). Tal divisão está dispersa no território de forma não uniforme: a Amazônia, por exemplo, possui uma cobertura de vegetação nativa ainda bem expressiva, assim como o Pantanal. Em outros lugares, porém, a vegetação nativa é menos representativa, como é o caso da Mata Atlântica, que hoje tem dois terços dedicados à atividade agropecuária. No Amazonas, mais de 95% do território ainda é de cobertura florestal. Sergipe, pelo contrário, tem aproximadamente 10% de cobertura de vegetação natural.

Ao longo dos últimos 35 anos, o Brasil converteu 82 milhões de hectares de áreas naturais em zonas antrópicas, o que equivale a cerca de dezoito vezes o tamanho do estado do Rio de Janeiro. É uma grande transformação ocorrendo no território em um espaço curto de tempo. As áreas de pastagem no Brasil cresceram até o início dos anos 2000, tendência que depois se estabilizou, apresentando pequena queda atualmente.

A área de agricultura, por sua vez, cresceu 36 milhões de hectares nesse período. Esse é um aspecto importante na análise da expansão das áreas agropecuárias: hoje — especialmente nos últimos dez ou quinze anos — ocorre uma expansão líquida da área de agricultura e o início de uma retração da área ocupada pela pecuária. Dessa forma, a área destinada à agropecuária no país (segunda maior no planeta) continua aumentando. Contudo, o principal uso da terra nacional ainda é a pecuária. A área de pastagem no Brasil com sinais de degradação — e, portanto, perda de carbono — representa 53% do total dos pastos, melhor que os 70% de degradação verificada em 2000.

O crescimento da agricultura no país, muito forte nos últimos anos, se deu basicamente por duas culturas: cana-de-açúcar e soja. Em nenhum dos casos a agricultura está produzindo alimento diretamente — sua principal função no Brasil não é essa. O principal produto da cana é o biocombustível. Já a principal finalidade da soja é a exportação, com o objetivo de alimentar animais, que vão depois virar alimentos para humanos em outros países (não no Brasil).

Como efeito desse fenômeno, a área dedicada a outras culturas agrícolas vem diminuindo consistentemente ao longo do tempo. Em 1985, havia doze milhões de hectares dedicados a outras culturas, como feijão. Hoje, são cerca de sete milhões de hectares dessas mesmas culturas — ou seja, embora a área de agropecuária continue se expandindo, estamos nos distanciando da segurança alimentar, como mostra a análise do tipo de produção que predomina nessa expansão da área agrícola.

Selma dos Santos Dealdina

é quilombola do território Sapê do Norte, no Espírito Santo. Formada em serviço social, é secretária administrativa da Coordenação Nacional de Articulação das Comunidades Negras Rurais Quilombolas (Conaq), faz parte do Coletivo de Mulheres e Comunicação da Conaq e é assessora da Coordenação Estadual das Comunidades Quilombolas do Espírito Santo "Zacimba Gaba", integrando também o Coletivo Belas e o Coletivo de Mulheres Pretas de São Mateus (ES) — Constância d'Angola. É conselheira da Anistia Internacional e vice-presidente do Conselho do Fundo Socioambiental Casa. Atua na Via Campesina. Organizou o livro *Mulheres quilombolas: territórios de existências negras femininas* (Jandaíra, 2020) e é co-organizadora de *Educação quilombola: territorialidades, saberes e as lutas por direitos* (Jandaíra, 2021).

Racismo ambiental é um decreto que revela a geografia da fome nos territórios quilombolas

Sou uma mulher quilombola do território de Sapê do Norte, que foi impactado pela monocultura de eucalipto na década de 1960, quando o governo brasileiro, por meio do governo do Espírito Santo, repassou as terras agricultáveis — as terras que serviriam para agricultura familiar quilombola, numa região habitada majoritariamente por pessoas negras — para a produção do agronegócio, com plantação em larga escala de eucalipto para exportação de celulose. Todas as áreas devolutas estão sob o poder de grandes empreendimentos (celulose, cana-de-açúcar, gasoduto, aterros sanitários), em uma prática de violação de nossos direitos que consideramos motivadas por racismo ambiental, muito presente nos territórios quilombolas. Por que nossos territórios? Todos esses "projetos" são "projetos" de morte, de extermínio de povos, culturas e modos de viver, de grilagem de terra legalizada pelo Estado brasileiro, de aumento da fome, do desemprego e de bolsões de miséria nas pequenas e grandes cidades. A nossa forma de enfrentar todo esse projeto de desenvolvimento excludente é lutando para permanecer nos territórios ancestralmente ocupados por nós, denunciando o racismo em todas as cortes internacionais e órgãos no Brasil, como o Ministério Público Federal (MPF) e o Supremo

Tribunal Federal (STF). O nosso território é coletivo para uso de todos: para cultivar, produzir, alimentar, resistir e existir.

A Coordenação Nacional de Articulação das Comunidades Negras Rurais Quilombolas (Conaq) foi criada no dia 12 de maio de 1996 no quilombo Rio das Rãs, em Bom Jesus da Lapa (BA), após realização de reunião de avaliação do I Encontro Nacional de Quilombos, que aconteceu em 1995. A Conaq é uma organização de âmbito nacional, sem fins lucrativos, que representa a maioria dos quilombolas do Brasil. O objetivo da Conaq é lutar pela garantia de uso coletivo do território, pela implantação de projetos de desenvolvimento sustentável e de políticas públicas, levando em consideração a organização das comunidades quilombolas, por educação de qualidade e coerente com o modo de viver nos quilombos, pelo protagonismo e pela autonomia das mulheres quilombolas e pessoas LGBTQIA+, pela permanência do jovem no quilombo e, acima de tudo, pelo uso comum do território, dos recursos naturais, do meio ambiente, em respeito aos direitos humanos, no enfrentamento ao racismo, ao machismo e a todo tipo de violação.

No âmbito do poder Legislativo, a Conaq foi responsável por manter um amplo debate sobre os procedimentos de regularização de territórios quilombolas, definidos pelo artigo 68 do Ato das Disposições Constitucionais Transitórias da Constituição Federal. Participou ativamente na construção do Decreto 4.887/2003, que regulamenta o procedimento para identificação, reconhecimento, delimitação, demarcação e titulação das terras ocupadas por remanescentes das comunidades dos quilombos. A Conaq teve uma participação importantíssima, influenciando diretamente a construção do texto legal. Nesse sentido, ela assume também a defesa radical do referido decreto.

Terras quilombolas: tituladas e em processo no Incra

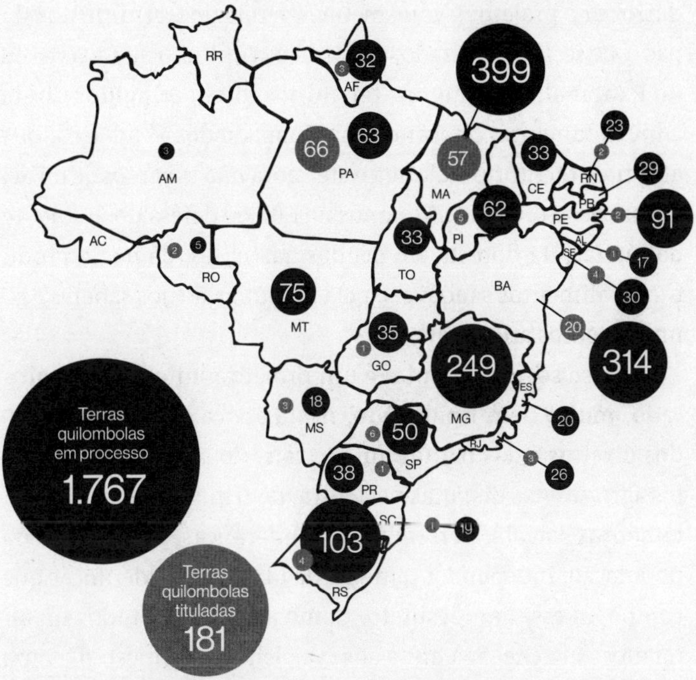

Fonte: Comissão Pró-Índio [s.d].

Somos mais de 6.330 quilombos no Brasil (Fundação Cultural Palmares, 2021; 2022). Estamos em 24 estados da federação, com exceção de Acre, Roraima e Distrito Federal. Estamos em todos os biomas. A identidade quilombola vem estendendo à América Latina e ao Caribe o debate dos afro-rurais, sejam palenques, garífonas, marrones, enfim, todas as denominações que cada país dá para esse grupo organizado que, aqui no Brasil, chamamos de quilombolas.

Nossa pauta é muito peculiar. Podemos citar alguns exemplos: a vitória dos quilombolas de Tocantins, que conseguiram derrubar o projeto de loteamento e venda do território do Jalapão, que seria privatizado; o incêndio criminoso que aconteceu no Pantanal, onde alguns territórios foram atingidos direta e indiretamente; o incêndio na Chapada dos Veadeiros, que atingiu o território Kalunga e até agora não sabemos se foi acidental ou proposital. Atuamos na luta de defesa do ambiente, das águas, da floresta em pé, das nascentes, da nossa produção de alimentos saudáveis, pela manutenção dos saberes e conhecimentos ancestrais.

A crise socioambiental é um projeto muito bem estruturado, muito bem financiado, nesta época de total violação dos direitos e das pautas ambientais, do aumento de conflitos agrários nas disputas pela terra, de criminalização dos movimentos sociais, perseguição de lideranças, extermínio da população, independentemente da idade, e de lideranças que compõem esse campesinato. Como as pessoas produzem alimentos para chegar à mesa dos brasileiros e, ao mesmo tempo, não têm território suficiente para plantar nem comer? É público e notório o número de pessoas em situação de rua, em situação de desemprego, em situação de insegurança alimentar. Esse é um tema de que tratamos em nossos grupos de trabalho com mulheres quilombolas, para entender o impacto da covid-19 nos quilombos, porque se trata de um território arrasado em que estamos tentando plantar.

A reorganização dos movimentos, da pauta quilombola nesse período, é muito importante para a continuidade da luta, fazendo com que os quilombolas que se encontram nesses territórios consigam, de fato, produzir e ter segurança alimentar. Sabemos que poderíamos fazer esse debate com muita tranquilidade, e de forma a obter a adesão da sociedade civil, por meio do Conselho Nacional Segurança Alimentar e

Nutricional (Consea), que foi um dos primeiros conselhos que o atual governo extinguiu, junto com outros 35. Essa crise sempre existiu. Talvez ela esteja mais aflorada agora porque, de fato, os olhares da população, os olhares do mundo, estão voltados para a Amazônia, para os que compõem a Amazônia, embora também mirem outros biomas. O Cerrado está acabando e vem sendo loteado, o Matopiba chega com força total, destruindo os quilombos, os territórios que estão no Maranhão, em Tocantins, no Piauí e na Bahia.

Os grandes projetos de desenvolvimento são projetos que focam o desenvolvimento do Estado brasileiro, mas não incluem os quilombos e todas as demais populações, os povos que sempre estiveram nesses espaços. Falo, então, dos meus ancestrais e de nós, que estamos no território até agora, fazendo a salvaguarda, a defesa, inclusive com a própria vida, para que nos mantenhamos nesses territórios e reproduzamos o modo de viver, os costumes, a cultura, a ancestralidade, a religião e o jeito de ser quilombola, legando o território de geração a geração. Ao mesmo tempo, nesses debates da gestão territorial e ambiental, das mudanças climáticas, procuramos assimilar tudo e encontrar o nosso lugar.

A Conaq esteve representada na 26ª Conferência das Partes (CoP-26) da Convenção-Quadro das Nações Unidas sobre Mudança do Clima, realizada em Glasgow, Escócia, por quatro lideranças quilombolas, compondo vários grupos do movimento negro brasileiro, para também inserir o recorte da pauta racial dentro do debate ambiental. Sem esse debate racial, a pauta ambiental fica capenga, uma vez que os negros são a maioria dos que padecem de insegurança alimentar; ao mesmo tempo, nós estamos lá, tentando preservar e cuidar do ambiente por inteiro.

Referências

FUNDAÇÃO CULTURAL PALMARES. "Quadro geral de comunidades remanescentes de quilombos (CRQs)", Brasília, 2021. Disponível em: https://www.palmares.gov.br/wp-content/uploads/2015/07/quadro-geral-por-estados-e-regioes-15-06-2021.pdf.

FUNDAÇÃO CULTURAL PALMARES. "CRQs certificadas", Brasília, 2022. Disponível em: https://www.palmares.gov.br/wp-content/uploads/2015/07/tabela-crq-completa-certificadas-20-01-2022.pdf.

Sobre a Cátedra Josué de Castro

A Cátedra Josué de Castro de Sistemas Alimentares Saudáveis e Sustentáveis, sediada na Faculdade de Saúde Pública da Universidade de São Paulo (USP), é um espaço interdisciplinar de reflexão e produção de conhecimento sobre sistemas alimentares que integra suas dimensões econômica, social, cultural, jurídica, ambiental, política e de saúde e seu arcabouço legal, institucional e de governança. Criada em 2021, busca ampliar o olhar sobre sistemas alimentares a partir das perspectivas do cidadão, da saúde e do meio ambiente.

Trata-se de um espaço aberto e participativo que reúne e permite o encontro de diversos atores e saberes, fomentando a construção de uma agenda comum e incentivando ações que transformem o sistema alimentar brasileiro. Nesse sentido, a Cátedra se aproxima do conceito de *think and do tank* ou de "fábrica de ideias" voltada para a construção de soluções concretas, incentivando a formação, a pesquisa e a troca entre professores, pesquisadores, gestores públicos, representantes de movimentos sociais e da sociedade civil organizada e outros atores interessados.

A Cátedra também pretende ir além do debate e incidir em políticas públicas, inspirar e promover ações concretas. Portanto, a disseminação dos resultados de debates e reflexões também faz parte de suas atividades. Evidências científicas e investigações aprofundadas sobre sistemas alimentares são utilizadas para qualificar a discussão pública e incidir na agenda junto aos parceiros e atores com quem colabora.

Como todas as cátedras da USP, estão previstos cinco anos de trabalho — no caso, sob a coordenação acadêmica dos professores titulares da Faculdade de Saúde Pública Carlos Monteiro e Patrícia Jaime. A Cátedra possui um grupo de referência com cerca de trinta pesquisadores, representantes da sociedade civil e outros atores do campo. Integram o grupo: Alexandre Pires, Ana Estela Haddad, Andre Degenszajn, Arilson Favaretto, Arnoldo de Campos, Camila Daminello, Daniela Lerda, Elisabetta Recine, Fernando Aith, Gabriel Lui, Gerd Sparovek, Iara Rolnik, Jacqueline Ferreira, José Graziano da Silva, Leandro Giatti, Luis Fernando Guedes Pinto, Maria Emília Pacheco, Marina Yamaoka, Manu Justo, Marco Akerman, Paula Johns, Paulo Petersen, Renato Maluf, Ricardo Abramovay, Sandra Maria Chaves, Semíramis Domene, Valeria Burity e Walter Belik.

O 1º ciclo de atividades — de abril 2021 a agosto de 2022 — tem a coordenação da professora titular da Cátedra, Tereza Campello, com apoio da pesquisadora assistente Ana Paula Bortoletto. Este livro consolida uma importante etapa do projeto "*Geografia da fome*, 75 anos depois", idealizado e coordenado pelas duas pesquisadoras. As organizadoras foram responsáveis pela concepção dos eixos de discussão e dos documentos técnicos que embasaram a discussão prévia ao seminário.

Mais informações sobre a Cátedra:
www.catedrajc.fsp.usp.br

Sobre o projeto "*Geografia da fome*, 75 anos depois":
http://geografiadafome.fsp.usp.br/

Sobre as organizadoras

TEREZA CAMPELLO é professora titular da Cátedra Josué de Castro de Sistemas Alimentares Saudáveis e Sustentáveis, professora visitante da Faculdade de Saúde Pública da Universidade de São Paulo (USP), pesquisadora do Núcleo de Pesquisas Epidemiológicas em Nutrição e Saúde (Nupens) da USP e professora do Programa de Pós-Graduação em Políticas Públicas em Saúde da Escola Fiocruz de Governo. Foi ministra de Desenvolvimento Social e Combate à Fome (2011-2016).

ANA PAULA BORTOLETTO é doutora em nutrição em saúde pública, pesquisadora do Núcleo de Pesquisas Epidemiológicas em Nutrição e Saúde (Nupens) e da Cátedra Josué de Castro, da Faculdade de Saúde Pública da Universidade de São Paulo (USP). É membro da Aliança pela Alimentação Adequada e Saudável e da Comunidade de Prática da América Latina e Caribe em Saúde e Nutrição (Colansa). Entre 2013 e 2019, atuou no Instituto Brasileiro de Defesa do Consumidor (Idec) como pesquisadora e coordenadora do programa de alimentação saudável.

A publicação deste livro contou com o apoio de

iCS instituto CLIMA e SOCIEDADE

IBIRAPITANGA

Primeira edição, julho de 2022
Primeira reimpressão, novembro de 2023
São Paulo, Brasil

Dados Internacionais de Catalogação na Publicação (CIP)
Angélica Ilacqua CRB-8/7057

Da fome à fome : diálogos com Josué de Castro / organizado por Tereza Campello. Ana Paula Bortoletto.
São Paulo : Elefante, 2022.
336 p.

Bibliografia
ISBN 978-85-93115-72-1

1. Fome 2. Castro, Josué de, 1908-1973 – Ensaios 3. Abastecimento de alimentos – Brasil 4. Políticas públicas I. Título II. Campello, Tereza III. Bortoletto, Ana Paula

22-2869 CDD 363.8

Índices para catálogo sistemático:
1. Fome

---

elefante

editoraelefante.com.br
contato@editoraelefante.com.br
fb.com/editoraelefante
@editoraelefante

Aline Tieme [comercial]
Samanta Marinho [financeiro]
Sidney Schunck [design]
Teresa Cristina Silva [redes]

tipografia Neue Haas Grotesk & Nassim Latin
papéis Cartão 250 g/m² e Pólen natural 70 g/m²
impressão BMF Gráfica